古典文獻研究輯刊

十五編

潘美月・杜潔祥 主編

第13冊

清代文學文獻學論稿

趙永剛 著

國家圖書館出版品預行編目資料

清代文學文獻學論稿／趙永剛 著 — 初版 — 新北市：花木蘭
文化出版社，2012〔民 101〕
目 2+230 面：19×26 公分
（古典文獻研究輯刊 十五編；第 13 冊）
ISBN：978-986-254-996-4（精裝）
1. 清代文學 2. 文獻學
011.08   101015066

ISBN-978-986-254-996-4

9 789862 549964

古典文獻研究輯刊
十五編 第十三冊   ISBN：978-986-254-996-4

清代文學文獻學論稿

作　　　者　趙永剛
主　　　編　潘美月　杜潔祥
總 編 輯　杜潔祥
企劃出版　北京大學文化資源研究中心
出　　　版　花木蘭文化出版社
發 行 所　花木蘭文化出版社
發 行 人　高小娟
聯絡地址　新北市永和區中正路五九五號七樓
　　　　　　電話：02-2923-1455／傳眞：02-2923-1452
網　　　址　http://www.huamulan.tw 信箱 sut81518@gmail.com
印　　　刷　普羅文化出版廣告事業
初　　　版　2012 年 9 月
定　　　價　十五編 26 冊（精裝）新台幣 42,000 元

清代文學文獻學論稿

趙永剛　著

作者簡介

趙永剛，1981 年生於山東省鄒城市。2011 年畢業於南京大學，獲得文學博士學位。現為貴州大學中文系副教授（校聘），研究方向為明清文學文獻學、中國古代散文史。

提　要

本論稿是筆者近年來研治清代文學文獻學之論文彙編，這些論文涉及面較廣，既有作家作品之精密考證，又有文體流派之深入探研。論稿也嘗試運用多種方法闡釋清代文學文獻學，《黃宗羲〈高旦中墓誌銘〉中的公義與私情》關注的重心是公眾人物的私人感情，以及私人感情對學術公器的負面影響。《黃尊素祠堂與黃宗羲主盟文壇之關係》主要運用了文史兼綜的過程化研究方法，將黃宗羲主盟文壇的歷史事實過程化、動態化，並緊緊圍繞黃尊素祠堂的修建歷程，探究兩者之間的互動關係。《劉大櫆與時文》、《遺民的堅守與困境：呂留良八股文選本的思想史意義》、《曾國藩壽序文成就譾論》則是從辭賦、古文、時文等文體角度展開，當然也旁及到一些思想史方面的問題。《〈四庫全書總目〉之〈四書〉學批評》探討的核心是古典書目對於現代學術史建構的重要意義。其他論文亦皆能蹊徑別出，不落窠臼，有一定的學術創新意義。

目次

黃尊素祠堂與黃宗羲主盟文壇之關係

【摘要】明天啓六年（1626）六月初一日，黃宗羲之父黃尊素因反對閹黨專權，被魏忠賢陰謀殺害。崇禎改元，昭雪冤獄，黃尊素得以平反，本年御史袁鯨請於京城建祠一座，以慰忠魂，崇禎皇帝准其所請，於是黃尊素與楊漣、周順昌等十三人合祠於順天府。從本年開始至清朝滅亡，近三百年間，明清兩朝都極力表彰黃尊素的忠義之舉，黃尊素祠堂也屢有興建與修繕。伴隨著黃尊素祠堂的不斷興修與書寫，黃宗羲對父親的記憶逐漸強化，黃尊素光明俊偉的君子人格與文道合一的文論主張，都對黃宗羲產生了巨大的影響。通過祠堂，黃宗羲延續了父親的文化生命，也擴大了他本人的交遊範圍。在徵集黃尊素祠堂詩文之時，黃宗羲結識了很多文壇名宿和朝廷重臣，如文壇盟主錢謙益、清初顯官徐乾學兄弟等。居高聲自遠，在交遊往還之中，因了眾多有力者的薦揚，使得原本就博學多識、雅善屬文的黃宗羲，其聲望日漸爲士林所矚目，並最終獲得了文壇盟主的地位。然而，譽謗相隨，呂留良等人對黃宗羲晚節的訾毀之議也因爲他敏感的交遊而起。

【關鍵字】祠堂、黃尊素、錢謙益、文壇盟主、徐乾學、顧炎武。

一、中國古代祠堂的文學史意義

（一）中國古代祠堂的分類及其發展

中國古代的祠堂分爲神祠、先賢祠和宗祠三種。

神祠是祭祀天地鬼神的祠堂。《禮記・祭法》云：

> 燔柴於泰壇，祭天也。瘞埋於泰折，祭地也。用騂犢。埋少牢於泰
> 昭，祭時也。相近於坎、壇，祭寒暑也。王宮，祭日也。夜明，祭

月也。幽宗，祭星也。雩宗，祭水旱也。四坎、壇，祭四方也。山
林、川谷、丘陵能出雲，爲風雨，見怪物，皆曰神。有天下者祭百
神。諸侯在其地則祭之，亡其地則不祭。〔註1〕

神祠是人類鬼神崇拜，趨吉避凶心理的具體反映。神祠在原始社會就已經出現，如共工氏之子句龍能平水土，烈山氏之子柱能種植百穀，他們死後都有專祠享受祭祀。西周成王時期，神祠制度日臻完善，《詩經》就載有很多神祠祭祀的詩篇，如《周頌·昊天有成命》是祭祀天神地祇之詩，《毛詩序》曰：「《昊天有成命》詩者，郊祀天地之樂歌也。」〔註2〕《周頌·時邁》是祭祀上天、山川之詩，《毛詩序》曰：「《時邁》詩者，巡守告祭柴望之樂歌也。」〔註3〕《周頌·噫嘻》是祭祀上帝以祈雨詩，《毛詩序》曰：「《噫嘻》詩者，春夏祈穀於上帝之樂歌也。」〔註4〕

鄉賢祠祭祀的對象是爲人類社會做出重要貢獻的鄉邦人物，如萬世師表的孔子、鞠躬盡瘁的諸葛亮等。《禮記·祭法》云：

夫聖王之制祭祀也，法施於民則祀之，以死勤事則祀之，以勞定國
則祀之，能御大菑則祀之，能捍大患則祀之。〔註5〕

鄉賢祠與神祠有時會出現重疊，這是因爲神祠祭祀的對象既包括天地鬼神等想像中的神靈，也包括一些人格化的神，比如后稷、大禹等，這些人格化的神既可以歸入神祠，也可以在鄉賢祠中享受祭祀，如眾所熟知的關羽，就時常會同時出現在兩種祠堂之中。

宗祠是供奉祖先靈位，舉行祭祀活動的場所。宗祠的出現與宗法制度的形成幾乎是同步的，中國古代社會非常重視宗法制度，正如梁啓超《新大陸游記》所言：「吾中國社會之組織，以家族爲單位，不以個人爲單位，所謂家齊而後國治也。周代宗法之制，在今日其形式雖廢，其精神猶存也。」〔註6〕宗祠的雛形是天子的宗廟和諸侯的家廟，《禮記·祭法》曰：

有虞氏禘黃帝而郊嚳，祖顓頊而宗堯。夏后氏亦禘黃帝而郊鯀，祖

〔註1〕孔穎達疏、龔抗雲等整理《禮記正義》，北京大學出版社，2000年版，第1509～1510頁。

〔註2〕孔穎達疏、龔抗雲等整理《毛詩正義》，北京大學出版社，2000年版，第1524頁。

〔註3〕孔穎達疏、龔抗雲等整理《毛詩正義》，第1530頁。

〔註4〕孔穎達疏、龔抗雲等整理《毛詩正義》，第1548頁。

〔註5〕孔穎達疏、龔抗雲等整理《禮記正義》，第1524頁。

〔註6〕梁啓超《新大陸遊記》，中華書局，1916年版，第194頁。

顓頊而宗禹。殷人禘嚳而郊冥祖契而宗湯。周人禘嚳而郊稷，
祖文王而宗武王。〔註7〕

上文所言乃是天子宗廟，宗廟出現於原始社會後期，至西周初年，宗廟制度
已經相當完備，諸侯的家廟制度確立於此時，《禮記・王制》云：

天子七廟，三昭三穆，與大祖之廟而七。諸侯五廟，二昭二穆，與
大祖之廟而五。大夫三廟，一昭一穆，與大祖之廟而三。士一廟。
庶人祭於寢。〔註8〕

《詩經》中有很多宗廟祭祀的詩篇，比如《商頌》中的《那》祀高祖成湯，《烈
祖》祀中宗，《玄鳥》、《殷武》祀高宗。《周頌》中的《思文》祀后稷，《天作》
祀先王、先公，《清廟》祀文王，《執競》祀武王等。

西周以後，宗祠的發展流變，司馬光《河東節度使守太尉開府儀同三司
潞國公文公先廟碑》所論最為詳明，該文曰：

先王之制，自天子至於官師，皆有廟。君子將營宮室，宗廟為先，
居室為後。及秦非笑聖人，蕩滅典禮，務尊君卑臣，於是天子之外，
無敢營宗廟者。漢世公卿貴人多建祠堂於墓所，在都邑則鮮焉。魏
晉以降，漸復廟制，其後遂著於令，以官品為所祀世數之差。唐侍
中王珪不立私廟，為執法所糾，太宗命有司為之營構以恥之。是以
唐世貴臣皆有廟。及五代蕩析，士民求生有所未遑，禮頹教侈，廟
制遂絕。〔註9〕

慶曆元年（1041），宋仁宗下詔命文武百官建立家廟。經過五代的戰亂，當時
士大夫對於家廟制度已經非常生疏，所以儘管有皇帝的勸導與命令，仍然沒
有人回應建立家廟的號召。皇祐二年（1050），宋仁宗再次下詔敦促，也只有
文彥博擬在故里河南建造家廟。然而家廟制度久已不講，文彥博也不知從何
處下手。所幸長安殘存杜岐家廟一座，文彥博就仿照此廟的結構，建造了北
宋第一座家廟。在文彥博的示範下，北宋的家廟建造開始繁盛起來。延至南
宋，朱熹《家禮》問世，為家廟的建造提供了強有力的理論支撐，《家禮》開
篇就強調了家廟的重要性，同時規定了家廟的營造法式，《家禮》曰：

君子將營宮室，先立祠堂於正寢之東。為四龕以奉先世神主。旁親

〔註7〕孔穎達疏、龔抗雲等整理《禮記正義》，第1506頁。
〔註8〕孔穎達疏、龔抗雲等整理《禮記正義》，第448頁。
〔註9〕司馬光《傳家集》卷七十九，《景印文淵閣四庫全書》第1094冊，第722頁。

之無後者，以其班祔。置祭田，具祭器。主人晨謁於大門之内，出
入必告。正至、朔望則參，俗節則獻以時食，有事則告。或有水火、
盜賊，則先救祠堂，遷神主、遺書，次及祭器，然後及家財。易世
則改題主而遞遷之。〔註10〕

朱熹《家禮》的影響很大，「到了元代，以宗族爲單位的宗祠已經出現」，「明
初以來，『庶人無廟』的規矩被打破了。明世宗採納大學士夏言的建議，正式
允許民間皆得聯宗立廟，從此宗祠遍立，祠宇建築到處可見」〔註11〕。

（二）中國文學史上的廟碑與祠記

祠堂的書寫是與祠堂的修建同步的，《詩經》中已經有很多反映祠堂祭祀
的詩篇，後世也不斷有吟詠祠堂的名篇佳作出現，如杜甫《蜀相》等。與祠
堂相關的古文出現也很早，因漢唐時期祠堂稱廟者居多，所以書寫祠堂的古
文也都是以廟碑命名，廟碑在文體歸類上屬於碑志類。廟碑在漢代就已出現，
蔡邕就有《陳太丘廟碑銘》和《太尉橋公廟碑》。廟碑文的創作在唐代更爲鼎
盛，其中尤以韓愈爲大宗，姚鼐《古文辭類纂》收錄韓愈廟碑文多篇，如《處
州孔子廟碑》、《南海神廟碑》、《衢州徐偃王廟碑》、《柳州羅池廟碑》、《袁氏
先廟碑》和《烏氏廟碑》等。

宋代以後，家廟稱祠堂者居多，與之相應的古文是祠記，祠記在文體歸
類上屬於雜記類。廟碑和祠記分屬於不同的文體，這兩種文體在表現内容、
創作目的、文體風格方面都有很大的差異，具體來說，廟碑所記之事幾乎都
是大事，歌功頌德是廟碑的主要目的，文章典雅整飭；祠記所記之事可大可
小，敘事抒情兼而有之，文體靈活，語言多變。宋代祠記尚不多見，彼時較
爲知名的祠記是曾鞏的《徐孺子祠堂記》，該文被姚鼐收入《古文辭類纂》
中。

明清兩代，祠堂遍佈大江南北，祠記創作也是空前繁榮。不過，祠記是
應酬性的文體，體格不高，儘管數量龐大，但是名篇佳構並不多見。桐城派
擅長祠記寫作，其中劉大櫆《竇祠記》就被姚鼐選入《古文辭類纂》中。劉
大櫆《竇祠記》文理清通，婉轉多姿，自然是祠記中的上品。但是若要說到

〔註10〕 朱熹著、朱傑人等主編《朱子全書》，第 7 冊《家禮》，上海古籍出版社、安
徽教育出版社，2002 年版，第 875～879 頁。

〔註11〕 陰法魯、許樹安主編《中國古代文化史》（1），北京大學出版社，1991 年版，
第 106 頁。

文章的氣勢，還是遜色於曾國藩。曾國藩平生只創作了五篇祠記，即《湖口縣楚軍水師昭忠祠記》、《金陵軍營官紳昭忠祠記》、《金陵湘軍陸師昭忠祠記》、《湘鄉昭忠祠記》和《金陵楚軍水師昭忠祠記》。這五篇祠記全部被王先謙、黎庶昌《續古文辭類纂》、王文濡《明清八大家文鈔》等古文選本收錄，足以說明曾國藩祠記的受歡迎程度。後世古文家對曾國藩的這些祠記也都給予了非常高的評價，如薛福成評《湖口縣楚軍昭忠祠記》曰：「氣息雄厚，聲調鏗鏘，合韓、柳、歐於一爐，始得成此佳構。」〔註12〕黎庶昌評《金陵軍營官紳昭忠祠記》曰：「跌宕似子長，深厚似孟堅。繁而能潔，質而不俚，唐宋大家無此境。」〔註13〕可見，明清以來，祠記創作當以曾國藩成就為最高。這是因為曾國藩親冒鋒鏑，率領湘軍與太平軍殊死戰鬥，在征戰的過程中，曾國藩目睹了湘軍「炮震肉飛，血瀑石壁」的悲慘境況。曾國藩對戰死的將士感情深厚，下筆為文，真情充溢，他的祠記有以情動人的情感力度。加之曾國藩雅擅古文，技法高明，能夠以漢賦之體改造古文，所以他的祠記樸茂宏肆，氣足神完，非一般古文家所能企及。

祠堂原本是非文學性的制度，看似與文學無關，實際上與文學卻是有著緊密的聯繫。黃尊素祠堂與黃宗羲的文學盟主地位的關係更為密切，下文擬從黃尊素祠堂著手，揭示黃宗羲丰盟文壇的過程。

二、黃尊素的生平、思想及其文學

（一）黃尊素傳略

黃尊素（1584～1626），字真長，號白安。萬曆十二年（1584）十一月十三日生於浙江餘姚縣之黃竹浦。黃尊素少年時期就喜歡博覽經史，而不屑於鑽研八股文，對科舉之學也無好感，祇是迫於功名，勉強為之。其《自述》詩云：「憶昔十四五，膽氣豪且闊。志欲搜典墳，窮盡古今碣。……便欲棄時文，一意專古業。無奈公令嚴，捨此進取絀。」〔註14〕黃尊素志在經世，知識淵博，對黃宗羲的教育也是別具一格。黃宗羲少時對《三國演義》等歷史小說極有興趣，黃宗羲的母親姚夫人擔心閱讀小說會耽誤科舉，黃尊素則不

〔註12〕王文濡編、趙伯陶導讀《明清八大家文鈔》，上海世紀出版集團，2008年版，第314頁。
〔註13〕黎庶昌《續古文辭類纂》卷二十五，《四部備要》第92冊，第534頁。
〔註14〕黃尊素《黃忠端公詩文集》卷四，《四庫禁毀書叢刊》第185冊，第57頁。

以爲然，他認爲閱讀小說不但無害，而且還可以促進黃宗羲的智力發育。黃宗羲《家母求文節略》回憶此事說：

> 宗羲此時年十四，課程既畢，竊買演義，如《三國》、《殘唐》之類數十冊，藏之帳中，俟父母熟睡，則發火而觀之。一日出學堂，忠端公見其書，以語太夫人，太夫人曰：「曷不禁之？」忠端公曰：「禁之則傷其邁往之氣，姑以是誘其聰明可也。」〔註15〕

天啓六年（1626）三月，黃尊素赴京就義，他心知此次入京，必定是凶多吉少，所以將黃宗羲託付給前來送行的好友劉宗周，並對黃宗羲諄諄教導，告誡他要熟讀史書，黃尊素說：「學者不可不通知史事，可讀《獻徵錄》。」〔註16〕黃宗羲日後成爲一代史學大師，與父親的臨終教誨有極大的關係。

萬曆四十四年（1616），黃尊素成進士。次年（1617），授寧國府推官，黃宗羲隨父至寧國。黃尊素在寧國期間，爲官精敏強執，不畏權勢，敢於打擊地方豪右湯賓尹，整飭法令，爲民伸冤。湯賓尹，字嘉賓，宣城人。萬曆二十三年（1595）榜眼，授編修，仕至南國子監祭酒，以制舉業名天下。萬曆三十九年（1611），湯賓尹擔任會試考官，徇情枉法，將門生韓敬擢爲狀元，一時輿論譁然，本年京察時就被免職還鄉了。湯賓尹是宣黨的頭領，門生勢力遍佈天下，此時雖然被免職，但是勢力依然很大，寧國地方官都畏懼他的氣焰，不敢出來管制，而湯賓尹更是爲所欲爲，橫行鄉里，甚至公然奪人妻妾。文秉《定陵注略》卷八《荊熊分祖》條曰：

> 宣城湯賓尹，先年奪生員施大德之妻徐氏爲妾，徐氏不從，自盡，合郡不平，致激有民變。及是復占生員徐某妻賈氏爲妾，徐某者，尚書徐元泰之姪、廩生徐日隆之弟也。湯微時曾受辱於元泰，故必納其姪婦爲妾，以雪此恥。徐某與賈氏兄弟俱無異言，而日隆心抱不平，上控下懇，湯四布羅網，直欲得日隆而甘心焉。日隆乃亡命走燕、齊，於是合郡沸然。〔註17〕

湯賓尹儼然是寧國府的一個土皇帝，當地官員無不仰承鼻息，惟恐不得其歡心。在處理案件之時，官員一般都要徵詢湯賓尹的意見，湯賓尹簽署處理意

〔註15〕黃宗羲《黃宗羲全集》第 11 冊，第 24 頁。

〔註16〕全祖望《梨洲先生神道碑文》，全祖望撰、朱鑄禹彙校集注《全祖望集彙校集注》，上海古籍出版社，2008 年版，第 214 頁。

〔註17〕轉引自謝國楨《明清之際黨社運動考》，上海書店出版社，2005 年版，第 29 頁。

見之後，官員再根據湯賓尹的意旨定案，沿襲多年，無不如此。直到黃尊素就任寧國府推官，湯賓尹才碰到了釘子。黃宗羲載其事曰：

> 是時湯祭酒免歸鄉里，所號爲宣黨之魁者，其門生滿天下。有司惟恐不得其歡，一郡之事，祭酒多先受牒判之。有司理牒，投牒者出祭酒所判，有司判之一如祭酒，相沿成習。公（黃尊素）視事，有出祭酒之牒者，公怒曰：「湯祭酒乃欲土司寧國乎？」裂其牒，撲出牒者，郡中震慄。終公之任，不敢爲奸利事。〔註18〕

黃尊素也曾寫信給湯賓尹，委婉地規勸湯賓尹不要過於張狂，應該遵紀守法，還向湯賓尹表達了志掃姦邪的勇氣，他說：

> 某自來茲宣州，惟兢兢奉朝廷三尺業。……一點樸念，率以終始。是是非非，還之直道；善善惡惡，本之公心。義不能化繞指以受人之頤使，亦不能覆巾幗以失己之鬚眉。〔註19〕

黃尊素打擊湯賓尹，爲寧國百姓出了一口惡氣，深得百姓的愛戴。天啓二年（1622），黃尊素赴京考選，北渡採石磯，寧國百姓沿途號呼而送者數萬人。黃尊素死後，人們還是非常思念這位忠義之士，民間甚至出現了黃尊素死後爲寧國城隍的傳說，關於黃尊素死後英靈不昧的靈異故事在民間廣泛流傳，黃宗羲《遷祠記》云：

> 戊寅，余至宛陵，梅朗三、麻孟璇、徐乾若皆言先公英靈不昧。一紳平時于先公爲難者，見先公降于其宅，鬼卒持郎當捕之，紳乃叩頭乞哀而死。有僧自皋亭來，言遇先公，問其所之，云赴宛陵之任，令之傳語。錢牧齋語余，客有請乩仙者，先公與李忠毅降之，忠毅爲南康城隍，先公爲寧國城隍，亦與僧語相合。〔註20〕

崇禎十一年（1638），在黃尊素死後十二年，寧國縉紳爲紀念他，在文天祥的祠堂裏面增設他的神位，使他與文天祥一樣，享受當地百姓的祭祀。黃宗羲得知此事後，大爲感動，同年九月，黃宗羲作《謝寧國諸公祀先忠端公於名宦祠書》，以致謝忱。

黃尊素在寧國府的治理成績引起了東林黨的注意，東林黨領袖鄒元標慨歎：「吾臺中不可無此人物。」〔註21〕通過鄒元標、趙南星等人的薦揚，天啓

〔註18〕黃宗羲《黃氏家錄·忠端公黃尊素》，《黃宗羲全集》第 1 冊，第 413 頁。
〔註19〕黃尊素《與寧國鄉紳公書》，《黃忠端公詩文集》卷三，第 49 頁。
〔註20〕黃宗羲《黃宗羲全集》第 10 冊，第 138 頁。
〔註21〕黃炳垕《黃忠端公年譜》，第 541 頁。

二年（1622），黃尊素考授御史，次年冬，授山東道監察御史，黃宗羲隨父進京。當時魏忠賢已經獨攬朝政大權，任用親信，打壓忠良，黃尊素雖然祇是七品言官，但是位卑未敢忘憂國，他與東林賢俊楊漣、左光斗、魏大中結爲同志，慷慨悲歌，往還甚密，諸君子常常聚在一起議論朝政。黃宗羲的母親姚夫人非常賢慧，「楊、左諸君子，多夜過忠端公寓，議論時事，燭累見跋，僮婢頭觸屏風，而太夫人管勾茶鐺酒罍，投於話闌。魏忠節官邸惟有一僮，衙散朝回，則徑來書室，其飢渴鹽酪，皆於我乎是賴」〔註22〕。所以黃家就成了東林黨人聚會議政的重要場所，黃宗羲每次都在旁邊傾聽，受這批忠節之士的薰陶，年僅十五歲的黃宗羲就已經對朝廷的清濁兩派了然於心。

　　天啓三年（1623）十二月，魏忠賢提督東廠，任命許顯純爲鎮撫司理刑。許顯純心狠手毒，後來諸君子被逮獄中，都是被他用嚴刑拷打致死。此時魏忠賢有許顯純等人作爲爪牙，氣焰更爲囂張，他擔心宮中之人揭發他的罪狀，就假傳聖旨，賜選侍趙氏自盡，囚禁了裕妃張氏、馮貴人，並將她們陰謀殺害。張皇后不滿魏忠賢的飛揚跋扈，曾多次在天啓皇帝面前陳說魏忠賢的罪狀，得知此事，魏忠賢懷恨在心，當時張皇后已經有孕在身，魏忠賢使用陰謀詭計，使得張皇后的孩子胎死腹中。魏忠賢惡貫滿盈，天怒人怨。天啓四年（1624），出現了很多災異之事。正月，日赤無光，旁有黑子。二月，大風揚沙，白晝如夜。二月三十日，京師地震，宮殿動搖有聲。值此上天垂警之時，三月初六日〔註23〕，作爲言官的黃尊素將生死置之度外，毅然上《災異陳十失劾魏忠賢客氏疏》，疏云：「夫風以散之而反結而爲蒙，豈非人心之抑鬱所致；地主於靜而反震而爲動，豈非陰邪之激蕩使然。」〔註24〕矛頭隱然指向了魏忠賢和客氏。魏忠賢看到黃尊素的彈劾之章，惱羞成怒，非要廷杖黃尊素不可，韓爌極力營救，才改爲降級處分，並罰俸一年。黃尊素此時雖然倖免於難，但是得罪了魏忠賢，終究還是被魏忠賢迫害致死。正如黃宗羲在《災異陳十失劾魏忠賢客氏疏》跋語中所言：「此疏出，無異博浪一椎，逆

〔註22〕黃宗羲《家母求文節略》，《黃宗羲全集》第 11 冊，第 24 頁。

〔註23〕黃炳垕《黃忠端公年譜》云：「京師地震。三月十六日，公陳十失，劾奏魏忠賢、客氏。」《北京圖書館藏珍本年譜叢刊》第 58 冊，第 503 頁。黃炳垕將黃尊素上疏事繫於三月十六日，然黃宗羲跋該疏曰：「甲子三月初六日上，至六月楊忠烈公劾逆奄二十四大罪，蓋後此疏三月也。」黃尊素《黃忠端公詩文集》卷一，第 34 頁。據此可知黃炳垕誤。

〔註24〕黃尊素《黃忠端公詩文集》卷一，第 33～34 頁。

奄恨甚，即欲開廷杖之端。韓蒲州力救，改而爲降處，又改而爲罰俸。雖狂颷暫回，而毒焰已厝於此。」〔註25〕六月初一日，楊漣彈劾魏忠賢二十四大罪，黃尊素亦上《劾奏逆閹魏忠賢疏》幫助楊漣，東林黨人與魏忠賢的鬥爭愈演愈烈。同時上疏的還有工部郎中萬燝，萬燝彈劾魏忠賢矯旨濫殺，被魏忠賢廷杖一百，因傷勢過重，四天以後，慘死在家中。黃尊素上《諫廷杖萬工部燝劾閹人魏忠賢疏》，爲萬燝鳴冤，再次激怒了魏忠賢。魏忠賢反咬一口，命曹欽程誣告黃尊素貪污，黃尊素遂被削籍，南還歸里。

　　黃尊素雖然離開了京城，但是並未走出災難。天啓六年（1626），閹黨太監李實上疏誣告周起元爲應天巡撫時貪污帑金十餘萬兩，黃尊素受此案牽連，被冤枉入獄，緹騎前來抓捕。黃尊素得知此事，寫下《家訓》一章，間道投獄。餘姚縣令祁逢吉誤以爲黃尊素已經逃亡，派兵四處搜查，黃尊素寫信給祁逢吉說：「抱頭鼠竄，豈免一死？昂首伸眉，落得骨頭香耳！君何小視海內奇男子也？」〔註26〕黃尊素與李應升等人在獄中高談闊論，黃尊素自言獄中境況不減黃霸之受《尚書》。魏忠賢派遣許顯純嚴刑拷打諸君子，六月初一日，殺害黃尊素的劊子手到來，黃尊素北面拜謝君上，呼天子萬歲，南向拜辭父母，曰：「兒子從此逝，無復養父母矣。」〔註27〕憾恨而死，卒年四十三歲。臨終之時，賦《正命詩》一首，詩云：

> 正氣長留海嶽愁，浩然一往復何求。十年世路無工拙，一片剛腸總
> 禍尤。麟鳳途窮悲此際，燕鶯聲雜值今秋。錢塘有浪胥門目，唯取
> 忠魂泣鐲鏤。〔註28〕

黃宗羲《重建先忠端公祠堂記》解釋該詩曰：

> 昔伍員之諫夫差也，謂二十年之後，吳其爲沼。當員之諫，時爲魯
> 哀公元年，至二十二年，其言始驗，而越滅吳。先公之諫熹宗，爲
> 甲子歲，至乙酉而明亡，亦二十二年。故先公絕命詩「錢塘有浪胥
> 門目」，不特痛其遭遇如員，而於國家興亡之數，亦前知之矣。魄感
> 精動，虛塵可數，當知緯候爲小道耳。〔註29〕

可見黃尊素是自比伍員的，並且對於大明王朝的國運也有清醒而深刻的認

〔註25〕黃尊素《黃忠端公詩文集》卷一，第 34 頁。
〔註26〕黃宗羲《黃氏家錄・黃尊素傳》，《黃宗羲全集》第 1 冊，第 417 頁。
〔註27〕黃炳垕《黃忠端公年譜》，第 558～559 頁。
〔註28〕黃尊素《黃忠端公詩文集》卷五，第 66 頁。
〔註29〕黃宗羲《黃宗羲全集》第 10 冊，第 126 頁。

識。遺憾的是在宦官專權的晚明，像黃尊素這樣的清流人士不但得不到重用，反而被迫害致死，大明王朝戕害忠良、自壞長城，其走向滅亡的迹象，在天啓年間殺害東林黨人的過程中就已經突顯出來了。

（二）黃尊素的思想與文學

黃尊素不但以節義揚名海內，而且在思想、文學方面也有很深的造詣，作爲言官的黃尊素，他在奏疏等應用文體方面的成就最大，倪元璐就非常推崇黃尊素的奏疏，他說：「發七十諫疏之涵，飛五千道德之氣。欲使賈言失至，陸語隳新。可以汗清竹而爲光，餗黃鉉而不覆也。」〔註30〕黃尊素在奏疏方面的成就，與他博通經史的學問積澱有非常密切的關聯，黃宗羲《明儒學案》卷六十一《黃尊素》小傳記載了父親的博學：

> 其時朝士空疎，以通記爲粉本，不復留心於經學。章奏中有引繞朝
> 之策者，一名公指以爲問，先生曰：「此晉歸隨會事也。」凡五經中
> 隨舉一言，先生即口誦傳疏，瀾倒水決，類如此。〔註31〕

讀史使人明志，黃尊素對歷史的熟稔，使得他對很多問題的看法都要比一般的東林同道要深刻得多。東林黨人重視個人品行和道德修養，並把它作爲評鑒人物的唯一標準，這種嚴格的道德主義對於顧憲成等立身高潔之人或許無礙，但是那些道德上有瑕疵的人，往往就被排斥在善類之外了。東林黨森嚴的壁壘雖然保證了黨內人員的道德純潔性，但是在也形成了堅不可破的門戶之見。黃尊素也是東林黨人，但是他極力反對門戶之見，其《說略》云：

> 門戶二字，伎院名也。昔成祖時發遜國忠臣妻孥於教坊司，頗爲虧
> 損聖德。今者國家動稱門戶，以此誘人，以此傍人，亦以此攻人，
> 恐此二字與國運終始。〔註32〕

歷史證明了黃尊素的憂慮是完全正確的，黨爭加速了明朝的滅亡，明朝京師陷落之後，在苦撐危局的南明小朝廷裏面，黨爭仍然在延續。

黃尊素的深思遠慮在天啓四年（1624）發生的兩起彈劾魏忠賢及其黨羽的事件中突出地表現出來。六月初一日，楊漣彈劾魏忠賢二十四大罪，黃尊素得知此事，勸阻楊漣不要意氣用事，黃尊素以爲在毫無準備的情況下，冒然彈劾魏忠賢，無異於飛蛾撲火，不但會激怒閹黨，而且還會斷送東林黨人

〔註30〕倪元璐《黃忠端公疏敍》，黃尊素《黃忠端公詩文集》卷首，第25頁。
〔註31〕黃宗羲《明儒學案》，《黃宗羲全集》第8冊，第864頁。
〔註32〕黃尊素《黃忠端公詩文集》卷六，第68頁。

控制朝局的大好局面。遺憾的是，楊漣狂熱的道德理念影響了他對局勢的理性判斷，他沒有採納黃尊素的勸諫，還是冒死上了奏章。黃尊素《說略》載其事云：

> 楊大洪論魏瑶二十四款，時論翕然。疏未入之先，一掌科知之，謂楊有此舉，千古高名，意以必立鋤此瑶而後已。余沈吟久之，曰：「從來除君側者必有內援，楊公有此乎？一擊不中，吾儕無噍類矣。」掌科未然其說。次日閱二十四款，多摭宮嬪風影事，余益跌足，曰：「此適貽之口實耳。」於是科道九卿交章入奏，俱不省。不數月，禍作，言者次第除去，無一留者，而楊與掌科輩俱逮矣。〔註33〕

楊漣的奏章不但沒有撲滅閹黨的氣焰，反而使閹黨更為張狂。十月初一日，朝廷頒佈曆法，魏廣微倚仗魏忠賢的權勢，沒有出席典禮，太廟祭祀又姍姍來遲。閹黨的囂張情態激怒了另一位東林誌士魏大中。得知魏大中將要彈劾魏廣微，黃尊素以為投鼠還須忌器，魏廣微雖然微不足道，但是魏忠賢已經對東林黨人恨之入骨，正要借機清洗殺戮，魏大中此時上奏，豈不是正中閹黨奸計。所以黃尊素說：「不可。夫廣微小人包羞者也。阮大鋮挾縱橫之術，為內外騎驛，此積薪也。奈何夫厝火乎？」可是魏大中根本就聽不進勸阻，他的狂熱也不遜色於楊漣，他笑著對黃尊素說：「古之人決小人者，豈能必勝？要使埋銘不寂寞耳！」〔註34〕魏大中的節烈行為自然無可挑剔，可是這種莽撞的行為不但於事無補，反而會把局勢弄得更加不可收拾。

果然如此，惱羞成怒的魏廣微就在縉紳便覽錄上用黑點標示了六七十人，隨後就把它呈給了魏忠賢，並對魏忠賢說這些人都是素來與您作對的邪黨，您可以根據標示，將他們一網打盡。後來被殺害的東林黨人，幾乎都在魏廣微點定的這個名單上。所以黃宗羲感歎此事說：「嗚呼！新法之行，吾黨不為無過。使小人計乃無聊，借閹人以報怨者，天啟諸君子之過也。乃公（黃尊素）彌縫其闕，先事綢繆之至意如此。天下但聞其婞直之風，豈不可歎哉？」〔註35〕

謝國楨在《東林黨議及天啟間之黨禍》中說：「我們最可惜的是東林的壁壘森嚴，黨見太深，凡是不合東林之旨的人都被斥為異黨。……但是我們不

〔註33〕黃尊素《黃忠端公詩文集》卷六，第 77 頁。
〔註34〕黃宗羲《黃氏家錄‧黃尊素傳》，《黃宗羲全集》第 1 冊，第 416 頁。
〔註35〕黃宗羲《黃氏家錄‧黃尊素傳》，《黃宗羲全集》第 1 冊，第 416 頁。

得不佩服東林黨人人格的坦白和直率，因爲他們全是一夥書呆子，實在是太老實了。」〔註36〕賀凱在《晚明東林運動》一文中指出，東林運動本質上是一場維護道德的鬥爭，東林人士參與的是一場除了「剷除奸佞」之外，再無其他綱領的權利鬥爭，所以他說「東林黨人或許是些不切實際的堂·吉訶德式的人物」，儘管「他們是眞正的儒家。」〔註37〕東林黨人在與閹黨的鬥爭中，道德激情擾亂了理性思維，以至於出現了一些過當行爲，在這種局面下，黃尊素的理智、冷靜是多麼的難能可貴，所以黃宗羲滿懷遺憾地說：「莫謂秦無人，吾謀適不用耳。千古一轍，只增流涕。」〔註38〕從這個意義上說，黃尊素奏疏的價值就不難發現了。

除了思想深刻、識見高遠的奏疏之外，黃尊素在辭賦創作方面成就也很大。《虎邱觀月賦》、《浙江觀潮賦》、《壯懷賦》都被黃宗羲《明文授讀》、《明文海》，康熙《御製歷代賦彙》等總集選錄。許三禮《黃忠端公文集序》指出：「公之詩文從《文選》入手，卒歸平淡，以文章家論之，理明而辭達，不求奇而奇至者也。」〔註39〕可見，黃尊素的辭賦受《文選》的影響最深。

黃尊素的詩歌也同樣爲人稱道，陳田《明詩紀事》、朱彝尊《明詩綜》、黃宗羲《姚江逸詩》等都選錄了黃尊素的很多詩篇。對於黃尊素的詩歌特色，楊廷樞《黃忠端公詩敘》分析得十分透徹，他說：

> 今觀集中所載，若《獄中被害日作》及《送萬元白》、《謁武穆祠》
> 等篇，慷慨孤直，激而不傷，與太史公之稱《小雅》者何異。……
> 若先生之孤忠篤情，至死彌諒，雖千古之屈平何以加焉？吾願世之
> 覽者諷其詩而有以得乎其人，庶幾哉與興之旨或有合矣。若夫覽其
> 山川，拾其香草，詩人之流亦有然者，烏足重先生哉，烏足重先生
> 哉？〔註40〕

楊廷樞認爲黃尊素的詩歌怨誹而不亂，有《詩經·小雅》之遺風。黃尊素《送萬元白廷杖歸》就是怨誹而不亂的代表作，該詩云：

> 邊境有梟社有鼠，國是紛麻何所底。或爲借劍或請纓，書生分內應

〔註36〕謝國楨《明清之際黨社運動考》，第39～40頁。
〔註37〕費正清主編，郭曉兵等譯《中國的思想與制度》，世界知識出版社，2008年
　　　　版，第155頁。
〔註38〕黃宗羲《明文授讀》卷十九，《四庫全書存目叢書》第400冊，第606頁。
〔註39〕黃尊素《黃忠端公詩文集》卷首，第3頁。
〔註40〕黃尊素《黃忠端公詩文集》卷首，第25頁。

如此。有友貌腠膽自雄，直披閶闔追龍逢。文章不回明主意，孤臣灑血向誰通。當時朝上夕被拘，大小官暨嘯通衢。青天颯然白日淡，衣冠奪氣惟長籲。閹宦已自飽雞肋，天威不霽敢悚息。杖下猶知呼先皇，忠肝尚能通紫極。紫極浮雲有時開，先皇遺澤正堪哀。吾今送子及新秋，君恩曠蕩不更裘。欲贈龍泉勤拂拭，相看留斬佞臣頭。〔註41〕

這首詩表彰了萬燝彈劾魏忠賢的壯舉，對天啟皇帝聽信魏忠賢的讒言、啟用廷杖的做法略有不滿。結尾兩句豪氣干雲，為國除奸的強烈願望呼之欲出。該詩古色斑斕，聲調鏗鏘，感情充沛。

　　黃尊素早已下定決心與諸君子共患難，他說：「寧不與諸君子同其功，不願不與諸君子同其禍也。」〔註42〕正是因為黃尊素對萬燝的遭遇極端同情，對魏忠賢的跋扈極端憤恨，所以才有這樣優秀的詩歌出現。因此分析黃尊素的文學成就歸根結底還是要從其人格入手，單是梳理文學本身的淵源關係還不足說明問題，這也正是鄭梁不滿意許三禮的原因，鄭梁《黃忠端公集序》質疑許三禮說：「然余竊謂，公之詩文即不從《文選》入手，即不歸平淡，亦未有不理明而辭達，不求奇而奇至者。」鄭梁以為：

> 千古之文，千古之人為之也。其人為流俗之人，則其文為流俗之文，其人而為千古不可磨滅之人，即其文為千古不可磨滅之文，亦非必文以人重也。……然則以公之愛君憂國而為疏，以公之忠告善道而為書，以公之讀書談道籌時弔古而形之於詩賦序記諸體固誼，其不言文而天下之至文生焉矣。即何必假途《文選》，歸宗平淡而後為工也哉？嗟乎！自文之與道二也，家拾太倉之唾，人爭歷下之餘，文章能事盡於餖飣吞剝。間有覺其非者，宗主震川以救之，而無如其人既非，其文亦不復是。雖復連篇累帙，號稱大家，其有如公之單詞隻句皆堪不朽者乎？〔註43〕

鄭梁的這篇序文作於康熙十六年（1677），它與黃宗羲在康熙八年（1669）所作的《錢屺軒先生七十壽序》極為相似，兩篇文章都主張文道合一，都對文壇盟主錢謙益的污點人格提出了批評，而且很多地方的遣詞造語都完全相

〔註41〕黃尊素《黃忠端公詩文集》，第 61 頁。
〔註42〕范景文《黃忠端公傳》，黃尊素《黃忠端公詩文集》卷首，第 16 頁。
〔註43〕黃尊素《黃忠端公文集》卷首，第 4～5 頁。

同，我懷疑署名鄭梁的《黃忠端公集序》實際上是出自黃宗羲之手。康熙十五年（1676），許三禮刊刻了《黃忠端公詩文集》，並在卷首寫了一篇序文，許三禮在序中指出黃尊素的文學師法對象是《文選》，黃尊素的文學創作受《文選》影響最深。黃宗羲則以為文道合一才是黃尊素文學的根本價值所在，許三禮的序文還沒有點到這個根本之處，所以黃宗羲才親自作文，再次闡發這個問題。

許三禮（1625～1691），字典三，號酉山。相州人。順治十八年（1661）進士，官至兵部督捕右侍郎。康熙十二年（1673），授海寧知縣。在海寧任上「喜延攬人才，上自賢豪名士，下至地巫、星客，一藝之長者，無不羅而置之幕下，故四方之客日至」〔註44〕。康熙十五年（1676），二月，許三禮聘請黃宗羲來海寧講學，這次講學聲勢很大，昆山徐秉義慕名而來，徐乾學也派遣門人彭孫遹從北京趕來聽講〔註45〕，聽講者「風華掩映千人，多廊廟之器」〔註46〕。此後五年，黃宗羲時常來海寧授業，許三禮也一直追隨黃宗羲學習《易》學、曆法，兩人關係非常密切。許三禮刊刻黃尊素的詩文集顯然是在主動向黃宗羲示好，黃宗羲自然也不會放棄這次與清朝官員接近的機會。所以儘管許三禮對黃尊素詩文的評價不能令黃宗羲滿意，但是黃宗羲礙於情面，也不便得罪這位海寧縣令，所以就只好把自己的觀點歸在學生鄭梁的名下。

在系統整理黃尊素詩文集過程中，黃宗羲對父親的記憶再次被喚醒，道德節義與詩歌古文在黃尊素身上的完美結合，使得黃宗羲看到了文道合一的可能性。康熙十五年（1676），四月二十六日，黃宗羲離開海寧回鄉，他在與許三禮等人分別之時，作了一篇《留別海昌同學序》，在文中，黃宗羲明確提出了文道合一的觀點，他說：

> 夫一儒也，裂而為文苑、為儒林、為理學、為心學，豈非析之欲其極精乎？……吾觀諸子之在今日，舉實為秋，摛藻為春，將以抵夫文苑也；鑽研服、鄭，函雅故，通古今，將以造夫儒林也；由是而斂於身心之際，不塞其自然流行之體，則發之為文章，皆載道也；垂之為傳註，皆經術也。將見裂之為四者，不自諸子復之而為一

〔註44〕黃宗羲《兵部督捕右侍郎酉山許先生墓誌銘》，《黃宗羲全集》第 10 冊，第 478～479 頁。
〔註45〕黃炳垕《黃宗羲年譜》，第 39 頁。
〔註46〕黃宗羲《留別海昌同學序》，《黃宗羲全集》第 10 冊，第 645 頁。

乎？〔註47〕

黃宗羲勉勵海寧諸君子合文苑、儒林、理學、學者四者爲一爐，只可惜海寧從學之士難勝其任，黃宗羲在海寧五年，只有許三禮得其曆學，陳言揚得其數學，其他弟子大都默默無聞。

黃宗羲文道合一的理論，是從父親黃尊素詩文集中悟出，並認爲黃尊素是文道合一的典範，因此，黃尊素對黃宗羲的影響也就不難看出了。黃尊素對黃宗羲的影響除了高尚的人格和文道合一的理論之外，明清兩代不斷修建與書寫的黃尊素祠堂，也在逐漸擴大黃宗羲的交遊，提升黃宗羲的聲譽，促成了黃宗羲登上文壇盟主的位置。

三、黃尊素祠堂的修建與書寫

黃尊素祠堂的修建與書寫過程較爲複雜，下文擬將其分爲三個階段進行論述。

（一）黃宗羲與黃尊素的平反與安葬

天啓六年（1626），黃尊素去世的噩耗傳來，黃宗羲的母親姚夫人痛哭暈絕，年僅十七歲的黃宗羲勸慰母親節哀，姚夫人對黃宗羲說：「汝欲解我，第忘大父粘壁書耳。」〔註48〕姚夫人所說的粘壁書，是指黃宗羲的祖父黃曰中爲了讓黃宗羲牢記父仇而寫的「爾忘勾踐殺爾父乎」八個字，每每看到這八個字，黃宗羲都傷痛不已，爲父復仇的計劃也深埋在心裏。黃尊素死後，黃家一貧如洗，黃宗羲的幾個弟弟都還年幼，黃宗炎十一歲，黃宗會九歲，黃宗轅五歲，黃宗彝兩歲，盡忠而死的黃尊素，嗷嗷待哺的眾多幼兒，瞬間就把黃家推到了艱危的絕境。黃宗羲和母親苦撐危局，再加上黃尊素門生故交的扶持，黃氏兄弟才勉強存活下來。在黃家最艱難之時，除了劉宗周之外，徐石麒是對黃家幫助最大的人〔註49〕。徐石麒是黃尊素在萬曆四十六年（1618）爲應天鄉試同考官時取中的舉人〔註50〕，黃尊素被逮時，徐石麒官

〔註47〕黃宗羲《黃宗羲全集》第 10 冊，第 645～646 頁。

〔註48〕黃宗羲《移史官先妣姚太夫人事略》第 8 冊，第 544 頁。

〔註49〕徐石麒（1578～1645），字寶摩，嘉興人。天啓二年（1622）進士，官至吏部尚書。順治二年（1645），清兵攻陷嘉興，徐石麒殉城而死。生平見黃宗羲《光祿寺大夫太子太保吏部尚書諡忠襄徐公神道碑銘》。

〔註50〕黃宗羲《光祿寺大夫太子太保吏部尚書諡忠襄徐公神道碑銘》云：「天啓戊午，先忠端公分房南闈，始舉公賢書。」《黃宗羲全集》第 10 冊，第 242 頁。按：天啓皇帝在位的七年之中無戊午年，且黃尊素充應天鄉試同考官是

工部營繕司主事，曾來獄中探視，並籌集資金以抵還那些被閹黨強加在黃尊素頭上的莫須有贓款，希望營救老師出獄，遺憾的是營救行動不僅沒有成功，而且還得罪了魏忠賢，徐石麒被削籍還鄉。天啟七年（1627），得知黃尊素被害的消息，徐石麒渡江來弔，徐石麒深知黃家赤貧，所以「凡可以周急者，無所不至」。徐石麒不僅贈之以財，還贈之以言，黃宗羲《思舊錄·徐石麒》小傳載其事云：

> 丁卯，渡江來弔，登堂拜母。公知余家赤貧，凡可以周急者，無所不至。余讀書泛濫，公訓之曰：「學不可雜，雜則無成，毋亦將兵農禮樂以至天時地利人物情理，凡可以佐廟謨禪掌故者，隨其性之所近，併當一路，以爲用世張本。」此猶蘇子瞻教秦太虛多著實用之書之意也。今老而無所見長，深愧其言。〔註51〕

黃宗羲成爲明清之際重要的思想家，並在康熙二年（1663）寫成學術名著《明夷待訪錄》，與徐石麒這番仁者之言有很大關係。對於徐石麒的恩德，黃宗羲終生銘記，八十三歲（1682）的黃宗羲在撰寫《思舊錄》時，對徐石麒的教誨依然記憶猶新。

天啟七年（1627）八月二十日，明熹宗駕崩。二十四日，明思宗朱由檢即位。思宗稱帝之後，就以迅雷不及掩耳的速度剷除了閹黨勢力，十一月，魏忠賢在阜城自縊，樹倒猢猻散，閹黨餘孽紛紛逃竄。否極泰來，黃宗羲終於等到了這個好消息。兩個月後，即崇禎元年（1628）正月，十九歲的黃宗羲草疏一封，入京爲父親頌冤。經過杭州之時，黃宗羲又結識了文壇名宿陳繼儒。黃宗羲《思舊錄·陳繼儒》小傳云：

> 歲戊辰，余入京頌冤，遇之於西湖。畫船三隻，一頓褥被，一見賓客，一載門生故友，見之者雲集。陶不退埏謂先生曰：「先生來此近十日，山光水影，當領略徧矣。」先生笑曰：「迎送不休，數日來只看得一條跳板。」余時寓太平里小巷，先生答拜，乘一小轎，門生徒步隨其後，天寒涕出，藍田叔瑛即以袍袖拭之。余出頌冤疏，先生從座上隨筆改定。〔註52〕

在萬曆四十六年戊午（1618），又黃炳垕《黃忠端公年譜》云：「萬曆四十六年戊午，八月，充應天鄉試同考官。」《黃忠端公年譜》，第528頁。故天啟戊午當爲萬曆戊午。

〔註51〕黃宗羲《黃宗羲全集》第1冊，第351頁。
〔註52〕黃宗羲《黃宗羲全集》第1冊，第343頁。

陳繼儒在晚明文壇上具有舉足輕重的地位，蔣士銓稱陳繼儒遊走於山林廊廟之間，可謂是「翩然一隻雲間鶴，飛來飛去宰相衙」〔註53〕，黃宗羲也說陳繼儒「以諸生有盛名，上自縉紳大夫，下至工賈倡優，經其品題，便聲價重於一時」，此時黃宗羲的頌冤疏經陳繼儒改定之後，自然增色不少。更爲重要的是，年少的黃宗羲能夠得到陳繼儒的青睞，對於黃宗羲聲名的傳播也有很大的推動作用。黃宗羲當然也不會錯過與陳繼儒的交往，崇禎二年（1629），黃宗羲曾親自到雲間拜訪陳繼儒，請陳繼儒撰寫黃尊素傳，《思舊錄‧陳繼儒》小傳云：

> 己巳秋，余至雲間，先生城外有兩精舍，一頑仙廬，一來儀堂，相距里許。余見之於來儀堂。侵晨，來見先生者，河下泊船數里。先生櫛沐畢，次第見之，午設十餘席，以款相知者，飯後，即書扇，亦不下數十柄，皆先生近詩。書余扇爲《弔熊襄愍詩》。……余留信宿而別。明年書來，歉不曾過弔云：「豈無田僮一束芻，彼磨鏡者何人哉？」許爲先忠端公作傳，寄於宋氏，後見《宋子建集》，有先忠端公傳，不知即先生之文否？而以列之《宋集》，何也？〔註54〕

據此可知，陳繼儒確實應黃宗羲之請作了一篇《黃尊素傳》，但是這篇傳記沒有直接寄給黃宗羲，也沒有收在陳繼儒的文集中，黃宗羲是在宋存標集中看到了該文。爲什麼陳繼儒的文章會被宋存標刻入文集中呢〔註55〕？我推想情形應該是這樣：陳繼儒忙於應酬，無暇作《黃尊素傳》，就命門生宋存標代筆，他修改之後，署上自己的名字，再寄給黃宗羲。可是黃尊素雖然已經平反，但是閹黨的殘餘勢力仍然很大，東林黨與閹黨之間的鬥爭還在延續，陳繼儒是老於世故之人，深諳其中厲害，顯然不會涉足這等敏感而又棘手之事，他遲遲不肯把《黃尊素傳》寄給黃宗羲，其實是在觀望事態的發展。陳繼儒去世之後，《黃尊素傳》就再也無人問津，宋存標就把這篇原本就是自己所作的文章收入了文集之中。黃宗羲在宋存標的文集中讀到該文，也就不足爲怪了。

　　黃宗羲曾自題畫像曰：「初錮之爲黨人，繼指之爲遊俠，終廁之於儒林。」〔註56〕其俠客作風在崇禎元年（1629）爲父頌冤的過程中表現的淋漓

〔註53〕蔣士銓《臨川夢》卷上，清乾隆紅雨樓刻本。
〔註54〕黃宗羲《黃宗羲全集》第 1 冊，第 343～344 頁。
〔註55〕宋存標，字子建，華亭人。明崇禎間貢生，候補翰林院孔目。著有《翠娛閣集》等。
〔註56〕吳慶坻《蕉廊脞錄》卷七，《續修四庫全書》第 1264 冊，第 101 頁。

盡致。正月二十九日，朝廷下旨戮魏忠賢、崔呈秀、客氏屍。二月二十一日，有詔爲天啓年間死難忠臣平反，贈黃尊素大中大夫太僕寺卿，賜葬費三百金，錄一子〔註57〕。黃宗羲上疏謝恩，並請斬逆黨曹欽程、李實等。五月，刑部會審許顯純、崔應元，黃宗羲對簿公堂，看到這兩個害死父親的元兇，黃宗羲義憤塡膺，奮不顧身地衝上前去，從袖子裏掏出長錐，錐得許顯純渾身是血，連連求饒。許顯純辯解說他是孝定皇后的外甥，律有議親之條，黃宗羲反駁說：「顯純與魏忠賢謀反，謀反則以親王高煦、宸濠猶不免被戮，況皇后之外親乎？」〔註58〕許顯純的辯解被黃宗羲駁倒，刑部最後判定許顯純秋後處斬，妻子流放。黃宗羲又用長錐刺崔應元的胸脯，還拔下了崔應元的鬍鬚，回來祭祀黃尊素。黃宗羲又聯合周延祚、夏承，打死了殘害忠良的獄卒葉咨、顏文仲。至此，黃宗羲終於報了「腐心三載」、「靡寧朝夕」的殺父大仇〔註59〕。黃宗羲長錐刺賊的壯舉也迅速傳遍大江南北，「當是時，姚江黃孝子之名震天下。事定還里，四方名士無不停舟黃竹浦，願交黃孝子者」〔註60〕。本年，御史袁鯨上疏陳請在京城建祠一座，祭祀楊漣、周順昌、黃尊素、李應昇等十三人，崇禎皇帝應允，於是十三家子弟追塑遺像，順天府春秋祭祀〔註61〕。這是黃尊素進入祠堂享受祭祀的開始，也是黃宗羲孝子美名傳播海內的開始。

崇禎元年（1628）秋，黃宗羲奉黃尊素靈柩南還。崇禎二年（1629）十一月二十五日，黃宗羲葬父於故里隱鶴橋。弱冠之年的黃宗羲把父親安葬完畢之後，就開始專心學問。全祖望《梨洲先生神道碑文》記載此事云：

> 既歸，治忠端公葬事畢，肆力於學。忠端公之被逮也，謂公曰：「學者不可不通知史事，可讀《獻徵錄》。」公遂自明十三朝《實錄》，上遡二十一史，靡不究心，而歸宿於諸經。既治經，則旁求之九流百家，於書無所不窺者。憤科舉之學錮人生平，思所以變之。既盡發家藏書，讀之不足，則抄之同里世學樓鈕氏、澹生堂祁氏，南中

〔註57〕黃炳垕《黃忠端公年譜》，第 590 頁。

〔註58〕黃百家《先遺獻文孝公梨洲府君行略》，《黃宗羲全集》第 11 冊，第 402 頁。

〔註59〕黃宗羲《原任山東道監察御史今贈太僕寺卿黃尊素長男生員臣黃宗羲謹奏爲恭謝聖恩哀陳父節仰祈聖鑒垂憐並亟造謀二逆以伸孝思以快公憤疏》，金日升《頌天臚筆》卷二十，明崇禎二年刻本。

〔註60〕邵廷采《遺獻黃文孝先生傳》，《思復堂文集》卷三，浙江古籍出版社，2010 年版，第 166 頁。

〔註61〕黃宗羲《重建先忠端公祠堂記》，《黃宗羲全集》第 10 冊，第 125 頁。

　　則千頃齋黃氏，吳中則絳雲樓錢氏。窮年搜討，遊屐所至，遍歷通

　　衢委巷，搜鬻故書，薄暮，一童肩負而返，乘夜丹鉛，次日復出，

　　率以爲常。〔註62〕

筆者分析黃宗羲成爲一代文宗，與父親黃尊素的祠堂有很大的關係，因爲在
祠堂的修建與書寫過程中，黃宗羲結識了很多文壇大家，這些文壇大家的薦
揚使得黃宗羲主盟文壇的過程更爲順利。但是，筆者並沒有把黃尊素祠堂作
爲黃宗羲主盟文壇的唯一原因，畢竟黃宗羲能夠成爲壓倒流輩的大家，其自
身的學問根底才是最主要的原因。黃宗羲二十歲時就已立志學問，對學問的
興趣至死不衰，這才是黃宗羲成功的根本所在，而黃尊素祠堂則是黃宗羲成
功的重要外部條件。

　　崇禎九年（1636），因爲閹黨殘餘勢力的阻撓，隱鶴橋的黃尊素墳塋難以
繼續使用，被逼無奈，黃宗羲決定將父親遷葬至化安山。本年二月，至常州，
先期拜見文震孟，請他爲父親作神道碑銘。黃宗羲結交文震孟始於崇禎三年
（1630），該年黃宗羲至南京赴試，落第而歸，心情非常沮喪，路過京口時，
他遇到了文震孟。黃宗羲《思舊錄‧文震孟》小傳云：

　　庚午歲，余自南都試回，遇公於京口，遂下公舟，以落卷呈公。公

　　見余後場，嗟賞久之，謂後日當以古文鳴世，一時得失，不足計也。

　　座舟中竟日，珍重而別。〔註63〕

文震孟慧眼識才，他的鼓勵使處在人生低谷的黃宗羲重新樹立了自信，當
然，黃宗羲日後所造之境，也不負這位長者的期許。文震孟對黃宗羲青睞有
加，得知黃宗羲的來意之後，文震孟欣然允其所請。

　　從文震孟家出來，黃宗羲又順道拜謁了當時的文壇領袖錢謙益，錢謙益
稱黃宗羲爲年家子，並爽快地答應了黃宗羲的請求。十二月，黃宗羲遷葬黃
尊素於化安山。與崇禎二年（1629）的草草下葬不同，這次遷葬，黃宗羲請
了禮部侍郎兼東閣大學士文震孟作神道碑銘，吏部尚書中極殿大學士劉一燝
作神道第二碑，禮部左侍郎錢謙益作墓誌銘。更爲榮耀的是，次年（1630），
浙江布政司左參議分守寧紹道謝雲蚪奉崇禎皇帝之命前來諭祭，並宣讀了
崇禎皇帝的御製像贊。此事標誌著化安山黃尊素墓地乃是皇帝御賜，閹黨再
也不敢來此作祟，而化安山也就成了黃家的御賜專用墓地，黃宗羲死後也長

〔註62〕全祖望撰、朱鑄禹彙校集注《全祖望集彙校集注》，第214頁。

〔註63〕黃宗羲《黃宗羲全集》第1冊，第342頁。

眠於此。

（二）晚明黃尊素祠堂的修建與書寫

崇禎五年（1632），餘姚官員奉旨建造黃尊素祠堂，祠堂地址選在縣西之西石山，地址剛剛選定，閹黨的殘餘分子就跳出來爭地，黃宗羲《重建先忠端公祠堂記》曰：

> 有司奉旨立廟於鄉，皆名曰敕建。先忠端公祠，卜地邑西之西石山，爲呂氏書室。有長松峭壁，用官價百金買之。是時我鄉奄黨最多，而以逆案拾遺歸者，勢尤桀騖，與其同黨，蹴私人出而爭地，東浙士大夫，皆爲之不平。馮留僊、馮鄴僊、劉瑞當、陸文虎、萬履安、馮元度會祭祠下，其文刺我邑縉紳，不復知人間有羞恥事，而以黨奄自旌也。奄黨憤甚，又使其前爲方從哲之門客，孤鼠遊說，爲一邑風水攸關，必須改卜。蕺山劉先生爲書以告當事，曰：「不佞，白安先生之未亡友也，請以螳臂當之矣。」久之而後定。而同黨亦知爲拾遺者所誤，咋舌而死。〔註64〕

黃宗羲文中所言爭地之閹黨乃是蔣一驄。蔣一驄，字樗仲。浙江餘姚縣人。辛丑進士，官至太常寺卿。崇禎元年（1628）七月，免職回籍。黃宗羲上文注云：

> 北科糾拾某官，癸亥京察降級。乙丑以後，遂爾登級，光祿無匠，何以冒殿工而加級，非夤緣捷徑，何以越歲而正位奉常。內有通天之孫傑，外有納賄之崔逆，同郡劉宗周正人也，惟恐出而阻之，移宮一案何罪乎，疏請榜示以爲戒。〔註65〕

在黃尊素好友劉宗周的鼎力支援下，這座祠堂終於建成。

崇禎十五年（1642），陳子龍官紹興府推官，前來餘姚祭祀黃尊素，並應黃宗羲之請作了一篇《贈太僕卿忠端黃白安先生祠堂碑》，其碑銘云：

> 我皇受命，整齊天常。流驩戮嬯，寰宇重光。式閭表墓，顯忠襃良。爰作同命，三錫雲章。建此祠宇，備爾烝嘗。落星磊磊，姚水湯湯。前堂後寢，郁郁神房。牲牷伊碩，碩稷惟芳。有司在廟，工祝在祊。亦有喆嗣，思慕徬徨。靈之來思，鸞舞龍驤。福我蒸黎，彝倫孔彰。

〔註64〕黃宗羲《黃宗羲全集》第 10 冊，第 125 頁。
〔註65〕黃宗羲《黃宗羲全集》第 10 冊，第 125 頁。

永為臣範，千禩無強。〔註66〕

黃宗羲與陳子龍初識是在崇禎三年（1630），是年黃宗羲叔父黃等素官南京應天府經歷，黃宗羲奉祖母盧夫人至南京，恰逢復社在南京舉行大會，復社領袖周鑣介紹黃宗羲入社。張溥在秦淮舟中召集復社名士集會，與會者就有黃宗羲、陳子龍。黃宗羲與陳子龍原本就是復社同志，感情極好，現在通過這篇祠堂碑的媒介，兩人的關係就更為密切了。陳子龍在紹興為官期間，黃宗羲時常與之往還，兩人志趣相投，關係甚好。黃宗羲《思舊錄・陳子龍》小傳說：「陳子龍，字臥子，華亭人。為紹興推官，撰先忠端公祠堂碑銘。余邑有疑獄，余一言，臥子遂出死罪二，其相信如此。」〔註67〕黃宗羲與陳子龍的論文主張也有很多相通之處，他們都主張文章須原本經史，講求經世致用，反對類比，對八股文更是深惡痛絕。陳子龍早年就曾與江西派八股文名家艾南英發生過衝突，陳子龍在張溥家與艾南英辯論朱、王異同，爭論不休，陳子龍掌摑了艾南英，這是晚明文壇上的一件大事，對於此事的評價，黃宗羲是比較偏袒陳子龍的，他在《思舊錄・陳子龍》小傳曰：

> 臥子少年之文，恃才縱橫。艾千子與之論文，極口鄙薄，以為少年不學，不宜與老學論辯，自取敗缺。海內文章家，無不右千子。以余觀之，千子徒有其議論，其摹倣歐、曾，與摹倣王、李者，亦唯之與阿。臥子晚亦趨於平淡，未嘗屑屑于摹倣之間，未必為千子之所及也。〔註68〕

黃宗羲與艾南英也曾有過交往，崇禎五年（1632），黃尊素的門生朱天麟看到黃宗羲有詩稿一冊，就請豫章四子之艾南英、羅萬藻、陳際泰作序，艾南英在詩序中對黃宗羲的詩歌評價很高，他說：

> 公有子太沖，博學能古文詞，尤攻為詩。讀所為《老狐行》，若未嘗怨誹其上，而一時受禍之深，所以致禍之由，讀者如見其人。蓋深於詩人之意者。人知太沖之微文深遠，而不知今上之誅賞為能大慰忠臣孝子之心，是以怨誹而不亂也。〔註69〕

黃宗羲也一直視艾南英為知己，他在這三篇序的跋語中說：「三序皆少時舊

〔註66〕陳子龍《安雅堂稿》卷十五，《續修四庫全書》第1388冊，第157頁。
〔註67〕黃宗羲《黃宗羲全集》第1冊，第365頁。
〔註68〕黃宗羲《黃宗羲全集》第1冊，第365頁。
〔註69〕黃宗羲《南雷詩文集附錄》，《黃宗羲全集》第11冊，第430～431頁。

稿，今無一存者，存此以識知己之感。」〔註70〕可是，艾南英的深造獨得之
處是在八股文方面，《明史·文苑傳》云：「萬曆末，場屋文腐爛，南英深疾
之，與同郡章世純、羅萬藻、陳際泰以興起斯文爲任，乃刻四人所作行之
世，世人翕然歸之，稱爲章、羅、陳、艾。」〔註71〕黃宗羲對八股文卻並無
好感，他譏諷八股文批評點是批尾之學，認爲八股文對學術、文學都有極大
的危害，甚至將明代覆亡的一部分罪責歸咎於八股文。因此，黃宗羲與艾南
英雖然有過短暫的交往，但是兩人對八股文好惡兩重天的情感態度，使得黃
宗羲不但無法與艾南英達成一致，而且對艾南英也還有過尖銳的批評，如《明
文海》卷一百艾南英《論宋禘祫》評語云：

> 艾南英，字千之，東鄉人。其傳者當在論文諸書。他文摹倣歐陽。
> 其生吞活剝，亦猶之摹倣《史》、《漢》之習氣也。其於理學，未嘗
> 有深湛之思，而墨守時文見解，批駁先儒，引後生小子不學而狂妄，
> 其罪大矣。〔註72〕

崇禎十七年（1644），署禮部右侍郎管紹寧疏請蔣欽等二十五臣予諡，黃尊素
諡號爲忠端，再贈兵部左侍郎。是年，常熟陳梅臣在西湖六一泉舊址，背距
孤山、面臨鳳凰處建造兩朝忠烈祠，供奉明代天啓、崇禎兩朝殉節之臣三十
六人，黃尊素與焉，黃道周作《兩朝忠烈祠碑》。忠烈祠建成不久，明代就滅
亡了。入清之後，當地人以爲在新朝供奉前明忠臣，容易招來災禍，於是就
把這三十六個神位放到了祠堂二樓，並把祠堂改爲寺廟，名爲廣化寺〔註73〕。
康熙二十九年（1690）三月十七日，黃宗羲重訪廣化寺，登樓拜謁黃尊素神
位，感慨萬千，遂作詩一首，即《至廣化寺拜先忠端公神位》，其詩云：

> 六載未經廣化寺，重來樓閣已巍然。江山千古留殘照，草木三春有
> 杜鵑。天寶更無談舊叟，西湖只見上墳船。蓋棺議論何曾定，多少
> 沈魂愧九泉。〔註74〕

此時廣化寺所供奉的不單有佛像，還有一些不該享受祭祀之人，兩朝忠烈反
而被這些異教之徒和平庸之輩湮沒了，所以黃宗羲感歎歷史盛衰無常，忠奸
難辨，並呼籲將那些庸常之輩剔出忠烈祠，他說：「樓上神位有當斥去者，如

〔註70〕黃宗羲《黃宗羲全集》第 11 冊，第 435 頁。
〔註71〕張廷玉等《明史》卷二百八十八，中華書局，1974 年版，第 7402～7403 頁。
〔註72〕黃宗羲《黃宗羲全集》第 11 冊，第 109 頁。
〔註73〕黃炳垕《黃忠端公年譜》，第 598 頁。
〔註74〕黃宗羲《黃宗羲全集》第 11 冊，第 332 頁。

某為棍徒所詐，久之而死。某為流寇所夾，歸死於家。某仕隆武，亦歸死。某等避難為亂兵所殺。某安牀而死。如此尚有數公，列之無謂。」〔註75〕

　　通過黃尊素祠堂的修建與書寫，黃宗羲結識了晚明文壇名宿陳繼儒、陳子龍，也得到了文壇盟主錢謙益的垂青，在這些名家的提攜揄揚之下，黃宗羲的聲譽日隆，在文壇上開始嶄露頭角。儘管此時的黃宗羲尚不具備與這些巨子抗衡的實力，還處在他們的籠罩之下，但是江山代有才人出，明朝淪陷，故老凋零，經過了血與火的歷練之後，黃宗羲在清朝初年已經具備了領導群倫的實力，而黃尊素祠堂在新朝的修建與書寫，使黃宗羲與清朝政府達成了和解，黃宗羲的文壇盟主地位也最終獲得了清廷的認同。

（三）清初黃尊素祠堂的修建與書寫

　　清初第一座黃尊素祠堂始建於康熙二十四年（1685），黃炳垕《黃忠端公年譜》卷下云：

> 康熙二十四年乙丑，學使婁東王公掞行部東浙，表章啓禎忠節，檄知府三韓胡公以煥建六賢祠於越城南羅門畈，以公為首，次劉忠正宗周、施忠愍邦曜、倪文正元璐、祁忠敏彪佳、周文忠鳳翔，有司春秋致祭。王公有碑記。〔註76〕

嵇曾筠等《（雍正）浙江通志》卷一百二十一《職官》十一云：

> 王掞，字藻儒，號顥菴，江南太倉人。康熙庚戌進士。二十四年以右春坊右贊善任。周清源，字蓉湖，江南武進人。康熙己未博學鴻詞。二十七年，以左春坊左贊善任。〔註77〕

據此可知，王掞於康熙二十四年（1685）至康熙二十七年（1688）任浙江學政，黃尊素與劉宗周等人的六賢祠就是在王掞剛上任時建造的。紹興府城的六賢祠建成之後，王掞又得知餘姚縣西之西石山原有黃尊素祠堂一座，建於崇禎五年（1635），距今已經五十年。這座祠堂毗鄰交通要道，明清易代之際，常有軍隊在此駐紮，士兵抽檁桷為營火，該祠遂被破壞而坍塌。王掞決定重建黃尊素祠堂，康熙二十五年（1686）二月丁未（二十三日）祠堂建成，餘姚教諭沈煋主持祠堂落成典禮，黃宗羲《重建先忠端公祠堂記》載其事云：

〔註75〕黃宗羲《黃宗羲全集》第 11 冊，第 332 頁。
〔註76〕黃炳垕《黃忠端公年譜》，第 598～599 頁。
〔註77〕嵇曾筠《（雍正）浙江通志》卷一百二十一，《文淵閣四庫全書》本。

王顗菴先生督學浙中，以仁義束世教，行部東浙，表彰啓禎忠節，立「六賢講院」，而以先忠端公爲首。又考圖經，知先忠端公故有祠宇，今雖蕪廢，顧先朝敕建，不可不復。乃即其故里，老屋三楹，肖像存舊。丙寅二月下丁，教諭沈君煜將事，風和日美，俎豆靜潔，故老見之，泣下沾襟。蓋先公被逮在丙寅三月，今歲復在丙寅，而祀典之舉，適相邂逅，不可爲非數也。祠堂當三江之口，元柳貫有「連延黃竹浦」之詩。剡水西流，藍溪南注，姚江東去，至此而合，迺易之、戴九靈之遺蹟在焉。北望陸放翁之蜀山，南觀李信之雙瀑，名山大川，藥房蕙帳，於此乎？於彼乎？徬徨上下。死而不亡者，庶幾其或遇之。〔註78〕

有了清廷的鼎力支持，黃尊素祠堂的重建要比崇禎五年（1632）西石山祠堂初建時更爲順利，重建過程沒有遇到任何阻力。祠堂建成之後，餘姚縣每年資助白銀六兩，作爲春秋二祭及修祠費用。通過這座祠堂，清廷也終於爭取到了這位具有舉足輕重地位的明遺民。清廷接連運用懷柔政策，本年三月，又准許黃尊素入鄉賢祠享受祭祀。儘管黃宗羲推辭了康熙十七年（1678）的博學宏詞科，又拒絕了康熙十九年（1680）的明史館之聘，但是黃宗羲卻無法拒絕清廷對黃尊素的褒獎。更何況黃宗羲對清朝的態度也發生了重大變化，從早年的殊死對抗，轉變爲遲疑觀望，最後是心悅誠服，以至於在很多文章中黃宗羲已經開始尊稱康熙爲「聖天子」了〔註79〕。從這個意義上說，這次黃尊素祠堂的修建乃是黃宗羲與清廷和解的結果。在黃宗羲的記述中，重建祠堂的倡議首先是由浙江學政王掞提出的，可是我們似乎也不應該忽略掉黃宗羲在其中所起的作用，我甚至懷疑事情的經過可能與黃宗羲所言恰

〔註78〕黃宗羲《黃宗羲全集》第 10 冊，第 126 頁。

〔註79〕南炳文《黃宗羲肯定封建君主專制制度的思想》說：「康熙十八年以後，黃宗羲的政治態度發生了更大變化，他不僅不再指斥清朝，而且承認清朝政權的合法性。這首先表現在從這一年之後，他開始在文章中使用清朝的年號。……文章中對一個王朝的年號採用與否，標誌著作者對該王朝是否承認；黃宗羲在康熙十八年以後寫墓誌銘時開始採用清朝年號的事實，說明他從此已經承認清朝的合法性了。黃宗羲在康熙十八年以後之開始承認清朝的合法性，還表現在他的文章中有時對清朝稱爲『國朝』，也表現於他在文章中對清朝皇帝不僅稱爲天子，而且多有頌揚之辭。如寫於康熙二十七年的《周節婦傳》，曾稱讚康熙皇帝『今聖天子』。」吳光主編《黃宗羲論：國際黃宗羲學術討論會論文集》，浙江古籍出版社，1987 年版，第 354～355 頁。

恰相反，其間原委或許應該是黃宗羲主動向當局示好，懇請當局旌表父親黃尊素並重建祠堂。清廷原本就有拉攏黃宗羲的意願，所以王掞就順水推舟，批准了黃宗羲的申請，祠堂才得以重建。黃宗羲對重建的祠堂也更爲滿意，從他對祠堂所處地址的詩化描述中就可以看出其喜悅之情。黃宗羲除了向王掞示好之外，他還獲得了禮部侍郎、內閣大學士徐乾學的支持。黃宗羲曾致函徐乾學，請徐乾學撰寫祠記，徐乾學不負所請，祠記如期交付，爲新修的祠堂增色不少，更爲重要的是，因爲這位當紅派官員的薦揚，黃宗羲的大名才得以上達天聽，而黃宗羲坐穩文壇盟主的位子，也與徐乾學的支持密不可分。

　　黃宗羲雖然與清廷達成了和解，可是他也不會合身倒入清廷而得罪眾多遺民。在祠堂徵文這一細節上，也可以看出黃宗羲晚年的政治立場趨於中立，他也邀請了桐城明遺民錢澄之作祠堂碑記。同時受到黃宗羲邀請的還有周清原，周清原是康熙十八年（1679）博學宏詞科取中的翰林院檢討，也是明朝的監生，周清原的政治身份曖昧而尷尬，黃宗羲請他來寫黃尊素祠堂的碑銘，本身就是一個絕好的隱喻。

　　儘管黃宗羲對黃竹浦的父親祠堂非常滿意，遺憾的是，天不遂人願，四年之後的七月二十四日，這座祠堂被一次罕見的洪水衝垮了。餘姚的這次洪水可謂是數百年未遇，整個餘姚城幾乎全被洪水淹沒。黃宗羲《姚沈記》載其事曰：

> 庚午七月二十三夜，大雨，明晨，山水大至，平地驟高二丈。……
> 如是者十餘日。居民皆發屋瓦，騎危而囂，縛門板爲筏，撈取水底
> 禾頭，刈而作糜。雨無俄頃之懈，天之扼我，如不我克，餓死者又
> 不知凡幾。死者無棺，則棄之水中，任其去留；或繩縛死尸，繫之
> 梁棟，以俟水退。禾稼一空，人號鬼哭。余生長亂離，屯苦備經，
> 冀以衰暮飾巾首丘，不意復見此景象。〔註80〕

中國古代文人經常把天災和人禍聯繫起來思考，面對餘姚這次毀滅性的水災，黃宗羲也試圖從人禍角度推衍其原因，他認爲人心敗壞是洪水肆虐的根源：

> 年來人心敗壞，通都窮谷，黃童白叟，無不以機械爲事，閃屍鬼魅，
> 不可方物。五行于智屬水，智既邪出，水亦橫行，一氣之感召，天

〔註80〕黃宗羲《黃宗羲全集》第 10 冊，第 140～141 頁。

亦不能如之何矣。人誠有鑒于此，則風雨露雷，無非教也。〔註81〕
在這次洪水中，黃尊素祠堂也未能倖免於難。黃尊素祠堂被淹，作為孝子的
黃宗羲自然有義務重建，這本是無可厚非之事，祇是在重建的過程中，黃宗
羲的一些行為未免令人歎息。關於黃尊素祠堂的重建經過，他在《遷祠記》
中有詳細的記載：

> 七月二十四日大水，祠屋遂沈。海內知之，司寇健庵、中允果亭、
> 相國立齋、相國素存、學院蓉湖、京兆定庵諸先生，各出清俸，金
> 鑒前弊，建於新城內南門之左，頗饒花木之趣，太守長白李公題其
> 額焉。〔註82〕

捐資重建的有徐乾學、徐秉義、徐元文、張玉書、周清原、姜希轍，皆是康
熙朝位列顯宦的京官。一座遠在千里之外的前朝忠烈祠堂，竟然能夠驚動如
此多的新朝達官，其中緣由，定有蹊蹺。雖然黃宗羲的敘述簡略而輕鬆，但
是其間關節的疏通想來也非易事。除了遊說京官之外，黃宗羲也邀請了地方
官員參與其事。浙江巡撫張鵬翮應邀撰寫了《重建黃忠端祠堂碑銘》，紹興太
守李鐸題額。黃宗羲的門生故交，當地的縉紳大夫也紛紛出資，祠堂迅速落
成。祠堂沒有建在故里黃竹浦，而是遷到了紹興新城南門之左。遷祠的原因
有兩個：一是「金鑒前弊」，黃竹浦風水絕佳，可是地勢低窪，難擋洪水侵襲，
康熙二十九年（1690）的東浙水災，以餘姚為甚，而餘姚之水，又以黃竹浦
為甚，地處其中的黃尊素祠堂自然難以保全。黃宗羲吸取教訓，遷址重建，
這是第一個原因，但不是最主要的原因。在黃竹浦偌大一個地方要找出一片
高地來建祠，想來也非難事，而黃宗羲定要到紹興府選址，就不單是出於祠
堂地勢的考慮了。所以遷祠的第二個也是最重要的原因是為了討好政府，黃
宗羲也不諱言這層用意，他說黃竹浦的祠堂「自丙寅至庚午春，五年九祭，
煩有司往返四十里，僕僕從事，心甚不安」〔註83〕。八十二歲的黃宗羲竟然
說出這種話來，可見歲月果真是磨蝕了遺民的棱角，骨鯁處世的堅硬姿態終
究還是被溫順的和解取代了。青燈苦雨之時，回思一生瀕九死的抗清經歷，
此時的黃宗羲，俯仰沉吟之間，應該不能沒有一絲遺憾吧。這是黃宗羲生前
最後一次為父親修建祠堂，為了父親流芳百世，他向清廷作了最徹底的妥協。

〔註81〕黃宗羲《姚沈記》，《黃宗羲全集》第 10 冊，第 141 頁。
〔註82〕黃宗羲《黃宗羲全集》第 10 冊，第 137 頁。
〔註83〕黃宗羲《遷祠記》，《黃宗羲全集》第 10 冊，第 137 頁。

妥協換來了清廷的褒獎，黃宗羲死後四年，也獲准崇祀府學先賢祠。明清兩朝，黃尊素祠堂多次修建，為方便讀者，特製表如下：

時　　間	地點	事　　件	相　關　詩　文
崇禎元年（1628）	北京	御史袁鯨請於京城建祠一座，祀黃尊素、楊漣等十三人，照准。	袁鯨奏疏。
崇禎二年（1629）	餘姚	黃宗羲奉黃尊素靈柩還家，葬於隱鶴橋。	徐石麟《先師資治尹大中大夫太僕寺卿前山東道監察御史諡忠端白安黃公行狀》、錢士昇《黃尊素墓誌銘》。
	京口	有寺廟供奉黃尊素神位，黃宗羲痛哭而拜。此後數年間，江南北凡為佛事者無不有黃尊素及與難諸公神位者。	黃宗羲《遷祠記》。
崇禎五年（1632）	餘姚	建祠縣西之西石山。	黃宗羲《遷祠記》。
崇禎九年（1636）十二月	餘姚	遷葬於化安山。	錢謙益《山東道監察御史贈太僕寺卿黃公墓誌銘》、文震孟《山東道監察御史贈太僕寺卿黃公神道碑銘》。
崇禎十一年（1638）	寧國	寧國府縉紳於文天祥祠內增設黃尊素神位	黃宗羲《謝寧國諸公祀先忠端公於名宦祠書》。
	寧國	黃宗羲至寧國，梅朗中、麻三衡等言及黃尊素英靈不昧之事。	黃宗羲《遷祠記》。
崇禎十五年（1642）	餘姚	重建黃尊素祠。	陳子龍《贈太僕卿忠諫黃白安先生祠堂碑》。
	北京	黃尊素得諡號忠端，再贈兵部左侍郎。	管紹寧奏疏。
崇禎十七年（1644）	杭州	陳梅臣於西湖建兩朝忠烈祠，祀黃尊素等三十六人。	黃道周《兩朝忠烈祠碑》。
	杭州	明亡，兩朝忠烈祠廢棄，後改為廣化寺。	黃宗羲《重建先忠端公祠堂記》。
康熙二十四年（1685）	紹興	王掞檄知府胡以渙建六賢祠於紹興城南羅門側，祀黃尊素、劉宗周等六人。	王掞《忠貞講院碑記》。
康熙二十五年（1686）二月二十三日	餘姚	王掞於黃尊素之黃竹浦故居重建忠端祠。歲頒銀六兩為春秋二祭及修祠之費。	徐乾學《贈太僕寺卿黃忠端祠堂記》、周清原《黃忠端公祠堂重建碑銘》、錢澄之《黃忠端公祠堂重建碑記》、黃宗羲《重建先忠端公祠堂記》。

康熙二十五年 （1686）三月	餘姚	崇祀鄉賢祠，五年之間，九次祭祀。	黃宗羲《遷祠記》。
康熙二十九年 （1690） 三月十七日	杭州	黃宗羲重訪廣化寺，登樓拜黃尊素神位。	黃宗羲《至廣化寺拜先忠端神位》詩一首。
康熙二十九年 （1690）七月	餘姚	餘姚大水，平地驟高二丈，黃竹浦黃尊素祠屋坍塌。	黃宗羲《遷祠記》、《姚沈記》。
康熙三十年 （1691）	餘姚	徐乾學、徐秉義、徐元文、張玉書、周清原、姜希轍各出清俸，重建黃尊素祠。黃宗羲以每歲春秋之祭，有司往返四十里，心甚不安，乃遷於新城南門之左，太守李鐸題額。	浙江巡撫張鵬翮撰《重建黃忠端祠堂碑銘》、黃宗羲《遷祠記》。
康熙三十四年 （1695）	餘姚	七月初三日，黃宗羲逝世。次日，葬於化安山黃尊素墓旁。	黃炳垕《黃宗羲年譜》。
康熙三十八年 （1699）六月	紹興	學使張石虹批准黃尊素、黃宗羲父子入祀府庠。	黃炳垕《黃宗羲年譜》。
康熙三十九年 （1700）	餘姚	黃百家增塑黃宗羲配像於新城黃尊素祠中，郡侯宋廷業詣祠致祭，取黃宗羲「支撐天地」之語，以「一脈支天」顏其額。	黃百家《重修祖廟增塑配享四像碑記》，黃炳垕《黃忠端公年譜》。

四、錢謙益與黃宗羲文壇盟主地位之確立

（一）黃宗羲與錢謙益之交往始末

孫之梅將黃宗羲與錢謙益的初識定在天啓四年（1624）〔註84〕，這個推論大致不謬，衹是還可以更爲精確些，據筆者考證，黃、錢之初晤是在天啓四年（1624）秋季至天啓五年（1625）三月之間。錢謙益《山東道監察御史贈太僕寺卿黃公墓誌銘》云：

> 予往識公（黃尊素）長安，退而語人：「黃公豐頤廣顙，長身山立，歸然福德大人也。」公沒，人或以恭予。在昔元季，有以南臺大夫抗節死僞吳者，袁廷玉相之曰：「公大貴人也，當秉忠致命，名垂後世，公必勉之。」由此言之，士大夫非具福德相，其能以忠義顯聞

〔註84〕 孫之梅說：「黃宗羲生於萬曆三十八年，晚於錢謙益二十八歲。他們的相識應在天啓四年黃宗羲十五歲時。」《錢謙益與明末清初文學》，齊魯書社，1996年版，第367～368頁。

乎？予之相公，蓋未爲不驗也。〔註85〕

據錢謙益的回憶可知，他結識黃尊素是在京城。而黃尊素在京爲官時間爲天啓三年（1623）秋至天啓五年（1625）年三月，因黃炳垕《黃宗羲年譜》云：

> 天啓三年癸亥，秋，（黃宗羲）隨侍忠端公至京。
>
> 天啓四年甲子，時逆奄竊政，黨論方興，楊忠烈（漣）、左忠毅（光斗）、魏忠節（大中）諸公與忠端公爲同志，常夜過邸寓，屛左右，論時事，獨公在側，故得盡知朝局清濁之分。
>
> 天啓五年乙丑，三月，忠端公以劾奄媼魏忠賢、客氏，消籍歸。
> 〔註86〕

又金鶴翀《錢牧齋先生年譜》云：

> 甲子，四十三歲，秋，赴召以太子諭德兼翰林院編修充經筵日講官歷詹事府少詹。纂修《神宗實錄》。
>
> 乙丑，四十四歲，兼侍讀學士。先生既與諸君子游，與楊忠烈公（漣）誼尤篤，奄人側目。於是御史崔呈秀作東林黨人同志錄，以先生爲黨魁，東林點將錄指爲浪子燕青者也。尋爲御史陳以瑞所劾，五月，消籍歸。

則錢謙益此次被啓用之後，在京師的時間是在天啓四年（1624）秋至天啓五年（1625）五月。可見黃尊素與錢謙益同處京師之時是在天啓四年（1624）秋至天啓五年（1625）三月之間，其相識也在此時，中間人即是黃尊素與錢謙益共同的好友楊漣，而黃宗羲隨父在京，也有機緣結識錢謙益。當時黃宗羲年僅十五歲，剛剛補了仁和博士弟子員，是一位好窺群籍、厭棄章句的後起之秀；錢謙益四十三歲，正當強仕之年，學問文章已經久爲士林推重。當時，黃宗羲對這位文壇前輩應該是十分敬仰的，並且彼時的錢謙益與正義之士密切仕還，敢於同閹黨鬥爭，也是東林清流裏面舉足輕重的人物，其道德品行也足以使黃宗羲尊重。

只可惜這次京師的聚會僅僅持續了幾個月，伴隨著魏忠賢對東林黨的瘋狂打壓，黃尊素被迫害致死，錢謙益也被排擠出京師。而後數年之間，黃宗

〔註85〕錢謙益《初學集》卷五十，上海古籍出版社，2009年版，第1284頁。
〔註86〕黃炳垕《黃宗羲年譜》，第11頁。

義爲父頌冤，奔走南北，已無暇再來拜會錢謙益。直到崇禎九年（1636）二月，黃宗羲擬遷葬黃尊素於化安山，所以先期北上虞山拜訪錢謙益，請求錢謙益爲黃尊素撰寫墓誌銘〔註87〕。京師一別，至今已有十二年之久，但是時間並未淡化兩人的感情，對於故人之子的來訪，錢謙益很是高興，墓誌銘一事也就很爽快地應允了。

明朝滅亡之後，南明弘光朝廷徵招錢謙益爲禮部尚書。但是南明王朝很快被清軍擊潰，錢謙益開門降清，一時間輿論譁然，士林爲之齒冷。錢謙益對自己的失足降清也是非常悔恨，在柳如是的幫助下，錢謙益開始秘密聯絡反清武裝，以圖恢復明朝社稷。明亡之後，黃宗羲也組織了地方武裝世忠營，擁戴魯王，在浙東一帶對抗清軍。此時的錢謙益與黃宗羲在反清復明運動方面，有很強的一致性，黃宗羲也時常來絳雲樓商談軍務，所以絳雲樓在明末清初的特殊歷史背景下，既是傳統文化的保存之地，也是復明運動的一個重要據點。

順治七年（1650）三月，黃宗羲至常熟，請錢謙益出山遊說婺中鎮將馬進寶倒戈。錢謙益熱情地款待了黃宗羲，並邀請黃宗羲觀覽絳雲樓的藏書。絳雲樓是清初著名的藏書樓，該樓由錢謙益創建於崇禎十七年（1644）。錢謙益博收墳籍，交遊滿天下，曾購得劉子威、錢功父、楊五川、趙汝師四家的全部藏書，又花費鉅資購買善本古書。錢謙益嗜書的美名遠播，書賈也樂於向他出售書籍，在錢謙益的家裏，書賈頻繁往來，幾無虛日。錢謙益又精通版本，每得一部書，都能如數家珍地指出該書舊版如何，新版如何，新舊版之間的差別如何。錢謙益對宋元善本書更是情有獨鍾，曹溶《絳雲樓書目題詞》說錢謙益：「所收必宋元版，不取近人所刻及鈔本。雖蘇子美、葉石林、三沈集等，以非舊刻，不入《目錄》中。」〔註88〕錢謙益的藏書可謂是琳琅滿目，幾埒內府。崇禎十七年（1644）冬，絳雲樓落成，歷代金石文字、宋刻書籍數萬卷充牣其中，大江以南藏書之富，必推絳雲樓爲第一。

絳雲樓藏書雖富，但據曹溶《絳雲樓書目題詞》說錢謙益「好矜嗇，傲他氏以所不及，片楮不肯借出」〔註89〕。可見，錢謙益的藏書是秘不示人的，

〔註87〕 金鶴翀《錢牧齋先生年譜》云：「丙子五十五歲，黃太沖過虞山，訪先生，請撰先忠端公墓誌。」第 620 頁。

〔註88〕 葉昌熾著、王欣夫補正《藏書紀事詩補正》，上海古籍出版社，1989 年版，第 336 頁。

〔註89〕 葉昌熾著、王欣夫補正《藏書紀事詩補正》，第 336 頁。

因此能得到錢謙益的允許而登絳雲樓讀書者，黃宗羲應該是獲此殊榮之第一人。錢謙益的慷慨使黃宗羲大為感動，他在《思舊錄・錢謙益》小傳特意記下了此事，他說：

> 余數至常熟，初在拂水山房，繼在半野堂絳雲樓下。後公與其子孫貽同居，余即住於其家拂水。……絳雲樓藏書，余所欲見者無不有。公約余為老年讀書伴侶，任我太夫人菽水，無使分心。一夜，余將睡，公提燈至榻前，袖七金贈余曰：「此內人（即柳夫人）意也。」蓋恐余之不來耳。〔註90〕

通過黃宗羲的回憶可以看出，錢謙益對於政治不甚關心，其寄情之處仍在學術與文章，所以才約黃宗羲為讀書伴侶。柳如是的心思恰好與錢謙益相反，她關注的重點乃是黃宗羲此行的政治目的，陳寅恪先生《柳如是別傳》就曾指出：

> 更可注意者，即說馬（進寶）之舉，實與黃梨洲有關。太沖三月至常熟，牧齋五月往金華。然則受之此次遊說馬進寶，實梨洲所促成無疑。觀河東君特殷勤款待黃氏如此，則河東君之參與反清之政治活動，尤可證明也。〔註91〕

柳如是贈黃宗羲白銀七兩，並不是讀書伴侶的定金，而是希望黃宗羲堅定信念，促成錢謙益遊說馬進寶之事，黃宗羲也不負柳如是一片苦心，終於說服了錢謙益，兩個月之後，錢謙益前往金華勸說馬進寶投誠〔註92〕。次年又寫信給馬進寶，介紹黃宗羲之弟黃宗炎至彼處從事反清運動〔註93〕。故此，黃宗羲此次虞山之行，也完成了兩個任務，既完成了政治任務，也閱讀了絳雲樓的秘笈，可謂是不虛此行。

　　遺憾的是，錢謙益和黃宗羲的讀書伴侶之約卻未能踐行。本年十月的一個夜晚，錢謙益的小女兒和乳媼在絳雲樓上玩耍，剪落的燭花掉在紙堆之中，於是就引起了一場大火，絳雲樓的珍本圖書瞬息之間就化為灰燼。錢謙益仰

〔註90〕黃宗羲《黃宗羲全集》第 1 冊，第 378 頁。

〔註91〕陳寅恪《柳如是別傳》，上海古籍出版社，1980 年版，第 1016 頁。

〔註92〕金鶴翀《錢牧齋先生年譜》云：「（順治七年）五月，先生自睦之婺訪伏波將軍（按馬進寶駐師金華）。憩於杭，往返匝月，於是名其詩曰《夏五集》。」第 633 頁。

〔註93〕金鶴翀《錢牧齋先生年譜》云：「（順治八年）春，遊武林，為黃晦木作書紹介見馮進寶於金華。」第 634 頁。

天長歎：「甲申之亂，古今書史圖籍一大劫；吾家庚寅之火，江左書史圖籍一小劫也。」〔註94〕黃宗羲也深感惋惜，他在《天一閣藏書記》中說：

> 庚寅三月，余訪錢牧齋，館於絳雲樓下，因得翻其書籍，凡余之所欲見者無不在焉。牧齋約余為讀書伴侶，閉關三年，余喜過望，方欲踐約，而絳雲一炬，收歸東壁矣。〔註95〕

絳雲樓被焚，不僅是錢謙益一家之劫難，也是中國圖書史的一次劫難。錢謙益和黃宗羲的友誼卻並沒有因為這次大火而漸滅，他們的感情在歷盡劫波之後反而愈見深篤。

絳雲樓的大火將錢謙益珍藏的宋元精本圖書幾乎全部焚毀，錢謙益編撰的《明史稿》、《昭代文集》也毀於火災。頗為靈異的是，絳雲樓供奉的佛像和貯藏的佛經卻倖免於難，彷彿有神靈庇護一般。這件靈異的事情對錢謙益觸動很大，此後錢謙益開始「息心棲神，皈依內典」〔註96〕，並著手編撰《楞嚴經疏解蒙鈔》。在疏解《楞嚴經》的過程中，錢謙益與黃宗羲的關係又深入了一步。順治十五年（1658）四月，錢謙益來杭州遊玩。此時黃宗羲與黃宗炎兄弟恰好也在杭州的昭慶寺內，得知錢謙益來杭，黃宗羲非常高興，因為眼下正有一件大事需要錢謙益出面解決。關於此事的原委，黃宗羲《書澹齋事》載曰：

> 澹齋者，武林大佛頭寺僧也，金陵人。嘗以殺人入獄，為獄吏所苦，久之得脫。以為人世不堪，無逾於囚，遂捨身為僧，發願以濟獄中之人。……歲戊戌四月，余寓昭慶寺，澹齋來求募疏，欲泥金佛首，余作一偈與之。一日，澹齋衙袖，墮一紙，拾之，則兩人姓名。余驚問曰：「此□□妻與子也，汝何自書之？」澹齋偽為不知狀。余固問之，始曰：「兩人在仁和獄中，僧因飯囚，故習之，知其為忠臣家屬也。今開贖例，得四十金，則兩人可出矣。世路悠悠，無可告語，書之以識吾願耳。」余曰：「此吾輩事也，奈何累子！」

從澹齋和尚那裡得知張煌言的妻子和兒子被囚禁在杭州大牢裏面，急需四十兩白銀即可贖回，黃宗羲非常著急，因為他與張煌言的私交甚好，他在《兵部左侍郎蒼水張公墓誌銘》中說：

〔註94〕葉昌熾著、王欣夫補正《藏書紀事詩補正》，第 336 頁。

〔註95〕黃宗羲《黃宗羲全集》第 10 冊，第 118 頁。

〔註96〕錢謙益《賴古堂文選序》，《有學集》卷十七，上海古籍出版社，2009 年版，第 768 頁。

公（張煌言）父刑部嘗教授余家，余諸父皆其門人。至余與公，則
兩世之交也。念昔周旋鯨背蠣灘之上，共此艱難，今公已爲千載人
物，比之文山，人皆信之。余屈身養母，爰爰自附於晉之處士，未
知後之人其許我否也？〔註97〕

好友家人有難，任俠仗義的黃宗羲焉能袖手旁觀，因此就從澹齋和尚那裡應
承了此事。但是黃宗囊中羞澀，一時間又難以籌措到這批贖金，錢謙益的到
來，真是解了黃宗羲的燃眉之急。黃宗羲就派黃宗炎去錢謙益的寓所說明緣
由，並請錢謙益解囊出資，施以援手。錢謙益不負所請，慨然應允，黃宗羲
《書澹齋事》曰：

時錢虞山亦寓武林，余弟晦木往告之，以五十金俾澹齋。過三日，
□□之子來告得贖，勸之他往，遷延不決，復見收捕，然澹齋之心
盡矣。……至其救忠義，行任俠，吾不得以浮屠目之矣。〔註98〕

在錢謙益、黃宗羲、澹齋和尚的協力下，張煌言的家人被贖出牢獄，可是張
氏家人不聽勸告，未能及時逃難，最終還是被清廷殺害，這是非常遺憾的。
但是通過此事，我們可以看出，對於反清的忠義之士，錢謙益是竭力資助的。
當然，錢謙益的慷慨解囊，也是出於對黃宗羲的信任。另外，黃宗炎奉兄長
之命拜望錢謙益之時，曾攜帶黃宗羲親筆書信一封，儘管此信現在已經亡佚，
但是通過錢謙益的回信，我們仍可以推測出信件的主要內容。請錢謙益出資
是黃宗羲信件的核心內容，說服錢謙益出資是此信關鍵。黃宗羲在信件中大
概使用了這樣一個邏輯：他對錢謙益說，營救張煌言的家人，本該是我等儒
者分內之事，可是當下的儒者卻是避之唯恐不及，無人敢於承擔此事。方外
之人澹齋和尚反而有營救忠良的俠義之舉，這未嘗不是對儒者的諷刺。今日
我輩若不能接手此事，不僅愧對忠烈之士張煌言，也會讓佛門中人譏笑我儒
門衰落，無頂天立地的人物。黃宗羲的信件應該是說到了錢謙益的心坎裏，
數日之後，七十七歲的錢謙益拖著老邁的身軀來昭慶寺回訪黃氏兄弟，三人
相談甚歡，口談尚不足以盡興，四月二十日，兩人分別之際，錢謙益又回書
一封，錢謙益在信中說：

湖上接手教，爲之盱衡擊節，歎賞稱快，不謂高明意見，與鄙人符
合如此。自國家多事以來，每謂三峰之禪，西人之教，楚人之詩，

〔註97〕黃宗羲《黃宗羲全集》第 10 冊，第 294～295 頁。
〔註98〕黃宗羲《黃宗羲全集》第 10 冊，第 576～577 頁。

是世間大妖孽。三妖不除，斯世必有陸沉魚爛之禍。今不幸而言中矣！邇來則開堂和尚，到處充塞；竹篦拄杖，假借縉紳之寵靈，以招搖簧鼓。士大夫掛名參禪者，無不入其牢籠。此時熱喝痛罵，斥爲魔民邪師，不少假借者，吳、越間只老夫一人耳。何幸而又得一太沖！德必有鄰，法無孤起，寥寥宇宙，從此不至形單影隻，自傷孤零，良可喜也。〔註99〕

因爲絳雲樓被焚的機緣，錢謙益對與佛法應該是篤信不疑的了。他信中所言與黃宗羲意見若合符節者，是對三峰之禪、開堂和尚、竹篦拄杖的熱喝痛罵，對於明末清初一批裝模作樣的和尚，他們都是深惡痛絕的，錢謙益在信中就講了一個實例，他說：

秀初近來相晤，一沙彌扶杖，數比丘侍行，裝成一善知識模樣。正眼熟視之，幾欲發狂大笑。略交一二語，渠見我滿口鄙穢，掩耳而去。去而反覆思之，不禁其啞然失笑也。〔註100〕

與錢謙益鄙薄假和尚、僞佛學而篤信高僧、眞佛的區別對待不同，黃宗羲對於佛學並無好感，他是一位比較堅定的闢佛者，因此在對待佛學的態度上，黃宗羲與錢謙益有很大的分歧，而作爲長者的錢謙益卻試圖改變黃宗羲的立場，勸說黃宗羲不要因爲晚明佛學的不良習氣而喪失對佛學的信奉，他希望黃宗羲能夠成爲貫通儒釋的大儒，他說：

第不可因此輩可笑可鄙，遂哆口謗佛謗僧。譬如一輩假道學大頭巾，豈可歸罪於孔夫子乎？斯世中豈無一二高僧，精通佛說，禪律交修者！彼不欲聚徒領眾，蕭然於空山古寺之中，人亦無從物色耳。陽明、龍溪得禪門之精，改頭換面，自出手眼。學佛而不知儒，學儒而不知佛，徐六擔板，各見一邊，總使成就，祇是一家貨耳。太沖於此處，想已大有欛柄，放開兩眼光明，爍破三千大千世界，勿但拾儒門餘唾，寄身在宋元諸儒儲胥虎落之內。老夫雖衰遲失學，尚能執鞭弨，捧槃盂，以從事邾莒之後也。〔註101〕

其實錢謙益的規勸是多餘的，黃宗羲在佛學方面的修養要遠遠超過錢謙益。黃宗羲早年曾與張岐然一同參研佛學，他在《感舊》詩中回憶此事說：

〔註99〕黃宗羲《黃宗羲全集》第 11 冊，《交遊尺牘·錢謙益牧齋》，第 372～373 頁。

〔註100〕黃宗羲《黃宗羲全集》第 11 冊，《交遊尺牘·錢謙益牧齋》，第 373 頁。

〔註101〕黃宗羲《黃宗羲全集》第 11 冊，《交遊尺牘·錢謙益牧齋》，第 373 頁。

> 義月兩公昔舊遊，一生一死已分頭。我亦同參竹篦子，裝回未敢接
> 源流。（張岐然，改名濟義。江浩，改名濟月。）〔註102〕

黃宗羲長期徘徊在對於佛學的信與疑之間，這種將信將疑、半信半疑、最終棄信而疑的矛盾交織的心態，在《前鄉進士澤望黃君壙誌》中有很好的描述，黃宗羲說：

> 余於釋氏之教，疑而信，信而疑，久之，知其於儒者愈深而愈不相
> 似，乃與澤望（黃宗會）反覆之，蓋十年而不契，終於不可同而
> 止。〔註103〕

儘管黃宗羲最終厭棄了佛學，可是早年對於佛學是下了切實功夫的，其佛學造詣不輸於當世的高僧大德。錢謙益來昭慶寺拜訪黃宗羲當然不僅僅是為了營救張煌言的家人，他眼下正在編撰《楞嚴經疏解蒙鈔》，正好碰到了一個難題，他希望黃宗羲能夠幫他解決。於是《楞嚴經》也就成了他們交談的另外一個重點，錢謙益將他疏解《楞嚴經》的想法告訴了黃宗羲，聽罷錢謙益的介紹，黃宗羲覺得錢謙益的佛學修為似乎還不足以疏解《楞嚴經》，因此就委婉地勸說錢謙益停止該項工作，黃宗羲勸說的理由大概是說，現在假和尚充斥天下，當務之急應該是闢佛，待到佛門宗風清淨之後，再來注釋佛經也不遲。錢謙益並沒有聽出黃宗羲的話外之音，他是堅決要注《楞嚴經》的，並在書信中反駁黃宗羲，他說：

> 注《楞嚴經》，正要宣明此一部經，殺盡天下妖魔和尚。若待殺盡
> 和尚，然後注經，孔夫子近不能殺季孫，遠不能殺陳恒，何以成
> 《春秋》而亂臣賊子懼乎？放筆及此，料太沖必以吾為知言也。
>
> 〔註104〕

既然錢謙益如此執著，黃宗羲也就不便將話挑明。可是，事實表明，錢謙益注釋《楞嚴經》真可謂是捉襟見肘，難以勝任。錢謙益當下就碰到「流變三疊」的問題，他不恥下問，虛心向黃宗羲請教，黃宗羲給他系統地解答了這個難題。或許是黃宗羲口吃的毛病影響了錢謙益的接受〔註105〕，或者是錢謙

〔註102〕黃宗羲《黃宗羲全集》第 11 冊，第 223 頁。
〔註103〕黃宗羲《黃宗羲全集》第 10 冊，第 302 頁。
〔註104〕黃宗羲《黃宗羲全集》第 11 冊，《南雷詩文集附錄·交遊尺牘·錢謙益牧齋》，第 374 頁。
〔註105〕邵廷采著、祝鴻傑點校《思復堂文集》卷三《遺獻黃文孝先生傳》云：「余同里親炙先生，見其貌古而口微吃，不能出辭。」浙江古籍出版社，2010 年

益過於老邁，精力和理解力不及往日，黃宗羲所講的「流變三疊」問題，錢謙益未能領會，所以臨別之時，於書信中再次懇請，他說：

> 《楞嚴》「流變三疊」，雖畫圖見示，覽之尚自茫然。乞將長水注文詳細疏解，如何是一橫一豎，如何是進動算位，圖形指事，確實訓詁，使鈍魯人一見了了，方可了此段公案，不妨以名世大儒，暫現村夫子老學究身，掀開《兔園冊子》，教寫「上大人」，讀「都都平丈我」，方是老夫眞切領教處也。覿面未能，郵筒可達，勿憚勞，勿吝教，望之望之。敬此九頓以請，仁規便郵，信筆滿紙，即日返櫂，敬俟德音。清和廿日燈下，通家老生錢謙益頓首奉啓於昭慶僧房。
> 〔註106〕

昭慶寺分別後不久，黃宗羲就寫了回書，題爲《答錢牧齋先生流變三疊問》。昭慶寺的晤談，證明了黃宗羲的一個論斷，即大儒必然明瞭佛學，卻不受佛學之牢籠，而佛學必須經大儒之改造，方能大放異彩，這個論斷見之於《張仁菴先生墓誌銘》，黃宗羲說：

> 儒釋之學，如冰炭之不同。然釋之初興，由儒以附益之，浸淫而至於毫釐之際，亦唯儒者能究其底蘊。故自來佛法之盛，必有儒者開其溝澮……昔人言學佛知儒，余以爲不然。學儒乃能知佛耳。
> 〔註107〕

昭慶寺之會在錢謙益和黃宗羲的交往歷程中佔有重要地位，一方面，通過這次往還，他們兩人之間的關係更爲密切。更爲重要的是，這次晤談，錢謙益對於這位後起之秀更爲刮目相看，這位文壇老盟祖甚至開始紆尊下問了。易言之，錢謙益也感受到黃宗羲已經具備了接替他而成爲新一代文壇領袖的實力。

昭慶寺之會以後，錢謙益和黃宗羲已經非常熟悉，兩人不斷有書信往還，談學論文之餘，也互相幫助，處理一些生活上的瑣細之事。順治十八年（1661）六月，黃百家奉父叔之命往虞山拜訪錢謙益，錢謙益熱情款待了黃百家，並乘興爲黃百家書寫了一副扇面，還請前往餘姚的鄧起西順道給黃宗

版，第 170 頁。
〔註106〕黃宗羲《黃宗羲全集》第 11 冊，《南雷詩文集附錄・交遊尺牘・錢謙益牧齋》，第 374～375 頁。
〔註107〕黃宗羲《黃宗羲全集》第 10 冊，第 455～456 頁。

義捎話問好〔註108〕。

康熙三年（1664），八十二歲的錢謙益走到了人生的邊緣。黃宗羲偕同呂留良、吳孟舉、高斗魁等遺民前來探視，彌留之際的錢謙益看到來訪的黃宗羲，欣慰之餘，又以兩件大事相託。其一，請黃宗羲代其撰文三篇，以抵文債；其二，以身後墓誌相請。此兩事黃宗羲均有記載，《思舊錄·錢謙益》小傳曰：

> 甲辰，余至，值公病革，一見即云以喪葬事相託，余未之答。公言顧鹽臺求文三篇，潤筆千金，亦嘗使人代草，不合我意，固知非兄不可。余欲稍遲，公不可，即導余入書室，反鎖於外。三文，一《顧雲華封翁墓誌》，一《雲華詩序》，一《莊子註序》。余急欲出外，二鼓而畢。公使人將余草謄作大字，枕上視之，叩首而謝。余將行，公特招余枕邊云：「唯兄知吾意，歿後文字，不託他人。」尋呼其子孫貽，與聞斯言。其後孫貽別求於龔孝升，使余得免於是非，幸也。〔註109〕

黃宗羲幫錢謙益完成了三篇文章，至於錢謙益的墓誌銘，錢謙益之子未能遵照父親的囑咐，轉而請求龔鼎孳撰寫，實在是未能理解錢謙益的苦心。黃宗羲離開虞山之後不久，錢謙益就於本年五月二十四日溘然長逝。對於這位前輩知己的逝世，黃宗羲非常悲痛，次年，他作詩《八哀詩·錢宗伯》一首寄託哀思，其詩云：「四海宗盟五十年，心期末後與誰傳？憑祔引燭燒殘話，囑筆完文抵債錢。紅豆俄飄迷月路，美人欲絕指箏絃。平生知己誰人是？能不為公一泫然！」〔註110〕隨著錢謙益的逝世，黃宗羲和錢謙益的關係也遺憾地結束了。

（二）黃宗羲對錢謙益古文之批評

黃宗羲《思舊錄·錢謙益》小傳批評錢謙益古文有五大缺陷，他說：

> （錢謙益）辛文章之壇坫者五十年，幾與身洲相上卜。其敘事必兼議論，而惡夫剿襲，詩章貴乎鋪序而賤夫凋巧，可謂堂堂之陣，正

〔註108〕 金鶴翀《錢牧齋先生年譜》云：「辛丑八十歲，六月，黃太沖之子正義（誼）奉父命叔之命有咨於先生。先生為文書於其扇，已而託鄧大臨（鄧起西，黃毓祺之門人）往報。」第644頁。

〔註109〕 黃宗羲《黃宗羲全集》第1冊，第378頁。

〔註110〕 黃宗羲《黃宗羲全集》第11冊，第256頁。

正之旗矣。然有數病：閎大過于震川，而不能入情，一也；用六經
之語，而不能窮經，二也；喜談鬼神方外，而非事實，三也；所用
詞華，每每重出，不能謝華啓秀，四也；往往以朝廷之安危，名士
之隱亡，判不相涉，以爲由己之出處，五也；至使人以爲口實，掇
拾爲《正錢錄》，亦有以取之也。〔註111〕

這是黃宗羲對錢謙益古文最爲理性而系統的批評，這個批評表明錢謙益的時
代已經結束，黃宗羲的時代正在開始。黃宗羲通過對錢謙益的批評，基本
上廓清了錢謙益的古文影響，同時也建立了他足以領導文壇的新古文理論，
因此這段批評在清初文學史上具有破舊開新的雙重意義，有必要逐一梳理論
述之。

1. 不能入情

錢謙益死後五年（1669），黃宗羲作《錢屺軒先生七十壽序》，壽序中談
及古文作法問題，也涉到了對錢謙益古文成就的評價，黃宗羲對錢謙益的
蓋棺之論是：「錢虞山一生，訾毀太倉，頌法昆山，身後論定，余直謂其滿得
太倉之分量而止。」〔註112〕眾所週知，錢謙益的文學主張在四十歲時有一個
巨大的轉變，他曾自言：「僕年四十，始稍知講求古昔，撥棄俗學。」〔註113〕
錢謙益所言俗學即是以王世貞爲代表的後七子之學，在四十歲的時候，錢謙
益自認爲已經從王世貞等人的文風籠罩下走了出來，轉而皈依了歸有光和唐
宋派。從此時算起，到他去世，在四十三年的時間裏，錢謙益幾乎都是浸潤
在唐宋派的古文理論中，其用力不可不謂之勤劬，對於歸有光的古文也是極
爲熟稔。然而在黃宗羲看來，錢謙益的古文最終是近於王世貞而遠於歸有光
的，這就是黃宗羲所說的「所就非所欲」。那麼，錢謙益的古文與歸有光相比，
所缺少者究竟是何物呢？黃宗羲認爲，錢謙益缺少的就是歸有光的至情。他
在《前翰林院庶吉士韋菴魯先生墓誌銘》中慨歎：

余謂今日古文之法亡矣：錢牧齋搤摭當世之疵瑕，欲還先民之矩矱，
而所得在排比鋪張之間，卻是不能入情。〔註114〕

黃宗羲在《論文管見》也有類似的表達：

〔註111〕黃宗羲《黃宗羲全集》第 1 冊，第 377～378 頁。
〔註112〕黃宗羲《黃宗羲全集》第 10 冊，第 673 頁。
〔註113〕錢謙益《復李叔則書》，《有學集》卷三十九，第 1343 頁。
〔註114〕黃宗羲《黃宗羲全集》第 10 冊，第 340 頁。

文以理爲主，然而情不至，則亦理之郭廓耳。盧陵之誌交友，無不
鳴咽；子厚之言身世，莫不悽愴；郝陵川之處眞州，戴劌源之入故
都，其言皆能惻惻動人。古今自有一種文章，不可磨滅，眞是「天
若有情天亦老」者。而世不乏堂堂之陣，正正之旗，皆以大文目之，
顧其中無可以移人之情者，所謂刓然無物者也。〔註115〕

又黃宗羲《思舊錄·錢謙益》小傳云：

（錢謙益）主文章之壇坫者五十年，幾與弇洲相上下。其敘事必兼
議論，而惡夫剽襲，詩章貴乎鋪敘而賤夫凋巧，可謂堂堂之陣，正
正之旗矣。〔註116〕

在黃宗羲開來，錢謙益的古文偏勝處是在「排比鋪張」等修辭方面。過於講
究此類修辭技巧，就容易出現「刓然無物」與「不能入情」的弊端，也就是
方孝岳所說的「泥沙俱下」與「煩雜蕪蔓」〔註117〕。歸有光的古文精妙之
處，卻不在修辭排比方面，而在於眞實情感的流露之中。這正是黃宗羲在《張
節母葉孺人墓誌銘》中所說的：「予讀震川文之爲婦女者，一往深情，每以一
二細事見之，使人欲涕。」〔註118〕又《鄭禹梅刻稿序》說：「然震川之所以見
重於世者，以其得史遷之神也，其神之所寓，一往情深，而紆紲曲折次之。」
〔註119〕歸有光曾以五色筆批註《史記》，對《史記》傳人之法極爲熟悉，又在
古文中借助了後世小說家的筆法，能夠把看似無關緊要的瑣細之事寫得極有
情致，人物的性情也因了這些匠心獨具的白描寫法而鮮活起來〔註120〕。可

〔註115〕黃宗羲《黃宗羲全集》第 10 冊，第 669 頁。
〔註116〕黃宗羲《黃宗羲全集》第 1 冊，第 377 頁。
〔註117〕方孝岳《中國文學批評》三十九《錢謙益宗奉杜甫的「排比鋪陳」》指出：「他
（錢謙益）說到杜詩，總喜歡拿元積所贊的『排比鋪陳』那幾句話來做幌子，
所以他認識的杜甫，雖不必就等於元積之『識碱硤』，但也不見得能認識到很
高的境界。他所注的杜詩，考論史實固然極詳盡，功夫極堅密，爲讀杜詩者
所不可廢的；但有些太煩，有些太過實在了。凡謙益一生著書立說，都差不
多犯了這種煩雜蕪蔓的毛病。他固然時時要『別裁偽體』，他自己的詩文，也
誠然沒有『偽』的毛病，但因爲要不『偽』，就不免泥沙俱下，贅累的不能自
舉了。」生活·讀書·新知三聯書店，2007 年版，第 248 頁。
〔註118〕黃宗羲《黃宗羲全集》第 10 冊，第 380 頁。
〔註119〕黃宗羲《黃宗羲全集》第 10 冊，第 66 頁。
〔註120〕唐文治評歸有光《先妣事略》云：「純用白描法，令無母之人讀之，自然淚涔
涔下，眞血性文字也。」王文濡評曰：「純是至情至性語，無一飾筆。」吳孟
復、蔣立甫主編《古文辭類纂評注》，安徽教育出版社，1995 年版，第 1097
頁。

見，平常之語與瑣細之事是歸有光抒發至情至性的一種書寫技巧，不是寫作的目的。錢謙益在學習歸有光古文時似乎是錯會了意，以至於把歸有光的書寫技巧當成了根本，又踵事增華，作了進一步的推演，於是就形成了排比鋪張的文風。殊不知排比鋪張所導致的蕪蔓之弊，正是歸有光受後人批評的癥結所在。如歸有光《通儀大夫都察院左副都御史李公行狀》，姚鼐評該文曰：「所序事繁重而氣能包舉，亦集中傑構。但首尾瑣細語，尚宜剪裁。」〔註121〕從這個意義上說，錢謙益沒有得到歸有光散文一往深情之神理，只得到了歸有光瑣細的行文法則，這正是黃宗羲所言「四十年來歸虞山，所得一半只氣魄」〔註122〕。

黃宗羲論定錢謙益的古文不能入情，不是因為錢謙益沒有意識到性情對於古文的重要性，他也曾在文論中反覆強調作家須有「深情蓄積於內」，而是因為錢謙益身仕兩朝，大節有虧，缺少了歸有光的一團正氣〔註123〕，所以黃宗羲感歎「以虞山學力識見，所就非其所欲，無他，不能得其所至者耳」〔註124〕。

黃宗羲的人格光明俊偉，大義凜然，其論文也是主張文人合一，人品決定文品。他在《錢屺軒先生七十壽序》中說：

> 所謂古文者，非辭翰之所得專也。一規一矩，一折一旋，天下之至文生焉，其又何假于辭翰乎？且人非流俗之人，而後其文非流俗之文，使廬舍血肉之氣充滿胸中。徒以句字擬其形容，紙墨有靈，不受汝欺也。〔註125〕

黃宗羲也曾為錢福人品與文風之間的扞格矛盾而感到困惑，他評錢福《旌表趙氏女婦議》曰：「鶴灘為人風流跌宕，其文反覺沾滯，與之相反，何也？」〔註126〕黃宗羲教育弟子學習古文也是先從人品入手，所以當錢漢臣向黃宗羲求教古文之法時，黃宗羲就建議他須先學習乃父錢屺軒的德行，因為錢屺軒的德行之中已經蘊含了古文的靈魂，黃宗羲說：

〔註121〕吳孟復、蔣立甫主編《古文辭類纂評注》，第1083頁。
〔註122〕黃宗羲《喜萬貞一至自南潯以近文求正》，《黃宗羲全集》第11冊，第259頁。
〔註123〕黃宗羲評袁中道《壽大姊五十序》云：「一團正氣，惟震川有之。」《明文海評語彙輯》，《黃宗羲全集》第11冊，第139頁。
〔註124〕黃宗羲《錢屺軒先生七十壽序》，《黃宗羲全集》第10冊，第673頁。
〔註125〕黃宗羲《黃宗羲全集》第10冊，第672頁。
〔註126〕黃宗羲《明文授讀評語彙輯》，《黃宗羲全集》第11冊，第161頁。

然漢臣求之于予，不若求之其家先生之爲愈也。……今先生以貴公
子而代父當室，所以加禮于三黨者，往往爲人所難，非即其溫厚之
文乎？世人杯酒殷勤，索報江湖，先生群從，郡望相望，裹足不往，
三十年之貧老諸生，奉身若處子，非即其小心之文乎？忠介之難，
幾不能有其百口，先生獨身當之，無使滋蔓，非即其放膽之文
乎？……由是而發爲文章，豈復影響剿說者所可幾及乎？故曰不若
求之其家先生之爲愈也。〔註127〕

錢岯軒學力見識自然不能望錢謙益之項背，可是錢岯軒奉身若處子的操守，
也非錢謙益所能夢見。順治二年（1645）五月十五日，錢謙益開關迎降，剃
髮仕清，已爲當時士林不齒。侯方域就曾譏諷他爲「兩朝領袖」，侯方域《書
練貞吉日記後》曰：

嘗聞有先朝巨公，……嘗遊虎丘，其爲衣去領而闊袖，一士前揖，
問：「何也？」巨公曰：「去領，今朝法服。闊袖者，吾習於先朝久，
聊以爲便耳。」士謬爲改容，曰：「公眞可謂兩朝領袖矣。」〔註128〕

儘管據現存文獻來看，還沒有發現黃宗羲對錢謙益仕清的評價，不過，黃宗
羲一門忠孝，立身皎然，對於錢謙益的人品自然不能苟同。黃宗羲論人重在
名節，名節一虧不僅其人不足觀，其文也因其人而賤。黃宗羲批評錢謙益古
文不能人情，其實也是對錢謙益人品的委婉批評。從這個意義上說，錢謙益
的古文之所以不能與歸有光相媲美，也是因爲錢謙益缺少了歸有光支撐古文
性情的一團正氣。後來乾隆皇帝挖苦錢謙益，也是基於其人品的考慮，其詩
曰：「平生談節義，兩姓事君王。進退都無據，文章那有光？」〔註129〕

2. 不能窮經

鄒鎡序錢謙益《有學集》云：

其爲文也，仰觀雲霞之變，俯察山川之奇，中究人物品類之盛。本
之六經以立其識，參之三史以練其才，遊之八大家以通其氣，極之
諸子百氏、稗官小說以窮其用。〔註130〕

儘管錢謙益是主盟文壇五十年的文章大家，但是鄒鎡的評價無論如何還是與

〔註127〕黃宗羲《錢岯軒先生七十壽序》，《黃宗羲全集》第 11 冊，第 672～673 頁。
〔註128〕侯方域《壯悔堂文集》卷九，《續修四庫全書》第 1406 冊，第 79 頁。
〔註129〕清高宗《觀錢謙益初學集因題句》，《御製詩集》三集卷八十七，文淵閣四庫全書本。
〔註130〕錢謙益《有學集》卷首，《續修四庫全書》第 1391 冊，第 2 頁。

事實不符的。鄒鎡自稱是「後學」，更讓我們懷疑這種喝彩是圈內人的互相吹捧，明清古文家爲他人詩文集作序多有近諛之弊，於此亦可見一斑。其實鄒鎡的這段詞采華茂的評價，也不是他的自創，而是套用了柳宗元《答韋中立論師道書》的經典論說〔註131〕。黃宗羲對錢謙益的評價與鄒鎡大相徑庭，他毫不留情地指出錢謙益「用六經之語，而不能窮經」〔註132〕，《論文管見》也有類似的論述，他說：

> 文必本之六經，始有根本。唯劉向、曾鞏多引經語。至於韓、歐，
> 融聖人之意而出之，不必用經，自然經術之文也。近見巨子，動將
> 經文填塞，以希經術，去之遠矣。〔註133〕

兩相比較，鄒鎡對錢謙益的評價拔之過高，黃宗羲的評價又似乎貶之太低。黃宗羲說錢謙益「不能窮經」，想來錢謙益未必就能認同，但是錢謙益所理解的「窮經」似乎還不能達到黃宗羲所期望的境界，畢竟作爲學者的黃宗羲對於六經的造詣是錢謙益所無法企及的。文本六經、文以載道是古文家都能宣講的習見話頭，然而眞正能奉行且臻於此種境界者卻是罕有其人。在黃宗羲看來，錢謙益雖然在文章中時時徵引六經之語，但是那祇是淺層次的「填塞」，與他所理解的「窮經」還相差很遠。在窮經方面，錢謙益尚且不能入黃宗羲法眼，更遑論其他古文家？因此享有一時盛名的李東陽、茅坤和鍾惺也都在黃宗羲的批評之列，黃宗羲《明文海》卷六十六評李東陽《重進大明會典表》曰：

> 西涯文氣秀美，東里之後不得不以正統歸之。第其力量稍薄，蓋其
> 工夫專在詞章，於經術疏也。學者於此盡心焉，則知學文之法矣。
> 〔註134〕

在《答張爾公論茅鹿門批評八家書》中批評茅坤云：

> 至其去取之間，大文當入，小文可去者，尚不勝數也。觀荊川與鹿

〔註131〕柳宗元《答韋中立論師道書》云：「本之《書》以求其質，本之《詩》以求其恒，本之《禮》以求其宜，本之《春秋》以求其斷，本之《易》以求其動，此吾所以取道之原也。參之穀梁氏以厲其氣，參之《孟》、《荀》以暢其支，參之《莊》、《老》以肆其端，參之《國語》以博其趣，參之《離騷》以致其幽，參之太史公以著其潔，此吾所以旁推交通而以爲之文也。」《柳宗元集》，中華書局，1979年版，第873頁。
〔註132〕黃宗羲《思舊錄·錢謙益》，《黃宗羲全集》第1冊，第377頁。
〔註133〕黃宗羲《黃宗羲全集》第2冊，第271頁。
〔註134〕黃宗羲《黃宗羲全集》第11冊，第101頁。

門論文書，底蘊已自和盤托出，而鹿門一生僅得其轉折波瀾而已，
所謂精神不可磨滅者，未之有得。緣鹿門但學文章，於經史之功甚
疏，故只小小結果。其批評又何足道乎？〔註135〕

《明文授讀》卷三十七評鍾惺《潘無隱集序》云：

（鍾惺）其文好爲清轉，以糾結見長，而無經術本領；求新求異，
反墮時文蹊徑。〔註136〕

既然填塞經文不是窮經，那麼黃宗羲所理解的窮經究竟所指爲何呢？對於這
個問題，黃宗羲有一個同義代換，文道合一即是窮經的同義語。黃宗羲提出
「文道合一」的古文理論也有其明確的針對性，這是因爲「清初文學界，大
家所欣賞的和所倡導的，都是清眞雅正的作風」〔註137〕，這種清眞雅正的文
風追求有很多消極方面的規避，而文章不可入道學語即是一項重要的限制。
黃宗羲作爲王學殿軍大師，自然不能接受這種文壇對道學的挑釁，他在《明
文授讀》卷二十六羅洪先《峽山練公祠記》的評語中說：

念菴之文，從《理窟》中來，自然轉折可觀。彼以膚淺道學之語填
寫滿紙，不可謂之道學，故不可謂之文也。若如念庵，何一句不是
道學，推而上至潛溪、遜志，亦何一句不是道學乎？故言「文章不
可入道學語」者，吾不知其以何者爲文也。〔註138〕

當然，黃宗羲也不否認一些三流道學家既不能在道學方面有所建樹，也不能
在义學方面有所突破的尷尬局面，他在《明文海》卷九十評彭輅《文論》
云：

宋人無文，亦是習氣之論。宋文之衰，則是程、朱以下門人蹈襲粗
淺語錄，眞嚼蠟矣。〔註139〕

蹈襲語錄者自然不是黃宗羲文道合一理論的代表，黃宗羲心目中文道合一的
典範人物是那些博學於文的眞正道學家，而這些道學家無不擅長古文，這正
如黃宗羲《李杲堂文集序》所言：

余嘗謂文非學者所務，學者固未有不能文者。今見其脫略門面，與

〔註135〕黃宗羲《黃宗羲全集》第10冊，第179頁。
〔註136〕黃宗羲《黃宗羲全集》第11冊，第187頁。
〔註137〕方孝岳《中國文學批評》四十二《清初「清眞雅正」的標準和方望溪的「義
　　　　法論」》，第265頁。
〔註138〕黃宗羲《黃宗羲全集》第11冊，第173頁。
〔註139〕黃宗羲《黃宗羲全集》第11冊，第105頁。

歐、曾、《史》、《漢》不相似，便謂之不文，此正不可與於斯文者
也。濂溪、洛下、紫陽、象山、江門、姚江諸君子之文，方可與
歐、曾、《史》、《漢》並垂天壤耳。蓋不以文爲學，而後其文始至
焉。〔註140〕

不可否認，以詞章稱雄於世的錢謙益正是「以文爲學」，「以文爲學」在黃宗
羲看來只不過是末端工夫，未得其本質。另外，錢謙益的窮經本領和道學修
爲與黃宗羲相比也是稀鬆平常，他之見笑於黃宗羲，也就不是什麼非常可怪
之事了。

3. 喜談鬼神

黃宗羲批評錢謙益古文的第三個弊端是「喜談鬼神方外，而非事實」
〔註141〕，他還舉例說：「牧齋言念庵仙去不死，來訪虞山，眞是癡人說話，豈
堪載之著述，引人笑柄耶？」〔註142〕被黃宗羲譏諷爲癡人說話的故事見於錢
謙益《列朝詩集》，該書丁集卷一《羅贊善洪先》小傳云：

洪先，字達夫，吉水人。嘉靖己丑進士，廷試第一人。授修撰，進
左春坊贊善。疏請預定東宮朝儀，忤旨，罷爲民。隆慶初，贈太常
少卿，諡文恭。……達夫沒，人言其仙去不死，又數言見之燕齊海
上。蜀人馬生，好奇恢怪之士也。余遇之京口，謂余曰：「念菴先生
不遠數千里訪公於虞山，得無相失乎？」余歸問之，果有西江老人，
衣冠甚偉，杖策扣門，不告姓名而去。〔註143〕

錢謙益《列朝詩集》是仿元好問《中州集》而編撰的，採用以詩繫人，以人
繫傳的方法，其目的在於以詩疋史，以詩存史。因此，《列朝詩集》就不單是
一部文學總集，一定程度上也是一部《明史列傳》。眾所週知，史學著作必然
以徵實爲最高準則，而錢謙益所言羅洪先仙去不死之事，焉能是事實，錢謙
益卻將此等神仙鬼怪之事載諸史冊，怎能不引起史學大家黃宗羲的批評。錢
謙益言鬼神方外者尚不止這一篇，代表性的作品尚有《萬尊師傳》，這篇傳記
幾乎全都是堆砌鬼怪之事而成，該文曰：

君名國樞，字環中，江西南昌人也。……免喪，之長安，出遊眞

〔註140〕黃宗羲《黃宗羲全集》第 10 冊，第 28 頁。
〔註141〕黃宗羲《思舊錄·錢謙益》，《黃宗羲全集》第 1 冊，第 377 頁。
〔註142〕黃宗羲《明文授讀》卷二十六羅洪先《峽山練公祠記》評語，《黃宗羲全集》
第 11 冊，第 173 頁。
〔註143〕錢謙益《列朝詩集小傳》丁集上，中華書局，1959 年版，第 375～376 頁。

定。東海生之繼室，袨服而立於門，見紅衣少年，赧而趨入，則已
據其寢矣。少年能變形爲生，言笑舉止無異。所習經書及鎖闈文
卷，背誦如流。變異百出。檄召天將與戰，截其屋角，有狐逸去，
已而復來。君方禹步畫符，狐爲好女子裝束，跂紅鞋可三寸許，踞
坐屋梁，呼君小名，數其少年冶遊事，曰：「若亦豈木石人哉！何爲
難我？」君怒齧指血，召關、鄒二帥與戰，又引去。夜有兩目見臥
床，巨如車輪。從行者寒噤膚粟，護之竟夕。乃舍而之高邑，禱雨
治狐於郭大理家。復返眞定，乃依轟所傳立酆都獄，獄開八門，關
帥主之，韋、劉、王、孟、車、夏、劣、桑八帥分守之，韓帥統天
兵討捕。三七日，有三老狐五小狐反接自繫，剝其皮而亨之，凡七
月而妖息。〔註144〕

錢謙益在文中所記萬國樞捉妖之事，可謂是極盡雕繪之能事，他以詳實的筆
墨將捉妖過程繪聲繪色地敘述出來，動人心弦，具有很強的吸引力，單就文
學成就而言，這篇傳記應該是志怪小說中的上品，將該文置於蒲松齡《聊齋
誌異》中，也毫不遜色。可是錢謙益該文從文體歸類上來說，是屬於傳記文，
傳記文也是以徵實爲最高原則，而錢謙益所記之事皆是子虛烏有，顯然是違
背了徵實的原則。黃宗羲批評錢謙益的這些古文違背事實，也是基於實事求
是的傳記寫作規範而發。此等鬼怪之事不消說是不可能有的，這是盡人皆知
的道理，可是錢謙益也確實有其可愛與天眞之處，他是認定了萬國樞具有非
凡本領，可以驅神捉妖，上天入地，所以他才在文末說明撰述之目的：「余故
排纘爲傳，俾後之傳方伎者採焉。」〔註145〕

　　若以徵實爲最高原則，那麼黃宗羲《姚沈記》似乎也未必完全符合這一
原則，該文開篇所記龍戰於野，洪水肆虐的景象也有誇大事實之嫌，該文
曰：

庚午七月二十三夜，大雨，明晨，山水大至，平地驟高二丈。二十
五日子時，龍自東至西，其目如炬，盤旋於屋瓦之上，風聲如戰鼓
萬面，各山蛟蜃，皆起而應之，山崩者百餘處。凡蛟蜃之出，山崗
自裂，湧水數丈而下，雖萬鈞之石，投空如撒沙，響震數十里，水

〔註144〕錢謙益《初學集》卷七十一，上海古籍出版社，2009 年版，第 1596～1597
頁。
〔註145〕錢謙益《萬尊師傳》，《初學集》卷七十一，第 1602～1603 頁。

> 如血色。棺槨之在平地者，不論已葬未葬，皆破塚自出，縱橫水面，
>
> 如波濤相上下。廬舍大者沈，小者飄流。人民死者無算。〔註146〕

黃宗羲的這段文字有如嘈嘈大弦，動人心魄，一場數百年不遇的水災在黃宗
羲的筆下變得清晰可感，情文並茂。美中不足之處在於，黃宗羲所言龍蜃興
風作浪之事顯然與事實相背。但是黃宗羲畢竟是理性的史學家，與感性的文
學家錢謙益不同，儘管黃宗羲用筆不免有些煊赫，所言之事也非全部屬實，
不過那都是爲凸顯水災的強度不得已而爲之的下策，並且黃宗羲在文章的末
尾特意點出一句，「此據見聞所及，拾其一二」〔註147〕，明確告訴讀者，文中
所言有傳言成份，與錢謙益認虛無爲實有的做法顯然有別。

4. 不能謝華啟秀

黃宗羲批評錢謙益古文的第四個弊端是：「所用詞華，每每重出，不能謝
華啓秀。」〔註148〕「謝華啓秀」初見於陸機《文賦》，其辭云：「謝朝華於已
披，啓夕秀於未振。」五臣注《文選》之張銑注曰：「朝華已披，謂古人已用
之意，謝而去之。夕秀未振，謂古人未述之旨，開而用之。」〔註149〕又楊愼
云：「陸機《文賦》云：『謝朝華於已披，啓夕秀於未振。』韓昌黎云：『惟陳
言之務去，戛戛乎其難哉！』李文饒曰：『文章如日月，終古常見而光景常
新。』此古人論文之要也。」〔註150〕根據以上注解，可以看出陸機所言「謝
朝華於已披」類似於韓愈「惟陳言之務去」，是針對文學創作的修辭問題所作
的有益探討。黃宗羲對錢謙益的這一條批評，也是從修辭角度立論的。他說
錢謙益在創作古文時好用華麗新穎的辭藻，這是符合陸機和韓愈對於修辭的
界定的，對於卓有建樹的古文家來說，修辭上的創新是必須的，當然也是無
可厚非的，但是問題在於，錢謙益在修辭上的創新沒有持久性，那些創新出
來的華詞麗藻被他反覆使用，儘管與其他古文家的遣詞造語相比，這些辭藻
具有新鮮感，可是這些被自我重複使用的辭藻對於錢謙益自己來說，卻已是
陳詞濫調。

在修辭的創新方面，錢謙益之所以出現難以爲繼的局面，其原因還是其
學問不足。「謝華啓秀」和「陳言務去」，雖然是修辭方面的要求，但是眞正

〔註146〕黃宗羲《黃宗羲全集》第 10 冊，第 140 頁。
〔註147〕黃宗羲《姚沈記》，《黃宗羲全集》第 10 冊，第 140 頁。
〔註148〕黃宗羲《思舊錄・錢謙益》，《黃宗羲全集》第 1 冊，第 377 頁。
〔註149〕張少康《文賦集釋》，上海古籍出版社，1984 年版，第 36 頁。
〔註150〕張少康《文賦集釋》，第 36 頁。

能達到此要求，還需要修辭以外的功夫。故此，黃宗羲《論文管見》云：

> 言之不文，不能行遠。今人所習，大概世俗之調，無異吏胥之案牘，
> 旗亭之日歷。即有議論敘事，敝車羸馬，終非囷中物。學文者熟讀
> 三史八家，將平日一副家當盡行籍沒，重新積聚，竹頭木屑，常談
> 委事，無不有來歷，而後方可下筆。顧儋父以世俗常見者爲清眞，
> 反視此爲脂粉，亦可笑也。〔註151〕

「熟讀三史八家」看似與古文修辭無關，實際上卻是創作古文的必備工夫，
也可以說是根本。黃宗羲《庚戌集自序》云：

> 余觀古文，自唐以後爲一大變，唐以前字華，唐以後字質；唐以前
> 句短，唐以後句長；唐以前如高山深谷，唐以後如平原曠野；蓋畫
> 然若界限矣。然而文之美惡不與焉，其所變者詞而已。其所不可變
> 者，雖千古如一日也。〔註152〕

黃宗羲比較了唐以前和唐以後古文的區別，如用字的華麗與否，語句的長短
選擇，文境的拗折坦易等，這些區別很容易就能看出來，是屬於淺層次的區
別。若以此淺層次的比較來論斷唐前唐後之古文，可能會得出這樣的結論，
既唐前唐後的古文在修辭方面、文境方面有很大的差別。可是黃宗羲卻並不
同意這種論斷，他說唐前唐後的古文雖然在表層上有些差異，有些變化，而
究其根本卻並無二致，終古不變。黃宗羲認爲這終古不變的根本就是學問，
從這個意義上說，古今文章家的境界差別，也就不單是修辭的工拙，學問才
是造成古文成就懸殊的根本。他批評錢謙益不能謝華啓秀，其實還是批評錢
氏的學問不足。同樣，黃宗羲對公安派古文家的批評也多從學問角度立論，
如《明文授讀》卷二十七評袁宏道《抱甕亭記》云：「天才駿發，一洗陳腐之
習，其自擬蘇子瞻，亦幾幾相近，但無其學問耳！」〔註153〕評袁中道《遠帆
樓記》云：

> 珂雪之文，隨地湧出，意之所至，無不之焉。馮具區云：「文章須如
> 寫家書一般。」此言是之而非也。顧視寫家書者之爲何人：若學力
> 充足，信筆滿盈，此是一樣寫法；若空疏之人，又是一樣寫法，豈
> 可比而同之乎？珂雪之才更進之以學力，始可言耳！〔註154〕

〔註151〕黃宗羲《黃宗羲全集》第 2 冊，第 270 頁。
〔註152〕黃宗羲《黃宗羲全集》第 10 冊，第 9 頁。
〔註153〕黃宗羲《黃宗羲全集》第 11 冊，第 176 頁。
〔註154〕黃宗羲《黃宗羲全集》第 11 冊，第 176 頁。

學問與識見密不可分，學問精深廣博，識見自然就能高人一等。所以學問不單是修辭的根本，而且也是識見的根本。因此，在黃宗羲看來，真正實現韓愈所倡導的「陳言務去」，就不能僅在字句修辭方面做表層文章，其關鍵還要在思路和識見上痛下工夫，這正是《論文管見》所言：

> 昌黎陳言之務去。所謂陳言者，每一題必有庸人思路共集之處，纏繞筆端，剝去一層，方有至理可言。猶如玉在璞中，鑿開頑璞，方始見玉，不可認璞爲玉也。不知者求之字句之間，則必如曹成王碑，乃謂之去陳言，豈從字順者，爲昌黎之所不能去乎！〔註155〕

思路之鍛煉賴有學問之支撐，在黃宗羲的古文理論裏面，學問始終佔據著重要的地位。這是作爲學者的古文家的獨特好尙，但是學問畢竟不能等同於文章，文章別是一家，有其內在的要求和操作方式，學問之淺深與文章之優劣也未必就有必然的關聯。所以，黃宗羲批評錢謙益學問空疏倒是有情可原，至於說錢謙益古文不能謝華啓秀，成就不高，那就帶有學者論文的偏見了。

5. 沒有認識到朝廷安危與名士隕亡之間的關係

黃宗羲批評錢謙益古文的第五個弊端是：「往往以朝廷之安危，名士之隕亡，判不相涉，以爲由己之出處。」〔註156〕也就是說，錢謙益的古文沒有把國家安危和名士隕亡的關係揭示出來，以爲名士的隕亡是個人出處選擇導致的，與國家的安危治亂沒有必然的聯繫。覆巢之下，安有完卵？如此淺顯之道理錢謙益焉能不知，祇是明朝覆亡之後，錢謙益以身仕清，在清朝的斧鉞淫威之下，發言立論不能不有所顧忌。再加上錢謙益性格懦弱，優柔寡斷，爲全身避禍計，行文時難免畏首畏尾，不敢暢所欲言。

黃宗羲與錢謙益不同，其爲人負有奇氣，交遊之中就不乏劍客俠士。十九歲時以長錐錐殺仇人，已名震京華。明亡之後，組建世忠營，追隨魯王於海上，多次統帥軍隊與清兵對抗，馳驅於江海之間，鋒頭血路，瀕於十死。黃宗羲在《怪說》中回憶這段滄桑歲月時說：

> 自北兵南下，懸書購余者二，名捕者一，守圍城者一，以謀反告訐者二三，絕氣沙墠者一晝夜，其他連染邏哨之所及，無歲無之，可謂瀕於十死者矣。〔註157〕

〔註155〕黃宗羲《黃宗羲全集》第2冊。
〔註156〕黃宗羲《黃宗羲全集》第1冊，第378頁。
〔註157〕黃宗羲《黃宗羲全集》第11冊，第70頁。

黃宗羲流離失所、親冒鋒鏑的經歷皆是國家敗亡所致，在血雨腥風的歲月裏，黃宗羲雖然幾次迫近死亡，但都有驚無險，這是非常僥倖的。可是，黃宗羲的很多師友，卻沒有他這麼幸運，伴隨著清兵南下，這批名士就像地卷朔風、庭流花雪一般，與故國一同隕亡了，這其中就有黃宗羲的恩師劉宗周。順治二年（1645）六月，清兵攻破杭州，紹興聞風投降。消息傳來，大儒劉宗周決定以身殉國。黃宗羲或許已經預感到恩師的抉擇，所以他冒著生命危險前來拜望恩師，可是，當黃宗羲趕到之日，劉宗周已經絕食二十日，黃宗羲在《思舊錄·劉宗周》小傳中記下了師徒兩人的生死訣別，他說：

> 乙酉六月□日，先生勺水不進者已二十日。道上行人斷絕，余徒步二百餘里，至先生之家，而先生以降城避至村中楊塢，余遂翻嶮門山支徑入楊塢。先生臥匡床，手揮羽扇。余不敢哭，淚痕承睫，自序其來。先生不應，但頷之而已。時大兵將渡，人心惶惑，余亦不能久侍，復徒步而返，至今思之痛絕也。〔註158〕

本年，除了劉宗周之外，黃宗羲師友殉國者尚有徐汧、文震亨、陸培、王元趾、祝淵、徐石麒、祁彪佳、黃端伯、陳龍正等。

明清之際死難者不僅有名士，很多烈女也選擇了殉國，黃宗羲在《余恭人傳》中記載了最慘烈的兩家，該文云：

> 甲申之變，凡夫人之在京邸者，或從子而死，或從夫而死。……固皆地捲朔風，庭流花雪。而其景象之慘惡者，新樂侯劉文炳之杜太夫人，集子女同死樓上。其子婦先死，次長女死，杜太夫人六縊而後死。少女縲斷而墜，不得死，乃開窗擲身樓下，血如泉湧，又不死，有老蒼頭在側曰：「夫人何不死於井乎？」少女曰：「不可，太夫人命同死一處，豈得違之？」遂脫金條脫賞蒼頭，重扶樓上，助其結縲，始死。溫璜之死於新安，其女年十四，方熟睡，母夫人推醒之，女問爲何，夫人曰：「死耳！」女曰：「諾。」父母各引繩尾縊之。余爲之作傳，淚涔涔不能止，因念史遷絕無此等文字，使後人讀之，無不痛哭者。〔註159〕

這批名士、烈女的隕亡固然是他們個人的選擇，可是若沒有陸沉魚爛、國家淪亡的現實，他們又怎麼會慷慨赴死、義無反顧呢？當然，錢謙益說國家安

〔註158〕黃宗羲《黃宗羲全集》第 1 冊，第 342 頁。
〔註159〕黃宗羲《黃宗羲全集》第 10 冊，第 614 頁。

危與名士隕亡沒有必然的聯繫，或許也有他的理論根據，畢竟明朝滅亡並沒有妨害錢謙益的前程，他仍在清朝享受俸祿，雖然在新朝之中也有憂懼與懺悔，但是這種痛苦與死難之士相比，真是微不足道。降清的錢謙益對於殉國的名士，始終有著很深的隔膜，他似乎不能明白社稷丘墟的故國何以有那麼大的吸引力，以至於使得這批名士和烈女紛紛以身相殉。在黃宗羲看來，錢謙益甚至有點像他所諷刺的「無心人」，他在康熙二十四年《謝時符先生墓誌銘》說：

> 嗟乎！亡國之戚，何代無之？使過宗周而不憫黍離，陟北山而不憂父母，感陰雨而不念故夫，聞山陽笛而不懷舊友，是無人心矣。故遺民者，天地之元氣也。〔註160〕

節烈之士已經隨著故國而隕亡，錢謙益之類的貳臣又無心社稷，因此，光復社稷、維繫道統的重任就自然地落在了含垢忍辱的遺民身上，這就是黃宗羲所言遺民是天地元氣的原因。黃宗羲也曾呼喚：「嗟乎！顧安得事功、節義之士，而與之一障江河之下乎？」〔註161〕黃宗羲也曾組織義師，以圖恢復，但是風流總被雨打風吹去，大廈已傾，非一木可支。黃宗羲漸漸認識到恢復故明已經毫無希望，於是奉母返里，潛心著述，以維繫斯文、保存文化為己任。所以，他將「遺民者，天地之元氣也」的理論調整為「文章，天地之元氣也。」〔註162〕

〔註160〕黃宗羲《黃宗羲全集》第 10 冊，第 422 頁。

〔註161〕黃宗羲《明名臣言行錄序》，《黃宗羲全集》第 10 冊，第 52 頁。

〔註162〕黃宗羲《謝皋羽年譜遊錄注序》云：「夫文章，天地之元氣也。元氣之在平時，昆侖旁薄，和聲順氣，發自廊廟，而豈泄於幽遐，無所見寄；逮夫厄運危時，天地閉塞，元氣鼓盪而出，擁勇鬱遏，坌憤激訐，而後至文生焉。故文章之盛，莫盛於亡宋之日，而皋羽其尤也。」《黃宗羲全集》第 10 冊，第 34 頁。又《縮齋文集序》云：「雖然澤望之文可以棄之，使其不顯於天下，終不可滅之，使其不留於天地。其文蓋天地之陽氣也。陽氣在下，重陰錮之，則擊而為雷；陰氣在下，重陽包之，則搏而為風。商之亡也，《采薇》之歌，非陽氣乎？然武王之世，陽明之世也，以陽遇陽，則不能為雷。宋之亡也，謝皋羽、方韶卿、龔聖予之文，陽氣也，其時遁於黃鐘之管，微不能吹續轉雞羽，未百年而發為迅雷。元之亡也，有席帽、九靈之文，陰氣也，包以開國之重陽，蓬蓬然起於大隧，風落山為蠱，未幾而散矣。今澤望之文，亦陽氣也，然視葭灰不啻千鈞之壓也，錮而不出，豈若劉蛻之文冢，腐為墟壤，蒸為芝菌，文人之文而已乎？」《黃宗羲全集》第 10 冊，第 13 頁。

（三）牧齋以後第一人

康熙三年（1664）四月，黃宗羲至虞山探望錢謙益。風燭殘年的錢謙益自知大限將至，他對於迫近的死亡沒有太多的憂懼，祇是死後銘墓之文未有著落，不知請何人撰寫為好。錢謙益一生譽謗交織，降清使他倍受訾議，反清又使他贏得了遺民的同情。其婉曲之心事、痛苦之自悔，非深知其生平境遇者不能明瞭。另外，錢謙益擒藻擅文，主盟文壇五十餘年，為此等文壇名宿銘墓，非有如椽大筆者不能勝任。兼具二者之人，錢謙益思前想後，未得其選。此時，黃宗羲的到訪驅散了錢謙益心頭的陰霾，他對黃宗羲說：「唯兄知吾意，歿後文字，不託他人。」〔註163〕面對錢謙益的殷勤請託，黃宗羲既感到榮幸，又覺得為難。為難之處在於，對於錢謙益這等敏感人物，評價的尺度該如何拿捏，黃宗羲內心沒有十足的把握，稍有散失，就會有引火上身的危險。錢謙益死後，當黃宗羲得知錢氏之子錢孫貽改求另外一個貳臣龔鼎孳為其父銘墓時，黃宗羲連呼「幸也」，其中原因，黃宗羲說是「使余得免於是非」〔註164〕。黃宗羲感到榮幸的是，錢氏作為文壇盟主，能以銘墓之文相託，且許以為知己，這無疑是對黃宗羲文章成就的最好認證，也是對黃宗羲文壇盟主地位的默許。錢謙益的銘墓之請，類似於禪宗的傳授衣缽。在清初文壇上，錢謙益對黃宗羲的臨終請託，具有非常重要的文學史意義，此事既標誌著錢謙益的時代已經結束，也昭示著黃宗羲的時代即將開啟。

對於接替錢謙益而主盟文壇，黃宗羲充滿信心，他在悼念錢謙益的詩中反問：「四海宗盟五十年，心期末後與誰傳？」〔註165〕這足以顯示他易幟文壇、領導群倫的雄心。在此之後，他也曾經以文學宗老自稱，其《奉議大夫刑部郎中深柳張公墓誌銘》云：

> 近代碑碣，非有名位，則文學宗老。運會推遷，文學宗老已遠，而
>
> 余以樂道人善，冒昧充賦，不過遺老退士之生卒耳。〔註166〕

黃宗羲主盟文壇，不單是錢謙益的私下傳授，更是清初文士的眾望所歸。吳任臣致函黃宗羲云：

> 竊謂古學至今幾成絕響，不惟調高白雪，抑且技擅屠龍，有志讀古，

〔註163〕黃宗羲《思舊錄·錢謙益》，《黃宗羲全集》第1冊，第378頁。

〔註164〕黃宗羲《思舊錄·錢謙益》，《黃宗羲全集》第1冊，第378頁。

〔註165〕黃宗羲《八哀詩·錢宗伯牧齋》，《黃宗羲全集》第11冊，第256頁。

〔註166〕黃宗羲《黃宗羲全集》第11冊，第37頁。

動多窮困，故時輩反有以此爲戒者。得虎座倡學東南，眞不啻今日
之廣陵散矣。虞山既逝，文獻有歸，當今捨先生其誰！〔註167〕

其他文士的推揚與擁戴之詞也與之類似，許三禮也說：

先生當世文獻，淵源有本，仰止實甚！……海內慶道長者望屬東南，
不向先生而誰歸之哉！〔註168〕

清初理學名臣湯斌，對黃宗羲的褒揚也是不遺餘力，他說：

先生著述宏富，一代理學之傳，如大禹導山導水，脈絡分明，事功
文章，經緯燦然，眞儒林之巨海，吾黨之斗枓也。〔註169〕

黃宗羲之所以能夠獲得廟堂和江湖的交口稱譽，自然也不是偶然之事。黃宗
羲早歲就曾以古文受到了老輩的獎掖，崇禎三年（1630），二十一歲的黃宗羲
落第還鄉，途經京口，遇到了禮部左侍郎兼東閣大學士文震孟，黃宗羲遂以
科場落卷呈上，文震孟看到後場之文，「嗟賞久之，謂後日當以古文鳴世，一
時得失，不足計也」〔註170〕。順治十四年（1641），都御史方震孺稱讚三十二
歲的黃宗羲「文有師法不落世諦，眞古文種子也」〔註171〕。

　　黃宗羲博觀約取，習文不主一家，因爲其出處選擇與謝翱有相同之處，
故晚年嗜好南宋遺民謝翱的古文。黃宗羲擅長碑傳文，對於殉明的節烈之士，
表彰尤爲盡力。總的說來，黃宗羲的古文是典型的學者之文、遺民之文，他
的古文充溢者浩然正氣與天地元氣，洋溢著慷慨悲歌與遺民血淚。在黃宗羲
那裡，眞正實現了至情之文和學理之文的完美結合，傳統士人高懸的文道合
一理想終於變成了現實。這應該就是黃宗羲能夠獨領風騷的原因所在，而時
人對於黃宗羲古文的服膺與稱揚幾乎也都是從文道合一的問題上立論的。如
吳涵云：「竊謂文以載道，春華秋實，古罕有兼。自大集出，藝林學藪合而爲
一。」〔註172〕再如鄭梁《南雷文案序》云：

吾師黃先生，非欲以文見者也。然梁竊聞孔子之言曰：「文不在茲
乎！」是文即道也。孟子既歿，文與道裂而爲二。趙宋以來，間有
合之者。然或以道兼文，或以文兼道，求其卓卓皆可名世者，指亦

〔註167〕黃宗羲《交遊尺牘・吳任臣》，《黃宗羲全集》第11冊，第379頁。
〔註168〕黃宗羲《交遊尺牘・許三禮》，《黃宗羲全集》第11冊，第393頁。
〔註169〕黃宗羲《黃宗羲全集》第11冊，第385頁。
〔註170〕黃宗羲《思舊錄・文震孟》，《黃宗羲全集》第1冊，第342頁。
〔註171〕黃炳垕《黃宗羲年譜》，第20頁。
〔註172〕黃宗羲《交遊尺牘・吳涵》，《黃宗羲全集》第11冊，第388頁。

不屢屈也。而先生起於文衰道喪之餘，能使二者煥然復歸於一，則雖先生竟以文見可也。……而要之原本于六經、取材于百氏，浩浩乎其胸中，而落落乎其筆端，固濂、洛、韓、歐所不能兼也。〔註173〕

徐秉義《南雷文定四集序》云：

古之爲文者有三：太上聞道，其次砥行，其次博物。文其言以載之，是以久而不廢。是三者，得其一二，皆可以傳；由漢以來，能兼之者或寡矣，梨洲先生其庶幾乎！〔註174〕

通過黃尊素的安葬和祠堂，黃宗羲與錢謙益建立了非常親密的關係，又因了錢謙益的推重和薦揚，原本就博學擅文的黃宗羲逐漸獲取了主盟文壇的資格。在此之後，黃宗羲又結識了昆山徐氏兄弟，有了這三位朝廷顯宦的支持，黃宗羲的名聲得以上達天聽，即使是高居九重的康熙皇帝也多次以禮敦請，黃宗羲文壇盟主的地位因此也就更加鞏固了。

五、昆山徐氏兄弟與黃宗羲文壇盟主地位之鞏固

（一）昆山徐氏兄弟與清廷對黃宗羲文壇盟主地位之認可

昆山徐氏三兄弟徐乾學、徐秉義、徐元文是清初政壇上舉足輕重的人物。徐乾學（1631～1694），字原一，號健菴。康熙九年（1670）進士第三人及第，官至刑部尚書。徐秉義（1633～1711），字彥和，號果亭。康熙十二年（1673）以進士第三人及第，官至內閣學士兼禮部侍郎。徐元文（1634～1691），字公肅，號立齋，順治十六年（1659）一甲第一名及第，官至文華殿大學士、兩江總督。

黃宗羲結識徐氏兄弟大約是在康熙十五年（1676）左右，本年海昌縣令許三禮聘請黃宗羲來縣講學，慕黃宗羲大名前來聽講者就有徐秉義，徐乾學公務在身，無暇赴會，不過他還是特意派遣弟子彭孫遹來此旁聽。

康熙十九年（1680），徐元文聘請黃宗羲修纂明史，徐秉義也親自到黃宗羲所居之黃竹浦敦請。當時的黃宗羲已經是譽滿天下，明史館館員莫不希望黃宗羲出山修史，以成一代金石之業，所以推薦、請求黃宗羲入參史局者尚有很多，但是黃宗羲固守遺民節義，拒絕出山。即便如此，清廷也不願意就

〔註173〕黃宗羲《黃宗羲全集》第 11 冊，第 420～421 頁。
〔註174〕黃宗羲《黃宗羲全集》第 11 冊，第 425 頁。

此放棄黃宗羲，他們退而求其次，希望黃宗羲能夠將平生著述可資《明史》修纂者悉數錄送史館，以供參照。《明史》總裁張玉書就曾在《與許酉山書》中申明此意，他說：

> 梨洲黃先生著書滿家，溫綸延召，惠然肯來，是所引領，萬一鋒車少緩，必求罄發所藏，錄送史館，不獨同人之幸，實大典之光也。
>
> 惟老年臺爲弟切致禱私，至感至荷。〔註175〕

當然，黃宗羲又深知明朝可亡，明史不可亡的文化大義，面對清廷的再三邀請，黃宗羲採取了一個折中的辦法，他讓季子黃百家入參史局，代父修史，並致函徐元文曰：「昔聞首陽二老，託孤於尙父，遂得三年食薇，顏色不壞。今我遣子從公，可以置我矣。」〔註176〕黃宗羲爲文化大義所作出的讓步，卻引來了其他遺民的誤解與譏諷，呂留良就作詩諷刺黃宗羲，他在《管襄指示近作，有夢伯夷求太公書，薦子仕周，詩戲和之》中以離奇的夢境影射黃宗羲，詩云：

> 頓首復頓首，尻高肩壓肘。俯問此何人，墨胎孤竹後。比使謁公旦，四方糊其口。附書乞關節，未知得報否。新制蕨薇歌，纖喉忘老醜。
>
> 筥籃進一曲，殿下千萬壽。〔註177〕

呂留良嘲笑黃宗羲爲了兒子的前程，不惜背棄節義，以至於斯文掃地，卑躬屈膝，殊不知黃宗羲薦子修史乃是爲了延續文化，不是爲了利祿榮華。他對《明史》的貢獻非常大〔註178〕，《明史》之所以能夠成爲一部優秀的史著，與黃宗羲的參與是密不可分的。而呂留良與黃宗羲結怨很深，此詩充滿個人意氣，所言未免過當。

呂留良等人的反對並沒有阻止黃宗羲與徐乾學的繼續交往，徐乾學憑藉著自己的政治優勢，給予黃宗羲很多幫助。使黃宗羲的聲名得以上達清廷，康熙皇帝和在朝大臣「皆以不能致公（黃宗羲）爲恨」。全祖望《梨洲先生神道碑文》載其事曰：

〔註175〕黃宗羲《黃宗羲全集》第 11 冊，《南雷詩文集附錄・交遊尺牘・張玉書》，第 382 頁。

〔註176〕黃炳垕《黃宗羲年譜》，第 42 頁。

〔註177〕呂留良《呂晚邨詩》，《續修四庫全書》第 1411 冊，第 25 頁。

〔註178〕趙連穩《黃宗羲與〈明史〉編撰》一文，關於黃宗羲對《明史》的貢獻有很詳實的論述，他概括黃宗羲的貢獻主要有以下幾點，即參與議定《明史》義例，爲明史館提供大量史料，核實考訂史實和審定《曆志》。姜勝利主編《明史研究》，中國大百科全書出版社，2009 年版，第 414～424 頁。

是時，聖祖仁皇帝純心正學，表章儒術，不遺餘力。大臣亦多躬行
君子，廟堂之上，鍾呂相宣，顧皆以不能致公爲恨。左都御史魏公
象樞曰：「吾生平願見而不得者三人，夏峯、梨洲、二曲也。」工部
尚書湯公斌曰：「黃先生論學，如大禹導水導山，脈絡分明，吾黨之
斗杓也。」刑部侍郎鄭公重曰：「今南望有姚江，西望有二曲，足以
昭道術之盛。」兵部侍郎許公三禮，前知海寧，從受《三易洞璣》，
及官京師，尚歲貽書問學。庚午，刑部尚書徐公乾學因侍直，上訪
及遺獻，復以公對，且言曾經臣弟元文奏薦，老不能來，此外更無
其倫。上曰：「可召之京，朕不授以事，如欲歸，當遣官送之。」徐
公對以篤老，恐無來意，上因歎得人之難如此。〔註179〕

康熙二十九年（1690）二月，康熙皇帝欲徵黃宗羲以備顧問，顯然是徐乾學
所推薦。不過，時年黃宗羲已經八十一歲，也正如徐乾學所言，黃宗羲必然
不肯前來。徐乾學在政治上對黃宗羲的幫助很多，甚至還幫助黃氏後人疏通
科場關節，黃宗羲《與徐乾學書》云：

小孫黃屬，餘姚縣童生，稍有文筆。王顓庵公祖歲總科考，求閣下
預留一札致之，希名案末。顓老相待甚厚，舐犢之情，實爲可愧。
〔註180〕

此外，徐乾學對黃宗羲還有很多經濟上的援助，康熙二十五年（1686），餘姚
縣重建黃尊素祠堂，祠堂碑銘就是徐乾學所撰。黃宗羲埋骨之地，化安山
的墓所，徐乾學也曾出資襄助，因黃宗羲《與徐乾學書》就以此事相請，
他說：「弟刻下築墓荒山，苦無其力，不知先生於諸門生處稍助一簣乎？」
〔註181〕

除了在政治和經濟上給予黃宗羲幫助之外，徐乾學的傳是樓也是黃宗羲
編纂《明文海》的重要資料來源。傳是樓的創始人是徐乾學，關於傳是樓得
名之緣起，汪琬《傳是樓記》言之甚詳，他說：

徐健菴尚書築樓於所居之後，凡七楹，斫木爲廚，貯書若干萬卷。
部居類彙，各以其次，素標湘帙，啟鑰爛然。與其子登斯樓而詔之
曰：「吾何以傳汝曹哉？」因指書而欣然笑曰：「所傳者惟是矣！」

〔註179〕全祖望撰、朱鑄禹彙校集注《全祖望集彙校集注》，第 220～221 頁。
〔註180〕黃宗羲《黃宗羲全集》第 11 冊，第 68 頁。
〔註181〕黃宗羲《黃宗羲全集》第 11 冊，第 69 頁。

遂名其樓爲「傳是」。〔註182〕

關於傳是樓藏書的來源，黃宗羲《傳是樓藏書記》有明確的分析，他說：

> 喪亂之後，藏書之家，多不能守。異日之塵封未觸，數百年之沉於瑤臺牛篋者，一時俱出，於是南北大家之藏書，盡歸先生。先生之門生故吏徧於天下，隨其所至，莫不網羅墜簡，搜抉緹帙，而先生爲之海若，作樓藏之，名曰傳是。昔人稱藏書之盛者，謂與天府相埒，則無以加矣。明室舊書，盡於賊焰。新朝開創，天府之藏未備。朝章典故，制度文爲，歷代因革，皆於先生乎取之。是先生之藏書，非但藏於家也。〔註183〕

可以看出，傳是樓的藏書主要是徐乾學憑藉自己的顯宦地位，從民間收集購買而來。因爲明清之際，戰火連連，內府藏書遭到嚴重的破壞。清朝入主中原，內府藏書匱乏，徐乾學的藏書爲清朝典章制度的重建提供了豐富的文獻資源。可見，傳是樓不僅保存了明朝的史料，而且爲清朝的文化建設做出了舉足輕重的貢獻。

康熙十四年（1675），黃宗羲《明文案》編訖，共二百一十七卷。黃宗羲對該選本非常重視，他在《明文案序》中自言：「有某茲選，彼千家之文集龐然無物，即盡投之水火不爲過矣。」〔註184〕明文精華自然不出《明文案》之外，但是《明文案》編成之後，未能立刻付之剞劂，幾經周折，反而被黃宗羲的一個弟子攘爲己有，署名刊刻行世。黃宗羲得知此事，非常氣憤，於是決定在《明文案》的基礎上，重新編纂一部規模更爲宏大的明文選本，該選本就是《明文海》。爲此黃宗羲四出訪書，昆山徐氏的傳是樓就是他時常登臨之所。徐乾學兄弟也爲黃宗羲提供了周到的服務，黃宗羲在傳是樓的查閱工作進行得非常愉快，他在傳是樓抄錄的明人文集多達三百餘家，徐秉義《明文授讀序》回憶黃宗羲在傳是樓的抄書經過云：

> 姚江黃先生初有《明文案》之選，其所閱有明文集無慮千家，搜羅廣矣，猶恐有遺也。詢謀於余兄弟伯氏，細檢傳是樓所藏明集，復得文案所未備者三百餘家。先生驚喜過望，侵晨徹夜，拔萃搣尤。余亦手抄目堪，遙爲襄理，於是增益《文案》而成《文海》。〔註185〕

〔註182〕葉昌熾著、王欣夫補正《藏書紀事詩補正》，第391頁。
〔註183〕黃宗羲《黃宗羲全集》第10冊，第135頁。
〔註184〕黃宗羲《黃宗羲全集》第10冊，第19頁。
〔註185〕黃宗羲《明文授讀》，《四庫全書存目叢書》集部第400冊，第202頁。

黃宗羲對傳是樓的貢獻也不小，他曾應徐乾學之請撰寫了《傳是樓藏書記》。黃宗羲襃獎了傳是樓藏書的學術史價值，稱讚該樓可與白鹿洞書院媲美。並對徐乾學寄寓厚望，希望徐乾學善用藏書，轉移文風，主持文運。有了黃宗羲如椽大筆的宣傳，傳是樓的大名遂爲士林所矚目。另外，黃宗羲曾在天一閣讀書，將天一閣所藏流通未廣者抄爲書目。因天一閣藏書規約嚴格，所藏書目不輕示人。學識淵博的黃宗羲是第一位外姓人氏登閣者，他抄錄的書目就有非比尋常的價值，所以徐乾學就曾派遣門生到黃宗羲處抄錄該書目〔註186〕。後來徐乾學又將這份書目呈給了明史館，史官在編寫《明史‧藝文志》時應該也有所參考〔註187〕。

　　黃宗羲與徐秉義的關係也很密切，黃宗羲《姜定菴先生小傳》說：「余少逢患難，流離失學，偲偲之力，不忘沈眉生、陸文虎二人。老而師友俱盡，往往忍饑誦經，其間可以緩急告者，唯徐果亭（徐秉義）與先生（姜希轍）二人。」〔註188〕可見，徐秉義對黃宗羲在經濟上有很多援助。黃宗羲之子黃百家也拜徐秉義爲師，黃百家《上徐果亭先生書》云：

　　欲得當世宗工巨卿以爲依歸，庶幾點仙茅於鐵錯，加繩削於杠材，

〔註186〕黃宗羲《天一閣藏書記》云：「天一閣書，范司馬所藏也。從嘉靖至今，蓋已百五十年矣。司馬歿後，封閉甚嚴。癸丑，余至甬上，范友仲破戒引余登樓，悉發其藏。余取其流通未廣者抄爲書目，凡經、史、地志、類書坊間易得者及時人之集三式之書，皆不在此列。余之無力，殆與東里少時伯仲，猶冀以暇日握管懷鉛，揀卷小書短者抄之。友仲曰諾。荏苒七年，未踐前言。然余之書目遂爲好事流傳，崑山徐健菴使其門生謄寫去者不知凡幾。」《黃宗羲全集》第10冊，第119頁。

〔註187〕趙連穩《黃宗羲與〈明史〉編纂》引全祖望《移明史館帖子》云：「《明史‧藝文志》（原志），『亦出黃徵君（宗羲）手。』」姜勝利主編《明史研究》，第418頁。趙氏對全祖望的原文徵引出現了疏漏，其實，全祖望原文爲「然考《明史‧藝文原志》，出自黃徵君俞邰。」趙氏漏引了「俞邰」二字，以至於將《明史‧藝文志》的作者誤認爲是黃宗羲。雖然我們承認黃宗羲對《明史‧藝文志》有過很大的貢獻，但是史實證明黃虞稷《千頃堂書目》才是《明史‧藝文志》的主要資料來源，關於這一點王重民、柴德賡、王欣夫等專家皆有論定，李慶《論〈明史‧藝文志〉與〈千頃堂書目〉之關係》（《中華文史論叢》第59輯，上海古籍出版社，1978年版）對該問題的論述尤爲詳盡，李慶指出：「《千頃堂書目》當然是《明史‧藝文志》的重要資料源，但並不是唯一的資料源，而說《明史‧藝文志》以《千頃堂書目》爲主要資料源和講《明史‧藝文志》由《千頃堂書目》刪削而成，是有原則差別的。這二者是兩個目錄，各自帶有自己的特點和時代風貌。」

〔註188〕黃宗羲《黃宗羲全集》第10冊，第627頁。

或稍有成就，此百學不自料度，願執籩簁以備灑埽者也。伏維先生
哀其愚，矜其志而鞭之策之。〔註189〕

黃百家此信當作於康熙十八年（1679）。因爲黃炳垕《黃宗羲年譜》云：「康
熙十八年己未，（黃宗羲）之海昌，主一公（黃百家）隨侍」〔註190〕，則黃宗
羲再主海昌講壇，黃百家隨父而來，而此時徐秉義也在海昌聽講，可知拜師
一事即在此前後。另外，黃百家拜徐秉義爲師應該也是黃宗羲的主意。雖然
黃百家在給徐秉義的信中說明了拜師乃是爲了學術，但是仔細推敲起來，就
會發現黃百家信中的蹊蹺之處。求學拜師，所重必在學問淵深與否，至於是
否爲達官貴人，倒在其次，然而黃百家在信中宣稱「欲得當世宗工巨卿以爲
依歸」，則拜師一事應該是別有所圖。本年五月，朝廷開明史館，任命內閣學
士徐元文爲明史監修總裁官，而徐元文恰好就是徐秉義的同胞兄弟。那麼，
黃宗羲選擇此時讓黃百家拜徐秉義爲師，無非是借助徐秉義這個媒介而與徐
元文拉近關係，爲日後黃百家入參史局作好鋪墊。黃宗羲作爲勝國遺老，不
便出山修史，但遺民不世襲，黃百家完全可以應徵，雖然明史館的薪俸不是
很高，但是對於「菽水馳驁」的黃家來說，確實是一份重要的收入。黃宗羲
家境非常貧寒，觀其《女孫阿迎墓磚》一文即可知曉，該文云：

阿迎者，梨洲老人之女孫也。……凤慧異常兒，余甚愛之。其在左
右，灑然不知愁之去體也。時至書案對坐，弄筆硯，信口咿唔。授
以沈龍江《女誡》，背誦如流水。二三年來，余餬口吳中，朝夕念
兒，兒亦朝夕念余，見余歸家，則鳧藻躍坐膝上，挽鬚勞苦，曲折
家中碎事以告。故家中有事，勿欲使吾知者，必戒無使兒知，恐其
漏於吾也。兒常謂吾曰：「兒念爺，爺勿出門去。」余應之曰：「爺
勿出門，則兒無果餌食矣。」兒曰：「爺在，兒亦不願果餌也。」
〔註191〕

遭逢亂世，生計維艱，黃宗羲不得不與時人往還，甚至包括新朝顯貴徐乾學
等。黃宗羲的這種做法曾經引起了很多訾毀之議，呂留良就曾作詩譏諷黃宗
羲晚節不保，章炳麟在《衡三老》一文中也因此貶抑黃宗羲的節操，他說：

黃太沖以《明夷待訪》爲名，陳義雖高，將俟虜之下問。昔文天祥

〔註189〕黃百家《學箕初稿》，《四部叢刊初編》縮本，第 341 冊，第 276 頁。
〔註190〕黃炳垕《黃宗羲年譜》，第 41 頁。
〔註191〕黃宗羲《黃宗羲全集》第 10 冊，第 525 頁。

> 言以黃冠備顧問，世多疑其語為証，端居而思，此不亦遠乎？以死
> 拒徵，而令其子百家從事於徐（乾學）、葉（方藹）之間。若曰明臣
> 不可以貳，子未仕明，則無害於為虜者，以《黃書》種族之義正之，
> 則嗒焉自喪矣！〔註192〕

章炳麟是激進的排滿人士，他堅持嚴苛的種族理論，對於黃宗羲為黃百家謀
生而向清廷作出的妥協不能理解。其實這都是苛刻而不近情理之論，全祖望
《答諸生問南雷學術帖子》為之辯白曰：

> 若謂先生以故國遺老，不應尚與時人交接，以是為風節之玷，則又
> 不然。……蓋先生老而有母，豈得盡廢甘旨之奉。但使大節有虧，
> 固不能竟避世以為潔。及觀其送萬季野北行詩，戒以勿上河汾太平
> 之策，則先生之不可奪者，又確如矣。是固論世者所當周詳考覈，
> 而無容以一偏之詞定之。〔註193〕

全祖望所言乃是平情之論，黃宗羲一生未嘗仕清，也多次拒絕清廷的徵聘，
始終保持了遺民氣節，切不可將其生計問題與遺民節操混而論之〔註194〕。

事實證明，黃宗羲的這個設計果然奏效了，就是在黃百家拜師的次年
（1680），徐元文礙於黃宗羲和徐秉義的情面，於是決定聘請黃百家入京修
史。以黃百家之學問資質，絕無資格應徵明史館，之所以能夠獲聘，與父、
師推薦有甚大關係。黃百家《王征南先生傳》云：

> 余少不習科舉業，喜事，甚聞先生名，因裹糧至寶幢學焉。先生亦
> 自絕憐其技授受甚難，其人亦樂得余而傳之。……然當是時，西南

〔註192〕章炳麟著、湯志鈞編《章太炎政論選集》，中華書局，1977 年版，上冊，第
　　　　325 頁。

〔註193〕全祖望撰、朱鑄禹彙校集注《全祖望集彙校集注》，第 1696 頁。

〔註194〕錢穆《中國近三百年學術史》指出黃宗羲為黃百家謀生計之事，亦不可深
　　　　譏。他說：「棄身草野，不登仕宦，惟先朝遺老之及身而止。其歷世不屈者則
　　　　殊少。既已國亡政奪，光復無機，潛移默運，雖以諸老之抵死支撐，而親黨
　　　　子姓，終不免折而屈膝奴顏於異族之前。此亦情勢之至可悲可畏者。……若
　　　　必以此追議諸老，則亡國之下終無完人矣。」商務印書館，2005 年版，第 79
　　　　～80 頁。何冠彪《論明遺民子弟之出試》以詳實的材料論述了明遺民子弟之
　　　　出試乃是當時一種普遍的社會風潮，同意或支持子弟出試的明遺民尚不止黃
　　　　宗羲，其他遺民如王夫之、顧炎武、錢澄之等無不如此。本著知人論世、同
　　　　情瞭解的客觀態度，何冠彪說：「遺民之難，自古如斯！豈是後世生於太平時
　　　　的人所宜輕議？況且，評論遺民應從出處大節著眼，若斤斤計較他們的子弟
　　　　有沒有出仕，恐怕真是亡國以後無完人了！」《明末清初學術思想研究》，臺
　　　　灣學生書局，1991 年版，第 125～167 頁。

> 既靖，東南亦平，四海晏如，此眞挽強弓二石，不若一丁之時。家
> 大人見余跅馳放縱，恐流爲年少狹邪之徒，而使學爲科舉之文，而
> 見家事飄零，當此之時，技即成而何所用，亦遂自悔其所爲，因降
> 心抑志，一意夫經生業。〔註195〕

又《贈陳子文北上序》云：

> 余少而失學，長而惰憜，然年餘三十，猶不甘自棄廢者，朋友之力
> 不可誣也。丙午以前，兵火繩承，東遷西播，幾失足爲狹邪無俚之
> 徒。歲丁未，家大人始命余從學甬東。……余以愚下，得廁其間，
> 於是始知有讀書一事。〔註196〕

黃百家生於崇禎十六年（1643），恰逢明清易代之際，因彼時黃宗羲志在抗
清，亡命天涯，無暇教育黃百家。後因戰爭需要，黃宗羲又命黃百家拜內家
拳高手王征南爲師，學習武術。南明朝廷相繼覆亡之後，眼見大勢已去，康
熙六年（1667），黃宗羲方才命黃百家棄武習文，二十五歲的黃百家也才知世
間有讀書之事。至本年算起，至康熙十九年，也不過短短十三年，雖有過庭
之訓、師友扶持，學問識見定有精進，然與史館諸博學鴻儒相比，黃百家還
是非常遜色。

（二）顧炎武對文壇盟主黃宗羲之推揚

有了徐氏三兄弟的推介，其舅父顧炎武和黃宗羲的交往也頻繁起來。康
熙十五年（1676），顧炎武邂逅了黃宗羲的兩位得意門生陳錫嘏和萬言，並從
陳、萬兩人處讀到了《明夷待訪錄》。讀完之後，顧炎武覺得黃宗羲的論述與
他的《日知錄》不謀而合之處甚多，於是寫信給黃宗羲，顧炎武在信中說：

> 辛丑之歲，一至武林，便思東渡娥江，謁先生之杖屨，而逡巡未
> 果。……頃過薊門，見貴門人陳、萬二君，具諗起居無恙，因出大
> 著《明夷待訪錄》，讀之再三，於是知天下之未嘗無人，百王之敝可
> 以復起，而三代之盛可以徐還也。天下之事，有其識者未必遭其時，
> 而當其時者或無其識，古之君子所以著書待後有王者起，得而師之。
> 然而《易》「窮則變，變則通，通則久」，聖人復起而不易吾言，可
> 預信於今日也。炎武以管見爲《日知錄》一書，竊自幸其中所論，
> 同於先生者十之六七。惟奉春一策，必在關中，而秣陵僅足偏方之

〔註195〕黃百家《學箕初稿》卷一，《四部叢刊初編》本。

〔註196〕黃百家《學箕初稿》卷二，《四部叢刊初編》本。

業，非身歷者不能知也。但鄙著恒自改竄，且有礙時，未刻。其已刻八卷及《錢糧論》二篇，乃數年前筆也，先附呈大教。儻辱收諸同志之末，賜以抨彈，不厭往復，以開末學之愚，以貽後人，以幸萬世，曷任禱切！〔註197〕

顧炎武為文自律甚嚴，這般不惜辭費地稱讚黃宗羲，實屬罕見，我們也不難想見《明夷待訪錄》帶給顧炎武的心靈衝擊。同顧炎武的推崇一樣，黃宗羲也以顧炎武為當世儒宗。正如黃百家《上顧寧人先生書》所言：「吾幼侍家大人側，家大人屈指當世人物，必曰八閩李元仲、江右黃雷岸、天中孫鍾元、三吳歸玄恭與先生五人而已。」〔註198〕既然顧炎武在信中已經示以結交之意，黃宗羲當然也不會錯失這次機緣，而且目下黃宗羲也確實有一事需要求助於顧炎武。本年六月初八日，黃宗羲的妻子葉氏逝世。葉氏的墓誌銘，黃宗羲原本請好友鄭梁來寫，現在黃宗羲看到了顧炎武的來信，黃宗羲也希望顧炎武能寫一篇，但是初通音信就有求於人，實難開口。再者黃宗羲長顧炎武三歲，萬一顧炎武拒絕，六十七的黃宗羲又當情何以堪呢？反覆思量之後，黃宗羲決定還是讓兒子黃百家出面，黃百家謹遵父命，作了《上顧寧人先生書》，信中表達了懇請顧炎武為其母親作墓誌銘的請求，他說：

去年夏，先母即世，學輩蕘重罪深，無可復挽。因遍思當世大人能以如椽之筆留其姓氏者止有先生。……冬間忽得先生所寄家大人書暨所著《日知錄》、《錢糧論》，伏而讀之，真見先生之經術、文章、經濟，無一不具，此誠子固所謂數百年而有者也。今年萬貞一南還，又備悉先生近狀，且具道殷殷於家大人之意。學驚喜自賀，向自分以為必無階以達於先生者，今而以家大人之臭味，知先生必能推其愛於先母與學也。儻先生而肯褒以一言，是天特留先生而賜先母以不朽也。茲逢徐果亭先生於海昌，云先生今在德州，許以便翼。〔註199〕

經過徐秉義的推薦，顧炎武有會晤黃百家的想法，但不知何故，兩人卻並未謀面，黃百家的這封信顧炎武也沒有收到，以至於三年之後（1679），顧炎武在《與陳介眉》的書信中還在諮詢黃宗羲是否收到了他的書信以及《日知錄》

〔註197〕黃宗羲《交遊尺牘・顧炎武》，《黃宗羲全集》第11冊，第375～376頁。
〔註198〕黃百家《學箕初稿》卷二，《四部叢刊初編》本。
〔註199〕黃百家《學箕初稿》卷二，《四部叢刊初編》本。

與《錢糧論》，即「黃先生弟前年曾通一書，未知得達否？」對於黃百家的徵文之請，顧炎武也是不得而知，所以也就沒有給黃宗羲的妻子葉氏作墓誌，但是黃宗羲爲葉氏所作的《庭誥》顧炎武還是從陳錫嘏那裡讀到了，與三年前讀《明夷待訪錄》的感受一樣，異地同心的兩位大儒，在對家庭女性的書寫方面，也有著相似的情感體驗，顧炎武說：「承示《庭誥葉安人誌銘》，誦之既深景仰，復重感傷，此心此理，臣子所共。」〔註200〕本年，李因篤致函顧炎武，認爲顧炎武可以與黃宗羲、呂留良並轡馳騁，顧炎武卻連連推辭，其《答李子德》云：「梨洲、晚邨（呂留良），一代豪傑之胤，朽人不敢比也。」〔註201〕儘管不排除顧炎武的信中有謙退之辭，但是仍然可以看出他對黃宗羲與呂留良的推重〔註202〕。

因爲昆山徐氏三兄弟的幫助和清廷開明史館的機緣，在朝廷之中，黃宗羲成了無人不知的大儒，其文壇盟主的地位也獲得了朝廷官員的認可。顧炎武對黃宗羲的稱讚又代表了遺民群體的聲音，他們也支持黃宗羲主持風雅。於是在康熙十八年（1679）以後的十六年裏，黃宗羲就成了當之無愧的一代文宗，這正如黃虞稷詩中所言是「一代存遺老，千方仰德輝」〔註203〕。

〔註200〕顧炎武《顧亭林詩文集》，中華書局，1983年版，第211頁。

〔註201〕顧炎武《顧亭林詩文集》，第74頁。

〔註202〕據卞僧慧《呂留良年譜長編》考證，康熙十七年（1678），王錫闡曾爲顧炎武結交呂留良事致書炎武。王錫闡《答顧亭林書》云：「昨已寓書語水（呂留良），致先生願交之意。」又康熙十九年（1680），王錫闡數與顧炎武通信，告知顧炎武聯絡呂留良爲友事之進展，王錫闡《與顧亭林書》云：「去冬晤□□（晚邨），言已接尊翰，嫌近聲氣標榜之習，未敢報書。大約此兄向顧廣交，翻雲覆雨，嘗之熟矣。非識面知心，不輕接納。姑徐之耳。」又呂留良《復王山史書》云：「寧人兄南中之士，其志節、學問、文章，馳譽遠近，心甚企羨，而從未得見，其他可知已。今衰病侵尋，旦暮且死，惟願以褐寬博裹身入黃土，他無所求於世間也。側聞先生以鴻才實學，振興關西，續先聖之遺緒，寶鑒在懸，鬼燈失焰，固惟先生與寧人兄諸君子是望耳。」顧炎武對呂留良甚爲推崇，故藉由王錫闡向呂留良屢致願交之意。然呂留良備嘗黃宗羲等故友翻雲覆雨之摧折，於交遊之事頗爲謹慎，故遲遲不肯回復顧炎武之盛意。事隔兩年（1682），顧炎武辭世，顧、呂之交終未實現，此誠爲清初學術史之憾事焉。

〔註203〕黃宗羲《次族任俞邰太史見贈韻》詩後附黃虞稷原韻，《黃宗羲全集》第11冊，第325頁。

黃宗羲《高旦中墓誌銘》
中的公義與私情

【摘要】黃宗羲的碑傳文微顯闡幽，表彰節義，兼具文學與史學雙重價值，向來被譽爲一代文獻所關，影響極大，學界對其褒獎之詞層出不窮。殊不知千慮一失，白璧微瑕，黃宗羲有時也會被私情困擾，碑傳文中尚有一些有悖公義之作，《高旦中墓誌銘》即是其中代表。該墓誌一經流傳，質疑與責難之聲就不曾停息。呂留良率先發難，爲好友高旦中鳴冤，指出黃宗羲歪曲事實，詆毀死友。黃宗羲作文辯護，猛烈還擊，於是圍繞著《高旦中墓誌銘》就引發一場公義與私情的論爭。這場論爭關涉到學術與意氣的糾葛，生計與節義的矛盾，當然更關係到對黃宗羲碑傳文價值的重估。

【關鍵字】黃宗羲、《高旦中墓誌銘》、呂留良、公義、私情。

一、一篇墓誌起波瀾

清康熙九年（1670）五月十六日，甬上名醫高斗魁病逝。受其兄長高斗權之請，黃宗羲爲高斗魁撰寫了墓誌銘，即《高旦中墓誌銘》。本年十一月十一日，大雪，高斗魁下葬，黃宗羲前來爲其神位題主，並將《高旦中墓誌銘》交付給高家〔註1〕。葬事順利進行，黃宗羲的心情頗爲輕鬆，朋友的死似乎沒有減卻他的遊興。次日，黃宗羲就和高斗權去了烏石山遊玩，因爲多雨

〔註1〕黃宗羲《高旦中墓誌銘》曰：「辰四理其垂歿之言以請銘，余不得辭。……生於某年癸亥九月二十五日，卒於某年庚戌五月十六日，以其年十一月十一日，葬於烏石山。」《黃宗羲全集》第 10 冊，浙江古籍出版社，2005 年，第 326 頁。

連綿，道路泥濘，一時無法出山，他們就索性住在了山中的阿育王寺裏。十三日，寺僧請黃宗羲觀瞻寺內供奉的佛祖舍利，黃宗羲以爲該寺舍利「不特僞造，且僞造者亦不一人一事」，際此因緣，黃宗羲還特意寫了一篇辨僞文章，題爲《阿育王寺舍利記》〔註2〕。就在黃宗羲爲自己的考辨工夫心喜時，同來會葬的呂留良也在糾《高旦中墓誌銘》之諸種謬說。與黃宗羲的閒適相較，高斗魁的英年早逝使呂留良悲痛萬分，他冒雪痛哭而來，哭聲回蕩在烏石山中，山民也爲之動容。在高家，呂留良看到了黃宗羲撰寫的這篇墓誌銘，閱讀之後，呂留良發現黃宗羲所撰墓誌對高斗魁醜詆過甚，建議高氏子弟停止鑿刻該墓誌，高家聽從呂留良的建議，遂棄黃撰《高旦中墓誌銘》而不用〔註3〕。

非議《高旦中墓誌銘》者尚不止呂留良一人，該墓誌一經流傳，「諸公皆以爲過」〔註4〕。黃門高足萬斯大自然也聽到了時人對黃宗羲的不滿之詞，故此託人帶口信與乃師，勸說黃宗羲改易其中兩敏感之辭，以牽就公議。黃宗羲並沒有採納萬氏的善意之諫，他堅持墓誌原文，不作任何改變，不僅如此，黃宗羲還致函李鄴嗣、陳錫嘏，在信中縱論該墓誌行文措詞緣由，且對呂留良等人的議論表示不滿，而高家廢棄該墓誌的做法無疑讓黃宗羲更加氣憤，他說：

> 萬充宗傳諭：以《高旦中誌銘》中有兩語，欲弟易之，稍就圓融：其一謂旦中之醫行世，未必純以其術；其一謂身名就剝之句。弟文不足傳世，亦何難牽就其說。但念杲堂、介眉，方以古文起浙河，芟除黃茅白葦之習，此等處未嘗熟講，將來爲名文之累不少，故略言之，蓋不因鄙文也。……今日古文一道，幾于墜地。所幸浙河以東二三君子，得其正路而由之，豈宜復狗流俗，依違其說。弟欲杲

〔註2〕 黃宗羲《阿育王寺舍利記》曰：「庚戌十一月甲子，余爲高旦中題主於烏石山。明日雨，不可出山，遂偕辰四宿阿育王寺。」《黃宗羲全集》第10冊，第111頁。

〔註3〕 呂公忠《（呂留良）行略》云：「時會葬高先生於鄞之烏石山，先君芒鞵冒雪哭而往，山中人遙聞其聲，曰：『此間無是人，是必浙西呂用晦矣。』高氏子弟礱石將刻墓誌。先君視其文，微辭醜詆，乃歎曰：『銘之義，稱美而不稱惡，此何爲者也。』遂不復刻。」呂留良《呂晚邨先生文集》附錄，續修四庫全書本（上海古籍出版社，2002年），第1411冊，第58頁。

〔註4〕 全祖望《續耆舊》卷四十二《高斗魁傳》，續修四庫全書本（上海古籍出版社，2002年），第1682冊，第628頁。

堂、介眉，是是非非，一以古人爲法，寧不喜于今人，毋遺議于後
人耳。若鄙文不滿高氏子弟之意，則如范家神刻，其子擅自增損；
尹氏銘文，其家別爲墓表。在歐公且不免，而況于弟乎？〔註5〕

黃宗羲自以爲這樣做是爲了堅持是非公義而不是狗朋友私情，是固守古文正
路而不是盲從流俗，他爲身後聲譽計，不惜開罪時人，其孤往之志可謂勇
矣。不過，事與願違，《高旦中墓誌銘》不但沒有給黃宗羲帶來聲譽，更大的
質疑與非議卻因之而起。事隔十一年，即康熙二十一年（1682）十月，呂留
良雨中無事，通讀了黃宗羲新近梓行的《南雷續文案》，此信赫然在列。在此
之前，呂留良與黃宗羲就已嫌隙不斷，今又睹斯文，新仇舊恨，一時湧上心
頭，呂留良大罵黃宗羲「議論乖角，心術鍥薄」，批評黃宗羲對高斗魁驅使之
在生前，而巧詆之於身後，實不仁之甚。呂留良於是決定與黃宗羲正式絕交
〔註6〕，吳之振也爲黃宗羲的做法而歎息〔註7〕，即使是向來都譴責呂留良而
迴護黃宗羲的全祖望，也不得不承認「莊生（呂留良）雖狂妄，而於先生（高
斗魁）則有死生不相背負之誼」〔註8〕，言下之意，黃宗羲是負了死友高斗魁
了。可見，黃宗羲《高旦中墓誌銘》是既「不喜於今人」，又「遺譏於後人」，
成了黃宗羲人品與文品之玷。

此墓誌所引起的波瀾還不止於此，黃宗羲晚年有很多歪曲史實的諛墓之
文，也因了這篇墓誌的可信度而被後人陸續揭發出來。黃宗羲的碑傳文向來
被譽爲「一代文獻所關」〔註9〕，通過《高旦中墓誌銘》可以看出，將黃宗羲
的碑傳文視爲信史，顯然不妥，其史料價值也需要重新評估。

〔註5〕 黃宗羲《與李杲堂陳介眉書》，《黃宗羲全集》第 10 冊，第 160～162 頁。
〔註6〕 陸隴其《三魚堂日記》卷十六云：「己巳（康熙二十八年，1689），三月二十八
日，呂無黨來，……又言東莊與梨洲不合，因爭高旦中之墓誌起。」清同治
九年（1870）浙江書局刻本。
〔註7〕 呂留良《與魏方公書》曰：「至太沖所以致憾旦中，而必欲巧詆之死後，其說
甚長，亦不欲盡發也。昨吳孟舉兄亦深爲歎息。」呂留良《呂晚邨先生文集》
卷二，第 93 頁。
〔註8〕 全祖望《續耆舊》卷四十二《高斗魁傳》，第 628 頁。
〔註9〕 嵇文甫《黃梨洲文集序言》云：「梨洲以史學大家而擅長古文辭，生平所著傳
狀、碑誌、書序、雜文等甚多……大部份文字表彰當時許多忠臣義士在災難
中所表現出來的堅苦節操和壯烈行爲，可以和他的《行朝錄》並讀。其他有
涉及人物的聚散，學風的盛衰，文章的流變，都是一代文獻所關，從這裏面
可以得到很多方面的知識和啓發。」黃宗羲著，陳乃乾編《黃梨洲文集》卷
首，中華書局，1959 年，第 4 頁。

二、高斗魁見惡於黃宗羲之緣由

高斗魁（1623～1670），字旦中，號鼓峰，浙江鄞縣人。諸生。《清史稿》卷五百二《高旦中傳》曰：

> 斗魁任俠，於遺民罹難者，破產營救。妻因事連及，勒自裁。素精醫，遊杭，見舁棺者血瀝地，曰：「是未死！」啟棺，與藥而蘇。江湖間傳其事，求治病者無寧晷。著《醫學心法》。又《吹毛編》，則自記醫案也。其論醫宗旨亦近於張介賓。〔註10〕

全祖望《續耆舊》卷四十二《高斗魁傳》云：

> 鬚長如戟，談笑足傾一座，江湖呼為高髯。蓋先生本以王、謝家兒，遭逢陽九，為韓庶之肥遯，而心熱技癢，遂成劇季一流，固非風塵中人所能識也。初，先生講學雙瀑院中，黃先生澤望謂其省悟絕人。至是風波漸定，慨然歎曰：「乃公豈可老於遊俠，自今當謝絕人世。」由是一意講學。〔註11〕

據以上文獻可以看出，高斗魁的人生經歷了三次重大的轉變：少年遭逢國變，志在抗清，是《遊俠傳》中的人物；中年家道衰落，提囊行醫，成為浙東名醫，《清史稿》將其列入《藝術傳》中；晚年受黃宗羲兄弟影響，專心講學，又似為《儒林傳》傳中人。

高斗魁還擅長詩歌創作，著有《桐齋集》、《冬青閣集》。詩風與其人生相似，也都經歷了三次大的改變，黃宗羲序其《冬青閣集》云：

> 庚寅、辛卯之間，有所悟，始盡棄其所為，詩一變而進；未幾，又有所悟，又變而進；戊戌、己亥之間，輸心於江門，其悟日深，其變日進，日未有已。〔註12〕

全祖望在黃宗羲該序的基礎上，進一步指出：

> 其為詩初與廢翁相近，已而變為冪兀倔強，最後輸心于江門。論者謂先生之人三變，其詩亦三變。〔註13〕

可見，高斗魁早年之詩得江山之助，多是模山範水之作，風格清麗婉轉，與其兄長高斗權〔註14〕相近；國變之後，滄桑閱盡，風格變為冪兀倔強；晚年

〔註10〕 趙爾巽等《清史稿》卷五百二，中華書局，1977 年，第 13870 頁。
〔註11〕 全祖望《續耆舊》卷四十二，第 627～628 頁。
〔註12〕 黃宗羲《黃宗羲全集》第 11 冊，第 533 頁。
〔註13〕 全祖望《續耆舊》卷四十二，第 628 頁。
〔註14〕 高斗權，字辰四，號廢翁。鄞縣人。著有《寒碧亭集》。

師法蔡道憲〔註15〕，以學問爲詩，富含性理意味。

在交遊方面，高斗魁與黃宗羲的關係非常密切。兩人之初晤是在清順治六年（1649），地點在萬泰家中，介紹人是萬泰和劉應期。黃宗羲《高旦中墓誌銘》詳細記載了這次會面的背景及其過程，他說：

> 啓、禎之間，甬上人倫之望，歸於吾友陸文虎、萬履安。文虎已亡，履安只輪孤翼，引後來之秀以自助，而得旦中。旦中有志讀書，履安語以「讀書之法，當取道姚江，子交姚江而後知吾言之不誣耳。」姚江者，指余兄弟而言也。慈溪劉瑞當，亦言甬上有少年黑而髭者，近以長詩投贈，其人似可與語。己丑，余遇之履安座上。〔註16〕

初次會面，二人並未深談。次年（1650），高旦中偕同萬泰登門求教，黃宗羲爲其誠心所感，遂以古文正路相告：

> 明年，遂偕履安而來。當是時，旦中新棄場屋，彩飾字句，以竟陵爲鴻寶，出而遇其鄉先生長者，則又以余君房、屠長卿之孋語告之。余乃與之言曰：「讀書當從六經，而後《史》、《漢》，而後韓、歐諸大家。浸灌之久，由是而發爲詩文，始爲正路。舍是則旁蹊曲徑矣。有明之得其路者，潛溪、正學以下，毗陵、晉江、玉峰，蓋不滿十人耳。文雖小伎，必由道而後至。毗陵非聞陽明之學，晉江非聞盧齋之學，玉峰非聞莊渠之學，則亦莫之能工也。」旦中銳甚，聞余之言，即遍求其書而讀之。汲深解惑，盡改其紈袴餘習，衣大布之衣，欲傲岸頹俗。與之久故者，皆見而駭焉。〔註17〕

通過黃宗羲的回憶，可以看出，他們兩人雖然名爲平輩的朋友關係，但據黃宗羲的記載，在這第一次實質性的交談中，黃宗羲扮演的卻是師長的角色，而高斗魁儼然是一個擇善而從、唯唯聽命的學生，這種亦師亦友的關係始終貫穿在黃、高交往的歷程中。年齡的懸殊似乎導致了兩人關係的不平等，畢竟黃宗羲長高斗魁十三歲，本年黃四十一歲，已過不惑之年，高才二十八歲，還未到而立之年。

另外，也可以看出，黃宗羲是在有意地擡高自己而貶抑高斗魁，「黃宗羲似乎一心想顯示高斗魁多麼尊敬他和視其爲老師」〔註18〕。黃宗羲在宣揚這

〔註15〕 蔡道憲，字元白，號江門。晉江人。著有《悔後集》。
〔註16〕 黃宗羲《黃宗羲全集》第 10 冊，第 323 頁。
〔註17〕 黃宗羲《高旦中墓誌銘》，《黃宗羲全集》第 10 冊，第 323 頁。
〔註18〕 費思堂著，趙世瑜譯《黃宗羲與呂留良》，吳光主編《黃宗羲論：國際黃宗義

樣一個事實，即庚寅（1650）會面之後，高斗魁之所以能夠走上古文正路，改變紈絝習氣，都是因了他這一番宏論的啓發。不可否認，黃宗羲之於高斗魁固然是良師，不過，高斗魁之於黃宗羲也未必不是益友。然而在《高旦中墓誌銘》中，黃宗羲卻有意地誇大了前者，而抹殺了後者。事實上，庚寅（1650）之會，除了詩文交流之外，高斗魁還做了一件關乎黃氏兄弟身家性命的大事，很可惜，這件事情並沒有出現在黃宗羲的回憶中，所幸全祖望將其本末記載了下來。全祖望《鷓鴣先生神道表》云：

> 先生諱宗炎，字晦木，一字立溪。……畫江之役，先生兄弟盡帥家丁，荷戈前驅，婦女執饗以餉之，步迎監國於蒿壩。伯子西下海昌，先生留龕山以治輜重，所謂世忠營者也。事敗，先生狂走，尋入四明山之道岩，參馮侍郎京第軍事，奔走諸寨間。庚寅，侍郎軍殲，先生亦被縛。侍郎之嫂，先生妻母也。匿於其家，又迹得之，待死牢戶中。伯子（黃宗羲）東至鄞，謀以計活之。故人馮道濟，尚書鄞仙子也，唧然獨任其責。高旦中等爲畫策，而方僧木欲挺身爲請之幕府，道濟曰：「姑徐之，定無死法。」及行刑之日，傍晚始出，潛載死囚隨之。既至法場，忽滅火，暗中有突出負先生去者，不知何許人也。及火至，以囚代之，冥行十里始息肩，忽入一室，則萬戶部履安白雲莊也，負之者即戶部子斯程也。〔註19〕

全祖望在記載黃宗炎脫難經過時，僅提到了高斗魁的策劃之功，其實高斗魁的貢獻遠不止於此，爲了營救黃宗炎，任俠的高斗魁幾乎傾盡了所有的家產〔註20〕。黃宗羲在追憶死友時，只彰顯自己對高斗魁的啓迪之功，而忽略掉高斗魁毀家以救友的恩情，顯然有失公允。論者或許以爲黃宗炎抗清被捕，在當時是敏感話題，容易觸犯忌諱，故此黃宗羲不得不有意迴避此事。其實不然，參與營救黃宗炎的還有萬泰等人，萬泰死後，黃宗羲在其所撰《萬晦菴先生墓誌銘》中就特意記下了此事，即「先生一病三年，炊煙屢絕，形廢心死，然友人高中丞在獄，予弟晦木犯難，猶能以奇計出

學術討論會論文集》，浙江古籍出版社，1987 年，第 465 頁。

〔註19〕 全祖望著，朱鑄禹彙校集注《全祖望集彙校集注》，上海古籍出版社，2008 年，第 248 頁。

〔註20〕 呂留良《質亡集小序·高斗魁傳》云：「旦中聰明慷慨，幹才英越，嗜聲氣節義。嘗毀家以救友之死。有所求，不惜肝腦以隨。」《呂晚邨先生文集》續集卷三，第 235 頁。

之。」〔註 21〕可見，黃宗羲在《高旦中墓誌銘》中漏記此事，絕非是出於避嫌的考慮。

除了營救黃宗炎出獄之外，高斗魁對於黃氏兄弟的恩情還有數十年如一日的經濟援助，高斗魁行醫所得，大部份都輸入了黃家，其中對黃宗炎的資助尤多，呂留良《賣藝文》說：

> 東莊有貧友四，爲四明鷓鴣黃二晦木，檇李而山農黃復仲，桐鄉叟山朱聲始，明州鼓峰高旦中。四友遠不相識，而東莊皆識之。東莊貧或不舉晨爨，四友又貧過東莊，獨鼓峰差與埒，而有一母、四兄弟、一友、六子、一妾，乃以生產枝梧其家，而以醫食其一友，友爲鷓鴣也。鷓鴣貧十倍東莊，而又有一母、五子、二新婦、一妾，居剡中化安山，有屋三間，深一丈，闊才二十許步，床竈書籍，家人屯伏其中，烈日霜雪，風雨流水，繞攻其外，絕火動及旬日，室中至不能啼號。〔註22〕

高斗魁對黃宗羲也有經濟上的資助，同時還爲黃宗羲聯繫家館，招收弟子等，黃宗羲在呂留良家坐館，應該也是出於高斗魁的介紹。但是高斗魁的義舉似乎並沒有換來黃宗羲的感動，卻引來了黃宗羲的抱怨，個中緣由，呂留良分析地較爲清楚，他說：

> （高旦中）精於醫，以家世貴，不行，至是爲友提囊行市，所得輒以相濟，名震吳越。友益望之深，至不能副，則反致怨隙。又爲友營館穀，招徒侶，復責以梯媒關說。力有不能得，亦得罪，於是群起詬之。然旦中意不衰，病革猶惓惓於諸友。死之日，貧不能備喪葬，孤寡啼饑，無或過而問焉者。而詬聲至今未息，眞可怪可痛。
>
> 〔註23〕

呂留良以爲黃宗羲與高斗魁之間出現嫌隙是因爲黃宗羲所求過多，而高斗魁能力有限，不能饜足其欲所致。當然，呂留良與黃宗羲結怨甚深，呂留良所述緣由未免袒護高斗魁而排詆黃宗羲，其所言高斗魁對黃黃宗羲的資助也有失實之處，不過，黃宗羲對高斗魁不滿確實有經濟上的原因，這一點還是可以肯定的。

〔註21〕黃宗羲《黃宗羲文集》，《黃宗羲全集》第 10 冊，第 298 頁。
〔註22〕呂留良《呂晚邨先生文集》卷八，第 198 頁。
〔註23〕呂留良《呂晚邨先生文集》續集卷三，第 235 頁。

　　高斗魁之見惡於黃宗羲還有另外一個原因，就是高斗魁與呂留良的關係太過密切。順治十七年庚子（1660），是黃宗羲、高斗魁、呂留良交往歷程上的轉捩點。本年六月，呂留良病熱，黃宗炎偕高斗魁前來醫治，呂留良服下高斗魁「補中益氣數劑，神情如舊」，病體迅速康復〔註24〕。呂留良驚歎高斗魁醫術湛深，遂與之訂交。同年八月十六日，呂留良在孤山結識了黃宗羲。此後六年，黃宗羲設館於呂留良家，黃宗炎、高斗魁也時常過訪，詩酒往還，他們三人之間的關係還算密切。直到康熙五年丙午（1666），黃宗羲與呂留良因為購買祁氏澹生堂藏書，兩人的關係開始出現矛盾。次年（1667），黃宗羲移館甬上姜希轍家，又在姜家說了一些批評呂留良的話，呂留良得知後，很是氣憤，遂反脣相譏，作了兩首詩來挖苦黃宗羲，兩人關係進一步惡化。再加上他們學術路徑迥然有異，文人刻薄之習氣未除，終於鬧到水火不容的地步。

　　呂留良與黃宗羲的關係日漸疏離，他與高斗魁的交往卻是越來越親密了。庚子初會之後，呂留良就開始追隨高斗魁學醫，吳之振《己壬編弁語》云：

> （高斗魁）庚子過東莊，意氣神合，一揖間即訂平生之交。相與議論道義，流連詩酒，因舉其奧以授東莊（呂留良）。東莊天資敏妙，學有源本，性命理學之要，向所精研。因源以溯流，窮本以達末，不數月間，內外貫徹。時出其技以治人，亦無不旦夕奏效。〔註25〕

高斗魁與呂留良年齡懸殊不大，高斗魁僅長呂留良六歲，兩人屬於同輩，交往較為輕鬆。且意氣神合，志趣相投，現在又多了一層醫學上的師生之誼，關係自然就慢慢密切了起來。高斗魁後來又與呂留良結成了兒女親家，呂公忠《（呂留良）行略》云：

> 高旦中先生，與先君交最厚，許以女室先君之第四子。忽致簡曰：「某病甚將死，家貧，吾女恐不足以辱君子，請辭。」人或勸從其請，先君正色曰：「旦中與余義同車笠，不應有是言。此辭命矣。」卒娶之。〔註26〕

高斗魁與呂留良可謂是惺惺相惜，至死不相背負的。高斗魁在人生的彌留之

〔註24〕卞僧慧《呂留良年譜長編》，中華書局，2003年，第103頁。
〔註25〕卞僧慧《呂留良年譜長編》，第180頁。
〔註26〕呂留良《呂晚邨先生文集》附錄，第58頁。

際尚不肯以貧女拖累呂留良之子，平時更不會有不利於呂留良的言行。黃宗羲對呂留良發難，高斗魁沒有附和；黃宗羲與呂留良交惡時，高斗魁又被夾在中間，他是希望調和兩人之間的矛盾，不肯偏袒一方的。可是高斗魁與呂留良的關係勝過黃宗羲很多，黃宗羲原本對高斗魁就有些不滿，現在高斗魁又不肯隨著他批評呂留良，黃宗羲就難免更加懊惱了。這層緣由，黃宗羲是難以啟齒的，其不滿情緒既然無法表達於高斗魁生前，他就在高斗魁死後，借題發揮，說了一通「微詞」。其中經過，全祖望《高斗魁傳》所記甚詳，他說：

> 先生（高斗魁）與梨洲、晦木、澤望並稱莫逆。晦木之子，石門莊生（呂留良）之僚壻也。莊生以是學道於梨洲，學醫於先生，共執弟子禮，於梨洲尤恭。莊生時已補學宮弟子，慕諸遺民之風，遂棄之。蒼水之死，隱學之出獄，莊生皆大有力焉。然莊生負氣，酒後時出大言，梨洲每面折之，莊生慚，不甘。及吳孟舉與梨洲共購祁氏藏書，莊生使其客竊梨洲所取衛湜《禮記集說》、王偁《東都事略》以去。未幾，貽書梨洲，直呼之曰某甲，且告絕交。浙東黃氏弟子皆大駭，先生力為之調停而不得，而梨洲頗卞急，深以先生不絕莊生為非。其作先生墓誌，遂有微詞。

全祖望上文所記有些地方不符合事實，如黃宗羲與呂留良最初是結為忘年交，不存在所謂的師生關係〔註 27〕。不過全祖望分析高斗魁見惡於黃宗羲之原因，還是合乎情理的。全祖望指出黃宗羲《高旦中墓誌銘》有不滿高斗魁之「微詞」，也是客觀事實。

　　黃宗羲的「微詞」一出，當時文壇非議之聲就接連不斷，於是圍繞著《高旦中墓誌銘》就引發了一場關於公義與私情的論爭，論爭的主角就是黃宗羲與呂留良。

二、黃宗羲的「公義」與呂留良的「私情」

　　黃宗羲與呂留良圍繞《高旦中墓誌銘》所爭之問題主要有三個：首先，是《高旦中墓誌銘》之墓銘「身名就剝」一句，以及它所關聯的墓銘能否稱

〔註 27〕呂留良《友硯堂記》云：「其秋，太沖先生亦以晦木言，會予於孤山。晦木、旦中曰：『何如？』太沖曰：『斯可矣。』予謝不敢為友，固命之，因各以硯贈予，從予嗜也。」《呂晚邨文集》卷六，第 175 頁。

惡問題。其次，是高斗魁的醫術高明與否，這涉及到高斗魁的朽與不朽之爭。最後，是黃宗羲改高斗魁遺詩「明月岡頭人不見，青松樹下影相親」之「不見」爲「共見」，此改確當與否的問題。以上三個問題，反映了黃宗羲與呂留良對高斗魁的不同評價。在他們的評價中，黃宗羲力圖持守公義，卻因個人恩怨羼雜其中，影響了評價的公正，不自覺地滑向了私情；呂留良以私情抗爭，反而因同情之理解，而更能切近事實，不期然地達到了公義。此種弔詭局面的出現，與以上三個問題緊密相連，故下文依次論述之。

（一）「身名就剡」與銘法稱惡問題

黃宗羲《高旦中墓誌銘》之墓銘云：

> 吾語旦中，佐王之學；發明大體，擊去疵駁。小試方書，亦足表襮；
> 淳于件繫，丹溪累牘。始願何如，而方伎齟齬；草堂未成，鼓峰矗矗。
> 日短心長，身名就剡；千秋萬世，恃此幽斷。〔註28〕

黃宗羲的這篇墓銘，感歎高斗魁原本有王佐之才，可惜生不逢時，才能得不到施展，沒有豐功偉業足以信今傳後。又困於生計，提囊行醫，妨礙了讀書作文，也沒有藏諸深山的鴻篇巨著，所以黃宗羲說他難免會被世人遺忘，其聲名也如同慢慢腐朽的肉身一樣，終究會消失於無形，即墓銘中所言之「身名就剡」。在高斗魁家人和好友看來，黃宗羲的這種評價無異於是誹謗。期於不朽乃是古人之常情，黃宗羲卻以速朽對高斗魁蓋棺論定，也就無怪乎高氏子弟要廢棄此文，呂留良也要與之抗言力爭了。

黃宗羲的高足萬斯大也覺得「身名就剡」一句對高斗魁貶抑太甚，遂勸乃師稍稍改易，以牽就公論。黃宗羲不僅未採納萬氏的建議，還作文辯駁，他說：

> 夫銘者，史之類也。史有褒貶，銘則應其子孫之請，不主褒貶，而
> 其人行應銘法則銘之，其人行不應銘法則不銘，是亦褒貶寓於其間。
> 後世不能概拒所請，銘法既亡，猶幸一二大人先生一掌以堙江河之
> 下，言有裁量，毀譽不淆。〔註29〕

黃宗羲很坦然地承認了他在銘文中批評了高斗魁，不過他以爲這種批評乃是銘法題中應有之義。與時下銘文的只褒不貶、濫詞貢諛不同，黃宗羲認爲，寓褒貶於墓銘之中，才是銘法之正路。對於黃宗羲的這番辯解，呂留良難以

〔註28〕黃宗羲《黃宗羲全集》第 10 冊，第 326 頁。
〔註29〕黃宗羲《與李杲堂陳介眉書》，《黃宗羲全集》第 10 冊，第 160～161 頁。

認同，他說：

> 凡銘之義，稱美而不稱惡，原與史法不同，稱人之惡則傷仁，稱惡
> 而以深文巧詆之，尤不仁之甚，然猶曰不沒其實云爾。未聞無其實
> 而曲加之，可以不必然而故周內之，而猶曰古誌銘之法當然也。
> 〔註30〕

在呂留良看來，黃宗羲對高斗魁的批評絕不是善意的，而是無中生有，肆意
誹謗，此種做法不僅與銘法相悖，其人品心術也近乎不仁了。

關於「身名就剝」一句，兩人糾結辯難的關鍵就在於墓銘能否稱惡。要
解決這個問題，必然要對墓銘的源流及其作法作一番簡要梳理。墓銘是喪葬
類的應用文字，其起源晚於警戒類和稱頌類的銘文。

喪葬類銘文的起源見於《禮記・檀弓篇》，其辭曰：

> 銘，明旌也。以死者爲不可別已，故以其旗識之。

鄭玄注引《士喪禮》云：

> 爲銘各以其物，亡則以緇，長半幅，赬末，長終幅，廣三寸，書銘
> 於末，曰某氏某之柩。竹杠長三尺，置於宇西階上。〔註31〕

據以上記載可以看出，最早的喪葬類銘文類似於後世的招魂幡，其載體是布
帛，銘文也非常簡單，衹是將死者姓氏書寫其上，居喪其間，以竹竿懸掛於
西階之上，起到標示死者姓氏的作用。

死者既葬之後，子孫追念先祖，遂將其功德鑴刻在鍾鼎之上，明示後世，
於是就出現了鼎銘，《禮記・祭統》云：

> 夫鼎有銘，銘者自名也，自名以稱揚其先祖之美，而明著之後世者
> 也。爲先祖者，莫不有美焉，莫不有惡焉。銘之義，稱美而不稱
> 惡，此孝子孝孫之心也，唯賢者能之。銘者，論譔其先祖之有德
> 善、功烈、勳勞、慶賞、聲名，列於天下，而酌之祭器，自成其名
> 焉，以祀其先祖者也。……子孫之守宗廟者，其先祖無美而稱之，
> 是誣也！有善而弗知，不明也；知而弗傳，不仁也。此三者，君子
> 之所恥也。〔註32〕

子孫鑄鼎鑴銘，彰顯祖先功德，鼎銘存於宗廟之中，對一個家族來說，鼎銘

〔註30〕呂留良《呂晚邨先生文集》卷二《與魏方公書》，第91頁。
〔註31〕鄭玄注、孔穎達疏《禮記正義》卷九《檀弓上》，北京大學出版社，2000年，
　　　　第310～311頁。
〔註32〕鄭玄注、孔穎達疏《禮記正義》，第1590～1592頁。

具有類似於後世家傳的史料功能。《禮記‧祭統》中「銘之義，稱美而不稱惡」這一界定對於後世文章學影響很大，黃宗羲、呂留良在論爭時也都徵引了這句話，關於銘法能否稱惡，他們也都將根據溯源至此。若從原初意上來說，鼎銘是逝者子孫所作，稱頌祖先功德乃是必然之事，絕不可能將祖先劣迹鑴刻其上，故銘法不應該稱惡。問題似乎很容易解決，其實不然。黃、呂所爭的《高旦中墓誌銘》，不是這種遠古的鼎銘，而是晚出的墓銘，鼎銘與墓銘功能、作法迥然不同，從原初的鼎銘那裡尋找墓銘的作法，實在是有些泥古不化，問題也就越爭論而越混亂了。若要明晰兩人所爭孰是孰非，還要從墓銘文的起源說起。當然，在探討墓銘的起源之前，也有必要對墓誌、墓銘這一對容易混淆的概念稍作解釋。其實墓誌與墓銘乃是兩種不同的文體，一般來說，墓誌多是散體型的敘事文字，是文章的主體部份，墓銘多是韻語型的總結性文字。後世所稱的「墓誌銘」，是指兼備墓誌與墓銘者。單曰「墓誌」，則是有墓誌而無墓銘。單稱「墓銘」，則是有墓銘而無墓誌。當然，也有單云「墓誌」卻有墓銘，單云「墓銘」卻有墓誌者。

墓誌與墓銘體式與功能有別，其起源也有先後。關於墓誌的起源，程章燦教授指出，「墓誌文經歷了從誌墓到墓記再到墓誌的發展過程；結合傳世文獻與出土文獻可以看出，作為有一定行文格式的墓誌，是一種起於江左的文體，其出現時間在晉宋之際」〔註33〕。

墓銘的起源要早於墓誌，關於墓銘的起源，代表性的說法有以下四種：

第一，商末比干說。

宋代高承《事物紀原》卷九曰：

> 唐開元時，人有耕地得比干墓誌，刻其文以銅盤，曰：「右林左泉，
> 後崗前道。方世之寧，茲焉是保。」……則墓之有志，其來遠矣。

此四句四言韻文，不像是墓誌卻神似墓銘。宋明兩代學者不乏信以為真者，清代考據學興盛，懷疑其為偽作者甚多。當代學者程章燦教授以為該銅盤乃是「時人迎合宋徽宗好古求寶之意而偽造的」〔註34〕，高承所記不足為據。

第二，春秋孔子及其弟子說。

高承《事物紀原》卷九云：

> 昔吳季札之喪，孔子銘其墓曰：「嗚呼！有吳延陵季子之墓。」

〔註33〕程章燦《墓誌文起源新論》，《學術研究》2005年第6期，第136頁。
〔註34〕程章燦《墓誌文起源新論》，第136頁。

—74—

此說附會孔子，杜撰不實，學者均持懷疑態度。另外，有人還將墓銘創體之功歸之於孔子及其弟子。唐代墓誌《大唐故張府君墓誌銘》云：

> 夫銘者，稱其美也，記歷年代，載標行德。因夫子讖秦始皇必發吾墓，顏回以下乃誌讖詞於墓內，使始皇見之，知我先師聖焉。〔註35〕

顏回先孔子而卒，何來遵照孔子遺囑，置讖詞於孔子墓內之事？此種說法乖謬至極，不足爲信。

第三，西漢夏侯嬰說。

西晉張華《博物志》卷七《異聞》類記：

> 漢滕公薨，求葬東都門外。公卿送葬，駟馬不行，踏地悲鳴，刨蹄下地，得石有銘，曰：「佳城鬱鬱，三千年，見白日。吁嗟滕公居此室！」遂葬之。〔註36〕

該條所記「馬踏石槨」的故事頗爲神異，恐於史實不符，亦難徵信。

第四，西漢杜鄴說。

此說最早見於東晉葛洪《西京雜記》卷三，其詞云：

> 杜子夏葬長安北四里，臨終作文曰：「魏郡杜鄴，立志忠款。犬馬未陳，奄先草露。骨肉歸於后土，氣魂無所不之。何必故丘，然後即化。封於長安北郭，此爲宴息。」及死，命刊石埋於墓側，墓前種松柏樹五株，至今茂盛。〔註37〕

杜鄴的這篇自作文章儘管沒有以墓銘標題，也不是整齊的韻語，在體式上與後世成熟的墓銘還有很多差異，但是從內容上來看，這篇文章簡略地敘述了杜鄴個人的生平、性格，也包含了志業未酬的喟歎，以及放棄還葬故里，選擇長眠京畿的達觀，這些內容都與後世墓銘具有實質上的吻合一致。所以後人多將墓銘的源頭追溯至此，徐師曾《文體明辨序說·墓誌銘》云：

> 至漢，杜子夏始勒文埋墓前，遂有墓誌，後人因之。蓋於葬時述其人世系、名字、爵里、行治、壽年、卒葬日月，與其子孫之大略，勒石加蓋，埋於壙前三尺之地，以爲異時陵谷變遷之防也，而謂之誌銘。其用意深遠，而於古無害也。〔註38〕

由此可見，早期的墓銘更像是銘墓，墓銘通常被埋在墓前三尺左右的地方，

〔註35〕周紹良、趙超主編《唐代墓誌彙編》，上海古籍出版社，1992年，第2502頁。
〔註36〕張華著、范寧校證《博物志校證》，中華書局，1980年，第85頁。
〔註37〕葛洪《西京雜記》，中華書局，1980年，第20頁。
〔註38〕王水照主編《歷代文話》第2冊，總第2119頁。

主要功能是標注墓主人的身世，當陵谷變遷，墳墓不可辨識時，還可以根據地下埋藏的墓銘斷定墓主人的生平行實等。另外，早期墓銘往往是自作，或者是墓主人子孫所作，後世文體發展，踵事增華，墓主後人往往請文壇巨子代筆，希望人借文傳，徐師曾《文體明辨序說·墓誌銘》云：

> 迨夫末流，乃有假手文士，以謂可以信今傳後，而潤飾太過者，亦往往有之，則其文雖同，而意斯異矣。然使正人秉筆，必不肯狗人以情也。其體圓。事實多者專敘事，事實少者可參以議論焉。〔註39〕

名家作銘一般都會收取豐厚的潤筆，受人錢財，作文時難免有所避諱，所以表彰墓主德行功業者多，而批評貶抑者少，曲狗人情，潤飾太過，就成了墓銘的主要缺點。當然，高明的文士還是可以將《春秋》筆法運用其中，暗施褒貶，韓愈就是這種做法的代表。韓愈對於墓銘文體的貢獻，王之績曾論及之，其《鐵立文起》前編卷六《墓誌銘》云：

> 墓誌，則直述世系、歲月、名氏、爵里，用防陵谷遷改。埋銘、墓記，與墓誌同，而墓記則無銘辭耳。古今作者，惟昌黎最高，行文敘事，面目首尾，不再蹈襲。凡碑碣表於外者，文則稍詳，誌銘埋於壙者，文則嚴謹。其書法，則惟書其學行大節，小善寸長，則皆弗錄。觀其所作可見。〔註40〕

王之績說韓愈墓銘力避蹈襲，行文嚴謹有法，書其大節而略其小善，堅持客觀的標準，能夠做到有其美而必書之，無其美而必去之。王之績對韓愈墓銘的評價非常公正，祇是論述流於膚泛，未能舉出具體銘文印證其論點。對於韓愈的墓銘，黃宗羲的認識更為具體深刻，他在《金石要例·銘法例》中說：

> 《祭統》云：「銘之義，稱美而不稱惡，此孝子孝孫之心也。」故昌黎云「應銘法」。若不應銘法，則不銘之矣，以此寓褒貶於其間。然昌黎之於子厚，言：「少年勇於為人，不自貴重。」誌李于，單書服秘藥一事，「以為世戒」。誌李虛中，亦書其「以水銀為黃金服之，冀不死」。誌王適，書其謾侯高事。誌李道中，言其薦「妄人柳泌」。皆不掩所短，非截然諛墓者也。〔註41〕

〔註39〕王水照主編《歷代文話》第 2 冊，總第 2119 頁。
〔註40〕王水照主編《歷代文話》第 4 冊，總第 3698 頁。
〔註41〕黃宗羲《黃宗羲全集》第 2 冊，第 269 頁。

黃宗羲列舉了韓愈墓銘中稱惡的五個例子，可以看出，墓銘經過了韓愈的改造，已經不再是單調的諛墓文字，一些適當的批評意見也可以巧妙地穿插其間，從而達到勸善規過、維繫道統的目的。黃宗羲受韓愈的影響很深，不過黃宗羲對於韓愈墓銘的理解過於偏執，他誇大了韓愈墓銘中稱惡的成份，對於稱惡問題的尺度把握不當，以至於在《高旦中墓誌銘》中對亡友批評太過嚴苛。並且黃宗羲的墓銘又夾雜了很多文人意氣和私人恩怨，其所稱之惡未必屬實，雖然他標榜韓文，鼓吹道統，但是仍難以平復時人的質疑之聲。

（二）高斗魁的高明醫術與黃宗羲的稱惡不實

墓銘經過韓愈、歐陽修等古文家的改造後，稱美之餘亦可適當稱惡，這也是黃宗羲《高旦中墓誌銘》稱惡的理論支撐。不過韓、歐墓銘所稱之惡均有事實可查，他們所發之感喟，以及所持之批評，尺度都比較適中，《高旦中墓誌銘》則不然，其中所稱之惡幾乎皆與事實相悖。

黃宗羲所稱之惡主要有兩點，第一點就是高斗魁的醫術其實並不高明。他之所以享有盛名，與其說是因為其醫術高超，毋寧說是高氏工於揣測人情，善於緣飾。他說：

> 旦中家世以醫名，梅孤先生《針灸聚英》，志齋先生《靈樞摘注》，皆為醫家軌範。旦中又從趙養葵得其指要，每談醫藥，非肆人之為方書者比，余亟稱之。庚子，遂以其醫行世。時陸麗京避身為醫人已十年，吳中謂之陸講山，謁病者如市。旦中出，而講山之門驟衰。蓋旦中既有授受，又工揣測人情于容動色理之間，巧發奇中，亦未必純以其術也。所至之處，蝸爭蟻附，千里挐舟，踰月而不能得其一診。孝子慈父，苟能致旦中，便為心力畢盡，含旦中之藥而死，亦安之若命矣。嗟乎！旦中何不幸而有此，一時簧鼓，醫學為之一闇。《醫貫》、《類經》，家有其書，皆旦中之所變也。〔註42〕

高斗魁的醫術高明與不朽的關鍵。儘管高斗魁也擅長詩歌創作，並且有詩集《冬青閣集》梓行，但總體來說，其詩歌成就不高，不足以使其人傳世久遠。高氏若要不朽，還要依靠其醫術。黃宗羲貶抑了高斗魁的醫術，就等於判定了高氏必然速朽，這是高氏親友無法接受的事實。再說，黃宗羲說高斗魁醫術不高，善於緣飾，也未必屬實。呂留良就與之辯

〔註42〕 黃宗羲《高旦中墓誌銘》，《黃宗羲全集》第 10 冊，第 324 頁。

論道：

> 又謂寧波諸醫肩背相望，旦中第多一番議論緣飾耳。太沖嘗遣其子名百家字正誼者納拜旦中之門學醫矣。夫以旦中之術庸如此，其緣飾之狡獪又如此，旦中於太沖其歸依相知之厚也又如此，不知太沖當時何以不一救止之，而反標榜之，又使其子師事之。及其死也，乃從而掎摘之。驅使於生時，而貶駁之身後，則前之標榜既失之僞，今之誌銘又失之苛，恐太沖亦難自免此兩重公案也。〔註43〕

在呂留良看來，黃宗羲說高斗魁善於緣飾，是將高氏列入小人之類中，不僅其醫術不足觀，其人品心術也在下流之列。對此，呂留良以黃宗羲之矛而攻其盾，呂留良質問黃宗羲，既然高氏人品技藝如此不堪，作爲畏友，高氏生前爲何不糾正之，反而遣其子隨高氏習醫呢〔註44〕？友人有不善，在其生時不能糾正之，則黃宗羲近乎謟媚。友人卒後，又指摘其莫須有之罪名，則黃宗羲又近乎刻薄。可見黃宗羲實在是難以逃脫此兩難局面，究其根本，乃是因黃宗羲所言不實。《清史稿》卷五百二《高旦中傳》記載了高斗魁行醫的一則故事：高氏曾在杭州遊玩，看見有人出殯，他根據棺木中滴下的血液判斷棺中人還可以救治，遂命人打開棺木，與之丹藥，棺中人死而復生。這等起死回生之事，非具高明技藝不可，又豈是工於揣測人情者所能辦？再者，高斗魁一生任俠仗義，扶危濟困，雖然性格近乎狂者一路，但終究不失仁者本色，絕非善於緣飾之小人可比。張履祥記載的一則見聞，可以作爲高氏仁德品格的佐證，張履祥《言行見聞錄》四《高旦中》條云：

> 高旦中曰：「刑人於市，與眾棄之。予數經會城，見引囚於市而殺之者，既殺之後，鮮不爲之歡恨。或罪歸有司，或悲其運命，甚者爲之泣下，爲之髮指。乃醫家以三指殺人於床戶之間，而人莫知之，反將受其謝金而去。天道神明，可不畏哉！」旦中志尚士也，先世以醫名家。變亂後，旦中術益工，來遊三吳，三吳之人爭得之，全

〔註43〕 呂留良《與魏方公書》，《呂晚邨先生文集》卷二，第91～92頁。

〔註44〕 黃宗羲之子黃百家確曾隨高斗魁習醫，據黃宗羲記載，黃百家至遲在高斗魁卒前一年，就已經可以單獨行醫了。1669年，黃宗羲攜其子黃百家探訪病重的周增遠，黃宗羲就命黃百家爲其切脈診視，黃宗羲《余若水周唯一兩先生墓誌銘》云：「若水疾革，余造其榻前，命兒子正誼爲之切脈。若水曰：『某祈死二十年之前，反祈生二十年之後乎？』余泫然而別。」黃宗羲《黃宗羲全集》第10冊，第287頁。

活甚眾。其學傳於浙西，厥功匪小，乃其存心若此。〔註45〕

相較之下，不難看出，黃宗羲對高斗魁的論定，不僅失之公正，而且近乎詆毀。黃宗羲以公義爲最高懸鵠，卻不自覺地墮入私情泥淖之中，其原因大概有二，一則是因爲對醫術的理解不同，學術見解存在差異。黃宗羲以爲醫術最難在辨別經絡，而高氏只強調陽明一經，對其他十一經所知甚淺，故此引起了黃宗羲的鄙夷，他曾將高斗魁的這種不辨經絡而妄然投藥的作法稱之爲七怪之一，其《七怪》篇云：

> 醫之難者，以其辨經絡也。故傷寒之書，疏十二經絡，以脈辨之，
> 又以見症辨之，而後投藥，不敢不愼也。鄞人趙養葵著《醫貫》，謂
> 江南傷寒之直中三陰者，間或有之。間如五百年其間之間，言絕無
> 也，其說已謬甚。然傳徧各經，亦不敢自執其說也。今之學醫者，
> 喜其說之可以便己，更從而附會之，以爲天下之病，止有陽明一經
> 而已，公然號於人人，以掩其不辨經絡之愚。夫不言己之不識十二
> 經絡，而言十一經之無病，猶之天下有九州，不言己之足跡未曾歷
> 九州，而言天下無九州也。〔註46〕

黃宗羲《高旦中墓誌銘》說：「《醫貫》、《類經》，家有其書，皆旦中之所變也。」可知此處所言「喜其說之便己」者是指高斗魁。黃宗羲認爲辨識經絡乃是醫家最難本領，也是初始本領，高斗魁不辨經絡，卻能藥到病除，屢見奇效，醫名大振。這是黃宗羲難以理解的，他無法從醫理上找到解釋這種矛盾現象的必然緣由，遂以爲高氏行醫類似於投機取巧，醫術庸劣不堪，偶爾見效，乃是高氏吹噓緣飾得來，論其眞實本領，卻是空疏譾陋至極了。所以黃宗羲在《與李杲堂陳介眉書》說：

> 曩者，旦中亦曾以高下見質，弟應之曰：「以秀才等第之，君差可三
> 等。」旦中欲稍軒之，弟未之許也。〔註47〕

高斗魁生前是否有此一問，我們不得而知，但據此卻可以看出黃宗羲對高斗魁醫術的眞實評價。醫品有九，以科名譬之，總分進士、舉人、秀才三品，三品之中又各分上中下三品，黃宗羲將高斗魁置於下品中之下品，乃是九品之末，評價之低，無以復加。且不說公義、事實如何，單就這個評價而言，

〔註45〕張履祥《楊園先生全集》卷三十四，中華書局，2002年，中冊，總第964頁。

〔註46〕黃宗羲《黃宗羲全集》第10冊，第652頁。

〔註47〕黃宗羲《黃宗羲全集》第10冊，第161頁。

黃宗羲實在是孤負了高斗魁對他的一段魂牽夢繞之深情了〔註48〕。

　　高斗魁與呂留良親密的關係是導致黃宗羲貶抑高氏的另一誘因，起初高斗魁與黃、呂兩人關係都很密切，黃呂交惡，高斗魁無意偏袒任何一方，但是城門失火，殃及池魚，高斗魁也難以置身事外。高斗魁的醫術在浙西大行，他與呂留良交往日漸緊密，與黃宗羲則略顯疏遠，難免引起黃宗羲的不快。黃宗羲現在貶抑高斗魁，其實也有指桑罵槐，譏諷呂留良的用意所在。清康熙十年（1671），即高斗魁去世後一年，黃宗羲就借著撰《張景岳傳》的機會，將呂留良痛斥了一番，他說：

> 自太史公傳倉公，件繫其事，後之儒者每倣是體，以作名醫之傳，戴九靈、宋景濂其著也。而名醫亦復自列其事，存爲醫案，以待後人；遇有病之相同者，則倣而治之，亦盛心也。世風不古，以醫負販，其術無異於里閭俗師也，而不肯以里閭俗師自居，雖復殺人如草，亦點綴醫案以欺人。介賓醫案散在《景岳全書》，余不敘於篇，惡夫蹈襲者之眾也。趙養葵，名獻可，寧波人，與介賓同時，未嘗相見，而議論往往有合者。〔註49〕

呂留良曾經點評過趙養葵的《醫貫》，並在自家天蓋樓書坊中刊刻該書，可知黃宗羲文中所言之點綴醫案者即是呂留良。呂留良醫術也絕不是像黃宗羲所說的那樣，是「以醫負販」、「殺人如草」。其實呂留良天資敏妙，學有淵源，再經高斗魁的指點，醫術進步很快，吳之振就非常推崇呂留良的醫術，說他「時出其技以治人，亦無不旦夕奏效」〔註50〕。面對黃宗羲的詆毀，呂留良自然也不會善罷罷休，他站出來爲高斗魁辯誣，自然也有個人聲譽方面的考慮，祇是不像黃宗羲說的那樣嚴重罷了，黃宗羲《與李杲堂陳介眉書》說：

> 說者必欲高擡其術，非爲旦中也。學旦中之醫，旦中死，起而代之，下旦中之品，則代者之品亦與之俱下，故不得不爭其醫術之

〔註48〕黃宗羲《高旦中墓誌銘》云：「余自喪亂以來，江湖之音塵不屬。未幾，瑞當、履安相繼物故。旦中奮然出於震蕩殘缺之後，與之驚離吊往，一泄吾心之所甚痛，蓋得之而甚喜。自甬上抵余舍，往來皆候潮汐。驚風暴雨，泥深夜黑，旦中不以爲苦，一歲常三四至。一日，病瘷不知人，久之而蘇。謂吾魂魄棲遲成山、車廄之間，大約入黃竹浦路也。黃竹浦，余之所居。其疾病瞑眩，猶不置之，旦中之於余如此。」《黃宗羲全集》第 10 冊，第 324 頁。
〔註49〕黃宗羲《黃宗羲全集》第 10 冊，第 564～565 頁。
〔註50〕吳之振《己壬編弁語》，卞僧慧《呂留良年譜長編》，第 180 頁。

媒，是利旦中之死也。弟焉得膏脣販舌，媚死及生，周旋其刻薄之
心乎？〔註51〕

黃宗羲說呂留良高擡高斗魁的身價，乃是爲其自身留餘地，欲取而代之，這
個說法沒有任何根據。順治十七年（1660），呂留良開始隨高斗魁學醫，當時
呂留良經濟窘迫，確實有生計上的考慮。十年之後，呂留良通過評點、刊刻
八股文選本積累了很多資金，生活已經非常充裕，無須再靠提囊行醫來維持
生活了，他偶爾外出爲親朋診病，也是礙於情面，推脫不掉，並不是以營利
爲目的。呂留良在《客坐私告》對自己的醫者身份棄之唯恐不及〔註52〕，又
怎麼會在高斗魁去世之後，反而要取而代之呢？可見黃宗羲對與高斗魁、呂
留良醫術均是貶抑太甚，失之公允。

　　黃宗羲既不肯承認高斗魁之高明醫術，又言高氏享有盛名乃是黃氏兄弟
爲之標榜而來，他在《與李杲堂陳介眉書》說：

　　今夫旦中之醫，弟與晦木標榜而起，貴邑中不乏肩背相望，第旦中
　　多一番議論緣飾耳。若曰其術足以蓋世而躋之和、扁，不應貴邑中
　　擾擾多和、扁也。〔註53〕

鼎革之後，黃氏兄弟生計維艱，高斗魁以行醫所得資助黃家，黃氏兄弟宣揚
高斗魁醫術，想來也是情理之當然。順治十七年（1660），黃宗炎介紹高斗魁
來浙西爲呂留良診病即是一例證。高斗魁行醫之初，得黃氏推介之助不少，
這是事實。不過，黃宗羲居功自傲，貪人之功以爲己有，將高氏醫術大行簡
單地歸之爲其標榜所得，顯然與事實不符。

〔註51〕黃宗羲《黃宗羲全集》第 10 冊，第 161 頁。
〔註52〕呂留良《客坐私告》曰：「某所最畏者有三。……又有九不能。……二曰行
　　　醫。靈蘭之書，向爲之讀也。因家人病久，醫有盤桓，粗識數方，間與親契
　　　論列，遂爲謬許，傳誤遠邇。今三年之中，兄喪女夭，塚婦暴亡。身患藏
　　　毒，淋漓支綴，其能事可睹矣。且年未五十，鬚白齒墮，瘻疾一發，臥起洗
　　　滌，非人不便。頹然一廢物，豈能提囊行市耶？……凡此三畏九不能，友朋
　　　間有知其大半者，有知其一二者，有全不知者，但一不知而觸焉，必因之而
　　　得罪矣，故不敢不布。」《呂晚邨先生文集》卷八，第 201～202 頁。按：呂
　　　留良學宗程朱，平生以道統自任，不肯安於醫技之末流，所以文中所言不能
　　　行醫是假，不欲以醫者自居，擔心因醫妨學，力圖辭掉醫者身份是眞。又卷
　　　四《與仰問渡書》曰：「僕自村居避迹，唯恐問醫者之至，堅辭曲避，至於發
　　　憤，此自性所不能，志所不欲，亦非外飾以爲高。」《呂晚邨先生文集》，第
　　　141 頁。
〔註53〕黃宗羲《黃宗羲全集》第 10 冊，第 161 頁。

　　高斗魁死後，其家貧寒窘迫，高斗魁之子高君鴻謀生乏術，致函呂留良，央請呂留良爲之謀館，且欲效法乃父，行醫餬口。呂留良勸慰高君鴻不要怨天尤人，若要謀館職，還需自修本領，單靠親朋推揚只能蒙混一時，難以常保無虞。說到行醫，呂留良又舊事重提，極力否認黃宗羲的標榜說，他告訴高君鴻，其父醫術大行於世靠得是自家本領，與他人標榜與否了無關涉，呂留良《復高君鴻書》說：

> 即行醫之道亦然。如尊公當日之行於三吳，亦其本領自取，非關人之薦揚而行也。若謂賴人薦揚，則戊戌、己亥之間，懸壺湖上者兩年，其時同遊之友，不惜極口，何以寂然不行。及庚子至敝邑，弟亦未嘗爲尊公標榜也。偶遇死症數人，投藥立起，於是一時翕然歸之。然則戊己兩年之不行，以薦揚之虛語也。庚子以後之盛行，以本領之實效也。〔註54〕

總的說來，黃宗羲在《高旦中墓誌銘》中說高斗魁醫術不高，享有盛名一則是因爲高氏工於揣測人情，善於緣飾；二則乃是黃氏兄弟標榜而來。通過上文的論述可以看出，這兩點緣由都是難以成立的。雖然墓銘可以稱惡，但所稱之惡一定要有根據，不能捕風捉影，肆意誹謗。遺憾的是，黃宗羲所稱之惡均無事實依據，他之所以貶抑高斗魁，不是出於公義，而是私情作祟，是因爲他厭惡呂留良而牽連到高斗魁，他批評高斗魁其實是含沙射影，別有所指。這層私心黃宗羲是難以啓齒的，《高旦中墓誌銘》中的詆毀之詞已被呂留良一一揭穿，其私情幾乎暴露無遺，黃宗羲不得不借公義來作一番掩飾，故此又徵引韓愈墓銘，爲其詆毀死友之事尋求理論上的支撐。其實，黃宗羲這些做法真是欲蓋彌彰，他批評高斗魁已經與事實相悖，引來了友朋的不滿，現在又要援引韓愈之文，殊不知將《高旦中墓誌銘》與韓愈墓銘文比較之後，黃宗羲詆毀死友的私情反而更難遮掩了。

　　當然，黃宗羲並不諱言他對高斗魁的批評，衹是他不承認這種批評是錯誤的，反而以古文正路相標榜，以韓愈墓銘爲例證，他在《與李杲堂陳介眉書》中說：

> 如昌黎銘王適，言其謾婦翁；銘李虛中、衛之玄、李于，言其燒丹致死；雖至善如柳子厚，亦言其少年勇于爲人，不自貴重。豈不欲爲其諱哉？以爲不若是，則其人之生平不見也；其人之生平不見，

則吾之所銘者，亦不知誰何氏也，將焉用之？〔註55〕

誠如黃宗羲所言，韓愈墓誌銘中的批評是爲了凸顯墓主獨特的性格，不是爲批評而批評，韓愈的這些批評，恰如頰上三毫，經他妙筆勾勒，墓主神態立刻就鮮活起來。另外，關於批評的尺度，韓愈把握的也是恰到好處。黃宗羲似乎祇是意識到了墓誌銘中可以加入批評，而沒有較多地注意到批評的尺度，加之個人恩怨屬雜其中，致使他對高斗魁的批評近乎嚴苛，不僅沒有忠實地傳達出高斗魁的性格，反而抹殺了高斗魁的生平行實。故此黃宗羲雖然援引了韓愈墓誌銘，但是這些墓誌銘都不足以掩飾黃宗羲詆毀死友的罪名，他借韓愈墓誌銘來掩蓋自我醜行的面紗，也同樣被呂留良一一揭開。

黃宗羲在《與李杲堂陳介眉書》中提到了韓愈墓誌銘稱惡的三組事例，下文逐一分析之：

第一，王適謾婦翁。

韓愈在《試大理評事王君墓誌銘》中記載了王適欺騙岳丈一事，即：

> 妻上谷侯氏，處士高女。高固奇士，自方阿衡、太師，世莫能用吾言，再試吏，再怒去，發狂投江水。初，處士將嫁其女，懲曰：「吾以齟齬窮，一女，憐之，必嫁官人，不以與凡子。」君曰：「吾求婦氏久矣，唯此翁可人意，且聞其女賢，不可以失。」即謾謂媒嫗：「吾明經及第，且選，即官人。侯翁女幸嫁，若能令翁許我，請進百金爲嫗謝。」諾許，白翁。翁曰：「誠官人邪？取文書來。」君計窮，吐實，嫗曰：「無苦，翁大人不疑人欺。我得一卷書，粗若告身者，我袖以往，翁見未必取視，幸而聽我。」行其謀。翁望見文書衒袖，果信不疑，曰：「足矣！」以女與王氏。〔註56〕

韓愈的這篇墓誌描寫了一個奇人王適，文章本身也充滿奇氣，王安石說：「退之善爲銘，如王適、張徹銘尤奇也。」茅坤也說此文「澹宕多奇。」〔註57〕文章之奇，源於內容之奇。韓愈開篇即言王適「懷奇負氣」，隨後通過幾個奇異故事的敘述，王適特立獨行的性格就已躍然紙上。王適爲迎娶處士侯高之女爲妻而採取欺瞞手段，顯然非君子所當爲，墓誌銘於此類偏離中庸之道的行爲應該有所避諱，韓愈卻將此大書特書之，出人意想之外。不過，韓愈記

〔註55〕黃宗羲《黃宗羲全集》第10冊，第160～161頁。
〔註56〕馬其昶《韓昌黎文集校注》，古典文學出版社，1957年，第251～252頁。
〔註57〕馬其昶《韓昌黎文集校注》，第250頁。

載此事雖然迹近貶抑，其實卻是暗含褒揚，畢竟記述王適謾婦翁之事是虛筆，凸顯王適「懷奇負氣」的性格才是文章的重心所在。黃宗羲對高斗魁性格的摹寫則與之相反，高斗魁也是負氣任俠之流的人物，爲解決親朋生計問題，提囊行醫，醫術大行，黃宗羲卻說高氏善於緣飾，醫術低劣，如此一來，高斗魁光明俊偉的性格不但沒有被公正地傳達出來，反而因了黃宗羲的曲筆抹殺，給人以卑劣庸俗的印象。雖然黃宗羲聲稱「不欲置旦中於醫人之列，其待之貴重，亦已至矣」，但是他的行文卻是與之背道而馳了，這種貌似褒揚而實則貶抑，又援引韓文遮掩其詆毀死友行爲的做法引起了呂留良的不滿。呂留良在《與魏方公書》中辯駁說：「王適之謾婦翁，所以狀侯高之駿，與適之負奇耳。如《史記》稱高祖賀錢萬，實不持一錢，豈爲謗高祖哉？」〔註58〕呂留良說到了問題的實質，司馬遷沒有誹謗漢高祖，韓愈也沒有誹謗王適，事實與公義是他們行文的準則，黃宗羲卻是受了私情與恩怨的困擾，在墓誌銘中歪曲了事實，詆毀了高斗魁。曾國藩評價韓愈的這篇文章時說：「以蔡伯喈碑文律之，此等已失古意。然能者遊戲，無所不可，末流傚之，乃墮惡趣。」〔註59〕儘管黃宗羲援引了韓愈的這篇文章，其實他在創作《高旦中墓誌銘》時未必就是傚法該文，亦步亦趨，但是曾國藩所言效法者所常犯的惡趣之弊，也未嘗不可以用之形容黃宗羲的《高旦中墓誌銘》。

　　第二，李虛中、衛之玄、李于燒丹致死。

　　唐代煉丹服食，以期長生不老的風氣十分盛行，時人因食丹而殞命者爲數不少。韓愈的親朋故舊，也不乏因此而早逝者。對於親朋的食丹而死，韓愈非常痛心，故此在撰述其墓誌時，縷述其服食致死經過，以爲世道之誡。

　　韓愈《殿中侍御史李君墓誌銘》記載了李虛中服食而死：

> 君亦好道士說，於蜀得秘方，能以水銀爲黃金，服之冀果不死。將疾，謂其友衛中行大受韓愈退之曰：「吾夢大山裂，流出赤黃物如金。左人曰：『是所謂大還者，今三年矣。』君既歿，愈追占其夢，曰：「山者艮，艮爲背，裂而流赤黃，疽象也。大還者，大歸也。其告之矣。」〔註60〕

韓愈《唐故監察御史衛府君墓誌銘》記載了衛之玄食丹而死：

〔註58〕呂留良《呂晚邨先生文集》卷二，第91頁。
〔註59〕馬其昶《韓昌黎文集校注》，第250頁。
〔註60〕馬其昶《韓昌黎文集校注》，第250頁。

父中丞薨，既三年，與其弟中行別，曰：「我聞南方多水銀、丹砂，雜他奇藥，燻爲黃金，可餌以不死。今於若丐我，我即去。」遂踰嶺阨，南出，藥貴不可得。以干容帥，帥且曰：「若能從事於我，可一日具。」許之，得藥，試如方，不效，曰：「方良是，我治之未至耳。」留三年，藥終不能爲黃金。……未幾竟死。〔註61〕

韓愈《故太學博士李君墓誌銘》記載了李于食丹致死：

初于以進士爲鄂岳從事，遇方士柳泌，從授藥法，服之往往下血。

比四年，病益急，乃死。〔註62〕

文以載道是韓愈行文的準則，李于等三人可傳之事迹不多，但三人服食而死的沉痛教訓，未嘗不可以用來警戒世人，韓愈之所以不憚其煩地記述眾人服食之事，其用意乃在世道人心，不是單純地批評他們的服食行爲。韓愈在《故太學博士李君墓誌銘》中明確地標明了他的撰述目的，他說：

余不知服食說自何世起，殺人不可計，而世慕尚之益至，此其惑也。

在文書所記及耳聞相傳者不說，今直取目見親與之遊而以藥敗者六七公，以爲世誡。〔註63〕

黃宗羲援引韓愈的以上墓誌銘作爲他批評高斗魁的理論淵源，亦屬不倫。韓愈的以上三篇墓誌銘致力處在世道人心，黃宗羲的《高旦中墓誌銘》糾葛處乃是個人恩怨。黃宗羲的批評十分苛刻，近乎詆毀，韓愈對眾人的服食行爲雖然也有批評，但批評並不嚴苛，慨歎與惋惜壓過了批評。公義與私情的巨大懸殊，使得《高旦中墓誌銘》無法與韓愈以上墓誌相媲美。黃宗羲「所引昌黎銘法爲證」，也被知情人呂留良譏諷爲「尤可笑」〔註64〕。

第三，柳宗元少時勇於爲人，不自貴重。

黃宗羲也徵引了《柳子厚墓誌銘》中韓愈對柳宗元的批評，韓文云：

子厚前時少年，勇於爲人，不自貴重顧藉，謂功業可立就，故坐廢退。既退，又無相知有氣力得位者推挽，故卒厄於窮裔，材不爲世用，道不行於時也。使子厚在臺省時，自持其身已能如司馬、刺史時，亦自不斥；斥時有人力能舉之，且必復用不窮。然子厚斥不久，窮不極，雖有出於人，其文學辭章，必不能自以力傳於後如今無疑

〔註61〕馬其昶《韓昌黎文集校注》，第 265～266 頁。

〔註62〕馬其昶《韓昌黎文集校注》，第 319 頁。

〔註63〕馬其昶《韓昌黎文集校注》，第 319～320 頁。

〔註64〕呂留良《呂晚邨先生文集》卷二，第 91 頁。

也。雖使子厚得所願，爲將相於一時，以彼易此，孰得孰失，必有
能辨之者。〔註65〕

其實韓愈對柳宗元之批評仍是非常輕微的，儘管韓愈對柳宗元不自貴重，倒
向王叔文一派有所批評，但批評仍不是該文的重心所在，惋惜與欣幸才是韓
愈所抒發的主要感情。柳宗元沉淪下僚、困厄一生的遭際使韓愈感到惋惜；
柳宗元窮而後工的不朽詩文，又使韓愈感到欣幸。從這個意義上說，黃宗羲
對高斗魁的詆毀也很難從《柳子厚墓誌銘》中找到依據，黃宗羲的私情反而
因了與《柳子厚墓誌銘》的比較而更難遮掩了。呂留良《與魏方公書》就比
較了韓愈的公義與黃宗羲的私情，他說：

> 若太沖本意止歎惜旦中馳騁於醫，而不及從事太沖之道，則亦但稱
> 其因醫行而廢學，亦足以遣詞立說矣，何必深文巧詆之如此。是昌
> 黎一誌而出子厚爲君子，太沖一誌而入旦中於小人，其居心厚薄何
> 如也？乃欲以猘獒之牙，擬觸邪之角哉？且昌黎立身巋然，未嘗與
> 子厚同黨，故可以歎惜不諱。若旦中之醫，則固太沖兄弟欲藉其資
> 力以存活，故從臾旦中提囊出行，其本末某所親見具悉，今太沖書
> 中亦明云「弟與誨木標榜而起矣」。旦中果有過乎，則太沖者，旦中
> 之叔文也。使叔文而歎惜子厚，天下有不疾之者歟？〔註66〕

通過上文的論述，可以看出，儘管黃宗羲援引了韓愈的很多墓誌銘，但是這
些墓誌銘均不能爲其提供任何佐證，黃宗羲詆毀死友的私情也終究難以掩
蓋，其所稱之惡也均與事實相悖，黃宗羲以「身名就剝」論定高斗魁，其用
心也難免令呂留良懷疑〔註67〕。

康熙十九年（1680），黃宗羲刊刻《南雷文案》，收錄有《高旦中墓誌銘》。

〔註65〕馬其昶《韓昌黎文集校注》，第 296～297 頁。
〔註66〕呂留良《呂晚邨先生文集》卷二，第 91 頁。
〔註67〕呂留良《與魏方公書》云：「即身名就剝句，引歐陽銘張堯夫例，亦屬不倫。
歐陽所謂昧滅，歎年位之不竟其施也。太沖所云，譏其不學太沖之道而抹殺
之也。旦中生平正志好義，才足有爲，其大節磊落，足傳者頗多，固不得以
醫稱之，又豈遂爲醫之所掩哉？世有竊陳、王之餘涎，掇雜流之枝語，簧鼓
聾瞽，建孔招顏，藉講院爲竿牘之階，飾丹黃爲翰苑之徑，一時爲之闐然。
然而山鬼之技終窮，妖狐之霧必散，此乃所謂身名就剝者耳。旦中身無違道
之行，口無非聖之言，其生也人親之，其沒也人惜之，然則旦中之日雖短，
而身名固未嘗剝也。太沖雖欲以私意剝之，亦烏可得耶？」呂留良《呂晚邨
先生文集》卷二，第 92 頁。

康熙二十一年（1682），《吾悔集》刻成，黃宗羲也將《與李杲堂陳介眉書》收錄其中。文集流傳之後，黃宗羲的私情被呂留良等一一揭露無遺，黃宗羲也自覺有愧，所以在康熙二十七年（1688）之後刊刻的晚年文集定本《南雷文定》中，已將這兩篇文章刪除了〔註68〕。

（三）黃宗羲改高斗魁詩之優劣

關於《高旦中墓誌銘》，呂留良與黃宗羲往復辯難者，尚有黃宗羲改高斗魁遺詩一事。黃宗羲《高旦中墓誌銘》云：

> 明年，過哭旦中，其兄辰四出其絕筆，有「明月岡頭人不見，青松樹下影相親」之句，余改「不見」爲「共見」。夫可沒者形也，不可滅者神也，形寄松下，神留明月，神不可見，則墮鬼趣矣，旦中其尚聞之。〔註69〕

黃宗羲未嘗不工詩，不過他的這次改詩，眞是一次敗筆。高斗魁原詩淒涼哀婉，可以媲美秦觀《好事近》之「醉臥古藤陰下，了不知南北」，經黃宗羲一改，不僅詩理不通，詩境也蕩然無存。這就無怪乎呂留良要反唇相譏了，呂留良說：

> 旦中臨絕，有句云：「明月岡頭人不見，青松樹下影相親。」此幽清哀怨之音也。太沖改「不見」爲「共見」，且訓之曰：「形寄松下，神留明月。神不可見，即墮鬼趣。」夫使旦中之神共見於明月岡頭，眞活鬼出跳矣。旦中之句，以鬼還鬼，道之正也。如太沖言，即佛氏大地平沉，有物不滅之說耳。青天白晝，牽率而歸陰界，太沖之云毋乃正墮鬼趣乎？即「不見」、「共見」，以詩家句眼字法而論，孰佳孰否，老於詩者皆能辨之。此文義之失，又其小者矣。〔註70〕

〔註68〕 方浚師《蕉軒隨錄》卷八《呂留良論南雷文案》條曰：「《南雷文》爲黃梨洲宗羲著。梨洲列蕺山門下，又爲忠端之子，賞於虞山錢牧齋。僞魯王監國時，擢至副都御史。海上文變，不能一死塞責。迨塵氛靖後，聖祖如天之德，不復根究僞朝從亡諸人，梨洲乃儼然自居明之遺逸，草間苟活，年逾八旬，忠節兩字，我不敢知也。今所刊《南雷文定》，蓋晚年刪定之本，如《高旦中墓誌》等篇均削去不復存，或亦自知其短，冀身後之掩覆歟？江藩《漢學師承記》殿梨洲、寧人於八卷之末，而褒貶究未允當。予之錄留良文，蓋欲後人知梨洲爲人，亦不以人廢言之義也。」《蕉軒隨錄·續錄》，中華書局，1995年，第299～300頁。
〔註69〕 黃宗羲《黃宗羲全集》第10冊，第326頁。
〔註70〕 呂留良《呂晚邨先生文集》卷二，第92頁。

－87－

黃宗羲的改詩與他對高斗魁的批評一樣，都遭到時人的非議，而與之辯難最為激烈者當推呂留良。個中緣由，呂留良說的非常明白，他說：

> 飄風自南，青蠅滿棘，本不足與深辨。但念旦中疇昔周旋，今日深知而敢辨者，僅某一人而已。若復閔默畏罪，是媚生貴而滅亡友也。
> 故欲直旦中之誣，則不得不破太沖之罔耳。〔註71〕

黃宗羲紀念亡友而失之誣枉者尚不止《高旦中墓誌銘》一篇，與詆毀亡友相反，黃宗羲還有一些諂媚生貴的諛墓文章。之前的黃宗羲研究者，對黃宗羲表彰遺民，記述南明史實的功績都給予了很高的評價，可惜似乎沒有發現黃宗羲還有許多歪曲史實的諛墓文章，對此種文章的分析與論述也難得一見。故有必要將黃宗羲的諛墓文章略舉幾篇，以期重新衡定黃宗羲碑傳文的價值。

四、黃宗羲諛墓文舉例

黃宗羲以古文正路為最高懸鵠，以事實公義為行文準則，卻因了私情恩怨困擾，評價標準出現了嚴重錯亂。對於高斗魁這樣的貧交死友，他的批評近乎苛責；相反，對於一些當道朱門，又不惜曲筆為之隱諱，以至於顛倒忠奸，混淆是非。正如呂留良《與魏方公書》所言：

> 所云是是非非，一以古人為法，言有裁量，毀譽不淆，古文之道，豈復有出於此？然拔太沖之矛，以剌其盾，其誌銘中如降賊後遁者，授職偽府賊敗慚死者，勸進賊庭歸而伏誅者，概稱其忠節，而憤其曲殺。以國論之大，名教之重，逆迹之昭然，不難以其私昵也而曲出焉。一故人陰私之未必然者，則必鈎抉而曲入焉，是非毀譽，淆乎否乎？言之裁量，謬乎否乎？當道朱門，枉辭貢諛，紈袴銅臭，極口推尊，餘至么麼嵬瑣，莫不為之滅瘢刮垢，粉飾標題，獨取此貧交死友，奮然伸其無稽之直筆，且教於人曰：「此為古文之法、誌銘之義當然也。」世間不少明眼，有不為之胡盧掩鼻歟？
>
> 〔註72〕

呂留良與黃宗羲結怨太深，上文所言未免誇張，但是不可否認，黃宗羲晚年確實創作了一些諛墓之文。關於這一點，即使是對黃宗羲推崇備至的全祖望

〔註71〕呂留良《呂晚邨先生文集》卷二，第93頁。
〔註72〕呂留良《呂晚邨先生文集》卷二，第92～93頁。

也不能諱言其短，全祖望《奉九沙先生論刻南雷全集書》云：

> 向讀梨洲《文定》第四、五集，其間玉石並出，真贋雜糅。曾與史
> 雪汀言：黃先生晚年文字，其所以如此者，一則漸近庵牆，精力不
> 如壯時；一則多應親朋門舊之請，以諛墓掩真色。苟非嚴為陶汰，
> 必有擇焉不精之歎。〔註73〕

大體說來，黃宗羲晚年諛墓文章可分為兩類，一類是混淆勝敗，將戰敗之役
粉飾為勝利之戰，以《王仲撝墓表》為代表。另一類是溢美從逆諸臣，對他
們的從逆經歷避口不談，反而極力美化之，以《翰林院庶吉士子一魏先生墓
誌銘》為代表。

（一）顛倒戰爭勝負例

1645 年七月十八日，在明原兵部尚書張國維及在籍官員陳函輝、宋之
普、柯夏卿等人的擁戴下，魯王朱以海就任監國。同年八月，監國命方國
安、王之仁進攻杭州，方、王大敗而歸。是年冬，再次攻打杭州，十二月十
九日，魯王朱以海親自到錢塘江邊之西興犒勞軍士，每名士兵賞銀二錢，責
令限期渡江。二十四日，方國安、馬士英、王之仁分兵三路，強渡錢塘江，
迫近杭州府城時，遭到清朝總督張存仁的伏擊，明軍鎩羽而歸。「這次渡江攻
杭戰役失敗後，魯監國政權的將領壯志頓消，基本上轉為劃江扼險的守勢。」
〔註74〕黃宗羲及其弟子王正中也參與了這次攻杭戰役，事隔二十四年之後
（1669），黃宗羲為王正中表墓，在記述到這次戰役時，對王正中的功績不無
溢美，與史實不符。

黃宗羲《王仲撝墓表》稿本云：

> 未幾，升監察御史。浙河列守以西興為門戶，蓐食鳴鼓，放船對岸，
> 未經一時，復鳴鼓轉柁，習以為常，竟不知有他途之可出者。唯熊
> 督師以五百人走橋司，轉戰數日夜，雖士卒殘破略盡，而浙西太湖
> 豪傑多回應者。某謂仲撝：「其勢可乘也。」相與抽兵得數千人，渡
> 海破澉浦，還益治兵，以為長驅之計。浙西義師來受約束者，尚寶
> 寺卿朱大定、太僕寺卿陳潛夫、兵部主事吳乃武，並札臨山以待發。
> 丙戌五月，虜牙復渡，由壇山以取海寧，烽火達於武林，而列守高

〔註73〕 全祖望著，朱鑄禹彙校集注《全祖望集彙校集注》，第 1703 頁。
〔註74〕 顧誠《南明史》，中國青年出版社，1997 年，第 271 頁。

潰，事不可爲矣。〔註75〕

黃宗羲的這段記述有兩個地方與史實相悖，首先，王正中並未攻破澉浦，祇是率軍迂迴至海鹽以北的乍浦，伺機登陸，遇到清兵的抵抗而敗歸。所以全祖望在《梨洲先生神道碑文》中就此事特意辨證之，他說：「按是役也，正中實以敗歸，公爲正中墓表，不無溢美，予考證之，不敢失其實也。」〔註76〕全祖望對於王正中敗歸經過也有詳細的論述，《梨洲先生神道碑文》云：

> 自公力陳西渡之策，惟熊公嘗再以所部西行，攻下海鹽，軍弱不能前進而返。至是孫公嘉績以所部火攻營辛盡付公，公與王正中合軍得三千人。正中者，之仁從子也，其人以忠義自奮，公深結之。使之仁不以私意撓軍事，故孫、熊、錢、沈諸督師皆不得支餉，而正中與公二營獨不乏食。查職方繼佐軍亂，披髮走公營，翼於床下，公呼其兵，責而定之。因爲繼佐治舟，使同西行。遂渡海，剽潭山，烽火遍浙西。太僕寺卿陳潛夫以軍同行，而尚寶司卿朱大定、兵部主事吳乃武等皆來會師，議由海寧以取海鹽，因入太湖，招吳中豪傑，百里之內，牛酒日至，軍容甚整，直抵乍浦。公約崇德義士孫爽等爲內應，會大兵已戒嚴，不得前，於是復有議再舉，而江上已潰。〔註77〕

其次，攻杭戰役命令王正中西進攻打海寧者是孫嘉績，而非黃宗羲。全祖望《明大學士熊公行狀跋》：

> 公（熊汝霖）始終欲用西師，乃請封萬良爲平吳伯，以吳易爲總督，朱大定、錢重爲監軍。大定身至浙東請期，且言嘉善、長興、吳江、宜興皆有密約，而瑞昌王在廣德引領以待，查繼坤、馬萬方輩皆喁喁也。于是孫公嘉績、錢公肅樂亦助公請，公議由海寧、海鹽，直趨蕪湖以梗運道。又慮二郡可取不可守，則引太湖諸軍以爲犄角，足踞浙西之肩背而困之。萬良請但得兵三千人，給半月餉，即可有成。顧公軍不滿千人，其餉又減口以給，陳公軍無可支，而餘營有兵有餉，皆坐視。公雖大聲疾呼，繼以痛哭，而莫如之何。孫公乃

〔註75〕 黃宗羲著，吳光整理《黃宗羲南雷雜著稿眞迹》，浙江古籍出版社，1987年，第242頁。
〔註76〕 全祖望著，朱鑄禹彙校集注《全祖望集彙校集注》，第217～218頁。
〔註77〕 全祖望著，朱鑄禹彙校集注《全祖望集彙校集注》，第217頁。

> 遣知餘姚縣王正中獨進，至乍浦，不克而還。於是萬良三疏請行，
> 公爲之力措得餉，又無舟，乃以兵陸進，冒矢石以前，幾克德清，
> 而德清内應之民兵先潰，公部將徐龍達死之。於是吳易方以軍來會，
> 而公兵以無繼，已渡江，浙撫張存仁大出兵攻易，則萬良之軍入山
> 自保，不敢復出。〔註78〕

對於以上兩個失實之處，黃宗羲亦有所警覺，晚年編訂《南雷文定》時，將
王正中攻破澉浦這一杜撰之事刪除，原文變爲：

> 陞監察御史。尚寶寺卿朱大定、太僕寺卿陳潛夫、兵部主事吳乃武
> 皆從浙西來受約束。壇山烽火，達於武林。〔註79〕

黃宗羲對王正中揄揚太過，以至於將敗仗杜撰爲勝仗，歪曲了歷史事實，而
究其原因，仍是私情作祟。王正中是黃宗羲的得意門生，曾隨黃宗羲習曆
法、律呂、壬遁之學，而尤能傳黃宗羲象數之學。黃宗羲在《王仲撝墓表》
中說：

> 自某好象數之學，其始學之也無從叩問，心火上炎，頭目爲腫。及
> 學成，而無所用。屠龍之技，不待問而與之言，亦無有能聽者矣。
> 跫然之音，僅一仲撝。〔註80〕

王正中死後，黃宗羲象數之學鮮有傳人，對於王正中的死，黃宗羲也有天喪
予之喟歎。另外，王正中追隨黃宗羲二十餘年，同歷滄桑，出入兵戈，師生
之情甚篤，故表其墓時，溢美過當。

　　出於門戶之見與個人好惡，黃宗羲對關係親密之王正中，不惜歪曲史實
以遂私情；而對於馬士英等有宿怨者，又要造謠生事以陷害之。據史家考
證，「1646年六月浙東兵敗，馬士英逃入四明山削髮爲僧，被俘就義，實屬難
能可貴」〔註81〕。黃宗羲卻將馬士英的就義行爲說成是投降，其《行朝錄》
說：「六月丙子朔，兵潰。……方國安、方逢年、馬士英、阮大鋮皆降，從
征福建。」〔註82〕儘管馬士英當國時期，昏庸腐敗，但是國破時尚能持守
大義，本應予以表彰，黃宗羲卻無中生有，抹殺其節義行爲，誠非史家所
當爲。

〔註78〕 全祖望著，朱鑄禹彙校集注《全祖望集彙校集注》，第 1354 頁。
〔註79〕 黃宗羲《黃宗羲全集》第 10 冊，第 266 頁。
〔註80〕 黃宗羲《黃宗羲全集》第 10 冊，第 267 頁。
〔註81〕 顧誠《南明史》，第 300 頁。
〔註82〕 黃宗羲《行朝錄》卷二，《黃宗羲全集》第 2 冊，第 130 頁。

（二）溢美從逆諸臣例

崇禎十七年甲申（1644）三月十九日，李自成率領的農民軍攻破北京，明朝京城陷落，崇禎皇帝自縊而死，史稱甲申之難。板蕩之際的士人選擇，成了史家區分忠逆的依據。崇禎皇帝龍馭上賓之後，很多士人選擇了殉難，這些人成了史家稱頌的對象。當然，也有很多人適時地加入了農民起義軍的行列，爲新朝代的奠基做準備工作，史家將此類人貶抑爲從逆諸臣。黃宗羲的碑傳文中有很多都是爲這些從逆諸臣而作的，爲逆臣作傳也未嘗不可，但是黃宗羲的從逆諸臣碑傳文卻頗受人訾議，原因就於，黃宗羲違背了當時的倫理觀，將一些從逆臣子美化成了骨鯁忠臣，這是史家所不能接受的。嚴元照在全祖望《答諸生問南雷學術帖子》的評語中就舉出了黃宗羲顛倒忠逆的兩個例子，「梨洲晚年潦倒，至使海寧有公憤文字相詆。其集中如魯栗降賊而回籍，魏學濂降賊，不得志而自縊，皆竭力諛墓，是亦不得以乎？」〔註83〕

嚴元照所言黃宗羲竭力諛墓之人就是魯栗和魏學濂。魯栗，字季栗，號韋菴。崇禎癸未進士，選爲庶吉士。魯栗是大明王朝的末科進士，令後人慨歎不已的是，這些末科進士，多數都成了從逆之人。全祖望《跋明崇禎十七年進士錄》感歎末科進士們「內負疚而外畏禍，逡巡而出，盡汙僞命。第一甲三人無論已，三十六庶常不得免者三十四。嗚呼！是館閣未有之恥也」。從全祖望收藏的《流賊所授降臣官薄》來看，魯栗也未能脫身事外，他接受了農民政權的官職，「以庶常留館」〔註84〕。作爲故明官員，國破不死，已經爲當時嚴苛的世論所不許，更何況魯栗還接受了「僞職」。魯栗被世論所輕，乃是必然之事。黃宗羲卻極力爲魯栗開脫罪名，將時人對魯栗的倫理譴責，說成是魯栗好標榜的文人習氣所致，即「一時多盛名之士，而以先生與魏子一、周介生、王茂遠爲稱首。然諸君雅好標榜自喜，故後來皆中刻薄之論，爲人所咀嚼」〔註85〕。對從逆之人施以譴責，乃是其時良史分內必然之事，黃宗羲卻將此公論說成是「刻薄之論」，顯然是與《春秋》筆法相悖的。黃宗羲在爲魯栗作傳時，略去從逆一段經歷，單言魯栗「念從死之不能如三良也，復仇之不能如包胥也，事乖志負，息機摧撞，閉室不出，出其書觀之。門屏之間，落然不聞人聲，其所與往來談經問事者，亦不過數人而已，花晨月夕，

〔註83〕全祖望著，朱鑄禹彙校集注《全祖望集彙校集注》，第 1696 頁。

〔註84〕全祖望著，朱鑄禹彙校集注《全祖望集彙校集注》，第 1320～1324 頁。

〔註85〕黃宗羲《前翰林院庶吉士韋庵魯先生墓誌銘》，《黃宗羲全集》第 10 冊，第 341 頁。

歡娛少而愁歎多」〔註 86〕。黃宗羲所言未必不是實情，魯栗悔恨降賊之事，也是人情所應有。不過黃宗羲略去降賊大節不談，祇是避重就輕地描摹魯栗的悔恨境況，其輕重取捨之間，已經將私情闌入其中了。

　　黃宗羲在魏學濂的墓誌銘中傾注的私情更多。黃、魏兩家原屬世交，黃宗羲之父黃尊素與魏學濂之父魏大中同罹閹禍，黃宗羲與魏學濂「以同難兄弟，過相規，善相勸，蓋不易同胞也」〔註 87〕。魏學濂因從逆之事為同郡公討，黃宗羲也沒有袖手旁觀，他借著撰寫《翰林院庶吉士子一先生墓誌銘》的機緣，聲稱要披撥白日，為魏學濂辯誣。可惜黃宗羲辯誣不成，卻又製造了兩個誣枉之說，給後世考史者帶來了不便。

　　第一，魏學濂從逆問題。

　　甲申之難，魏學濂從逆之事見諸載籍處甚多。李長祥《天問閣集》卷上《魏學濂傳》曰：

> （魏學濂）素與容城舉人孫奇逢講經世大略，至是遣間使走容城，
> 約聯絡忠勇赴難，未得報。都城破，見賊，受偽命，為戶政府司務，
> 管草場放草。

李長祥，字研齋，四川遂寧人。與魏學濂是同榜進士，也是全祖望表彰的末科進士中少有的忠義之士。李長祥是甲申之難的親歷者，他根據見聞撰成該書，史實詳覈，足資考證，其所言魏學濂從逆之事當為不誣。魏學濂是忠義之後，國難之時，反而降賊從逆，消息傳來，一時議論譁然，親友也不禁為之氣短。在其故鄉嘉興府，討伐之聲紛至沓來。《嘉興府紳衿公討偽戶政府司務檄》就是其中一例，檄文臚列了魏學濂的幾條罪狀，其中最主要的罪狀就是對李自成妄稱天命與一統：

> 與吳爾壎等聚議，敢言一統無疑；偕陳名夏等授官，私喜獨膺優擢。疏銜為闖父避諱，受牛賊叱嗤；拜爵頌天命攸歸，作同官領袖。〔註 88〕

關於魏學濂的這一罪狀，彭孫貽《平寇志》言之尤詳，該書云：

> 庶吉士魏學濂聞變旁皇，謀南遷，夜觀乾象，退入於室，繞床行，
> 竟夕，頓足曰：「一統定矣！」明發趨出，庶吉士周鍾寓王百戶家，

〔註 86〕黃宗羲《前翰林院庶吉士韋庵魯先生墓誌銘》，《黃宗羲全集》第 10 冊，第
341 頁。

〔註 87〕黃宗羲《思舊錄・魏學濂》，《黃宗羲全集》第 1 冊，第 349 頁。

〔註 88〕計六奇《明季北略》，中華書局，1984 年，第 613 頁。

百戶約同死，鍾未應。同官史可程、朱積、魏學濂、吳爾塤等並詣

鍾，邀入朝，百戶挽鍾帶，不聽，出，絕帶而行。百戶自縊，鍾等

並詣張家玉，約俱朝，言未畢，擲甌茶，濺鍾面乃去。〔註89〕

以上文獻足以說明魏學濂從逆乃是實有其事，且接受了李自成授予的戶政府
司務之職。對於這些史實，黃宗羲皆有意迴避，墓誌銘中未見隻字道及此事，
可謂是奉行了銘法不稱惡的行文傳統，但是將此文與《高旦中墓誌銘》作一
對觀，就會發現，雖然黃宗羲以古文正路相標榜，但是在具體的行文過程中，
卻又時常背離這一文法要求。

第二，魏學濂後死問題。

黃宗羲一方面有意地略去魏學濂從逆這一有礙節義的事實，另一方面又
在極表彰魏學濂自縊而死烈舉，以期凸顯後者之功，而消解前者之罪。《翰林
院庶吉士子一先生墓誌銘》曰：

先是，子一與容城孫鐘元密結義旅，劫其不備，賊中亦頗有願內應

者，故子一遲遲以待其至。久之音塵斷絕，賊黨勸進，將以四月十

九日燔燎告天以正號位，子一曰：「吾死晚矣！」以其日賦詩二章，

自縊死。〔註90〕

在黃宗羲的敘述中，魏學濂滯留圍城之中，乃是忍辱負重，準備與孫奇逢裏
應外合，反對李自成政權。後因孫奇逢愆期，義舉不遂，魏學濂眼看大勢已
去，只好自縊殉國。如此敘述，魏學濂不愧為忠明之士，節義英豪。但是黃
宗羲所言卻是與史實大相徑庭。其實魏學濂自縊是另有原因，彭孫貽《平寇
志》曰：

〔註89〕彭孫貽《平寇志》卷九，清康熙刻本。
〔註90〕黃宗羲《黃宗羲全集》第 10 冊，第 415 頁。按：魏學濂自縊時間，文獻記載
　　　　頗有出入，主要有四種：一，三月二十八日，以計六奇《明季北略》為代表。
　　　　二，四月十九日，以黃宗羲《翰林院庶吉士子一先生墓誌銘》為代表；三，
　　　　四月二十九日，以《明史稿》為代表。四，四月三十日，以《甲乙史》為代
　　　　表。黃宗羲將魏學濂自縊的時間定為四月十九日，也是為魏學濂洗脫罪名。
　　　　因為李自成於四月十九日在武英殿舉行了登基大典，魏學濂死在此日，也算
　　　　是盡忠明朝了。所以黃宗羲在《翰林院庶吉士子一先生墓誌銘》著重強調了
　　　　魏學濂選擇此日就義的用意，他說：「京師既陷，子一謂其同志曰：『吾輩自
　　　　分唯有一死，然死有三節目，先帝上升之日一也，發喪之日二也，李賊即偽
　　　　位之日三也。前此二者，今已不及，以彼篡位之晨，為吾易簀之期耳。』」其
　　　　實黃宗羲對魏學濂的這段話也是將信將疑，故此在這段話之下加小注曰：「此
　　　　言余聞之魯季栗。」

　　　魏學濂自縊死。學濂父大中死璫禍，兄學洢復殉父死。學濂才藻冠
　　　一時，自負忠孝門第，議論慷慨，海內名流，莫不斂手推之。京師
　　　陷，江南人士謂學濂必死國難。學濂惑於象緯圖讖，謂自成必一統，
　　　有天下，翻然改圖，思以功名成佐命，受職戶政司務。已快快悔之。
　　　南歸者至家，知學濂汙偽命，懷刺者羣起攻之，幾毀其家。學濂觀
　　　賊所為，知必無成，慚恨無極，遣間使走容城，聯絡義旅。既聞太
　　　子、二王皆為賊得，知事不可為，遂為絕命詞，自經死。〔註91〕

彭孫貽的記載大不同於黃宗羲，在彭氏的筆下，魏學濂起初是被星象迷惑，
認為李自成能夠榮登皇位，一統天下，順時擁戴新朝，他日論功行賞，也不
失功名顯位。可是魏學濂誤判了形勢，對於他們這些逆臣，李自成不但沒有
禮遇之，反而極力羞辱之。魏學濂等第一次上朝就遭遇到了這種難堪局面，
彭孫貽《平寇志》云：

　　　百官囚服環坐皇極殿前，賊兵抵其帽，或推僕之，不敢出聲。雞鳴
　　　往，日旰，自成不出，飢憊，有困臥階陛者。

李自成佔領北京之後，迅速腐化墮落。魏學濂發現李自成不足以成事，才開
始悔恨當時的錯誤抉擇，此時方才聯絡孫奇逢，密謀起事。起事不成，自縊
而死。其實勘破魏學濂觀望投機行為的遠不止彭孫貽，魏學濂的死同樣沒有
換得計六奇的寬恕，在《明季北略》中，計六奇仍將魏學濂劃入從逆諸臣之
類中，並進而剖析從逆之人的卑微心理，他說：

　　　夫一念之違，且有常刑，況公然拜舞賊庭，汙其偽命者乎！所以然
　　　者，以貪生怖死之心，用觀風望氣之志。方其苟且圖活，亦迫於勢
　　　之無奈，迄乎周旋匪類，反幾幸賊之有成。肝腸既已全易，要領尚
　　　保其無羔乎？〔註92〕

黃宗羲卻不顧時人言論，曲徇私情，顛倒了魏學濂從逆與起事的順序，如此
一來，魏學濂就從一個政治投機文人轉變為殉國忠臣了。

　　魏學濂自縊而死，也有來自當時輿論的壓力。魏學濂從逆之初，其僕人
就曾有過規勸，李長祥《天問閣集》載其事曰：

　　　都城破，見賊，受偽命，為戶政府司務，管草場放草。一僕勸之曰：
　　　「忘先人乎？先人何等人，今為此。」〔註93〕

─────────────

〔註91〕彭孫貽《平寇志》卷十一。
〔註92〕計六奇《明季北略》，第598～599頁。
〔註93〕李長祥《天問閣集》卷上，周駿富主編《明人傳記叢刊》第106冊，第611頁。

嘉興府對魏學濂的討伐更爲激烈，計六奇《明季北略》云：

> 予聞嘉善人初傳學濂降賊，眾欲焚其故廬，其母忠節公夫人親出拜
> 眾曰：「吾子必當死難，若等姑待之。」眾退。越三日，而京師報至，
> 果於三月二十八日縊死。遂免於毀。〔註94〕

魏學濂的從逆行爲敗壞了魏氏忠義門風，以致老母、僕人都希望魏學濂以一死來謝天下，在如此巨大的輿論壓力面前，魏學濂豈能苟活，自縊而死，也是一種無奈之舉，魏學濂死的也確實非常艱難，李長祥《天問閣集》卷上《魏學濂傳》載其死時慘狀云：

> 初自縊，不死，又飲藥，亦不死。乃執小利刃，自擊其喉，血出有
> 聲，僕但掩面哭，不忍顧，其已昏絕，久之，復不死。又支吾起，
> 投繯乃死。〔註95〕

在史家的記載中，魏學濂的形象有些忠奸莫辨，賢逆難分。究其原因，乃是當時史家持一種嚴苛的道德主義繩墨人物，以殉國與否、生死問題來判定忠奸，這種簡單而又苛責的歷史標準，對於先從逆而後赴死的矛盾之士是不適用的。複雜的歷史，多變的人心，都不是單一的標準所能涵蓋的。另外，文人黨同伐異的惡習，也不時地模糊了歷史鏡象，對於魏學濂的評價，譽之者多溢辭，而毀之者亦屬過詆。本文希望以實事求是的態度，還原一個眞實的魏學濂。指出魏學濂的一些人生污點，不是苛求前人，而是爲了指出黃宗羲碑傳文有記載失實之處，這些失實之處又被黃門後學延續下去，對歷史造成了很壞的影響。萬斯同在撰修《明史》時，就延續了乃師溢美魏學濂的錯誤，乾隆朝史官修改《明史稿》時，才將這一錯誤糾正過來。詳下表：

萬斯同《明史稿》	乾隆朝《明史稿》
無何，京師陷，帝殉社稷。學濂以太子二王猶在，先所結幾輔義旅且至，思得乘間以圖大事，乃隱忍受賊戶部司務職。既而所圖不果，賊且謀僭號，慨然賦絕命詞二章，自縊死，時四月二十有九日也〔註96〕。	無何，京師陷，不能死，受賊戶部司務職，隳其家聲。既而自慚，賦絕命詞二章，縊死。去帝殉社稷時四十日矣〔註97〕。

〔註94〕計六奇《明季北略》，第 612 頁。
〔註95〕李長祥《天問閣集》卷上，第 612～613 頁。
〔註96〕萬斯同《明史》卷三百五十一，清鈔本。
〔註97〕張廷玉等《明史》卷二百四十四，中華書局，1974 年，第 21 冊，總第 6337 頁。

五、結　語

　　本文的研究思路，主要是取資於阿利耶（Philippe Aries）《私人生活史》（*History of Private Life*）以及臺灣學者的一些研究，比如熊秉眞《欲掩彌彰：中國歷史文化的私與情》。受到這些研究成果的啓迪，筆者發現，學界對於黃宗羲的想像與研究很大程度上還只是局限於公眾形象，而沒有關注到作為普通人的黃宗羲的私人生活與寫作。當然，也有一些學者意識到了私人感情的重要性，但是出於爲賢者諱的考慮，過度強調和渲染黃宗羲的正面形象，故意遮掩黃宗羲混雜了私人感情的偏私，這就影響了對黃宗羲的客觀評價。有鑑於此，筆者特意舉出《高旦中墓誌銘》，採用文史兼綜的過程化研究方法，揭示出黃宗羲的這篇碑傳文確實是因私情困擾而影響了公義標準，他對高旦中的蓋棺論定太過嚴苛，甚而至於有詆毀之嫌。與之相反，黃宗羲對於一些故友的評價又失之過寬。在《王仲撝墓表》中，黃宗羲就誇大了其弟子王正中的戰績，顛倒了戰爭的勝負，將敗戰曲筆改寫成勝戰。在《翰林院庶起士子一先生墓誌銘》中，黃宗羲對摯友魏學濂的從逆問題竭力彌縫，把原本是叛臣的魏學濂改塑成了待時匡復明朝的忠臣，這顯然違背了歷史的眞實。因此，我們在評價黃宗羲的碑傳文時，也要將這些失實之作與諛墓之文納入考量的範疇之中，這樣我們的評價才能更全面、更公正。

黃宗羲與清代藏書樓

【摘要】黃宗羲抱負內聖外王之學，卻遭際亂世，才能不獲施展，無法康濟斯民，平生所學只能寄託於殘編斷簡之中。黃宗羲又迭遭喪亂，所藏書籍散落流失，保存無多。爲了著書立說，延續文脈，黃宗羲遍訪藏書之家，錢謙益的絳雲樓、祁彪佳的澹生堂、徐乾學的傳是樓皆是他時常登臨之所，這些藏書樓均爲黃宗羲提供了重要的學術資源，故有必要對此作一番論述與闡揚。

【關鍵字】黃宗羲、絳雲樓、澹生堂、傳是樓。

黃宗羲是明清之際著名的思想家、史學家、文學家，其著述《明夷待訪錄》、《明儒學案》、《明文海》等均有極高的學術價值，這些大型學術著作的編纂，必然需要大量的藏書作爲文獻依據。黃宗羲藏書原本非常豐富，可是在明清之際的戰亂之中，黃宗羲顛簸流離，居無定所，所藏之書有被士兵搶奪而去者，有被里媼燕兒竊去者，有被大火焚毀者，再加上鼠殘蠹齧，雨浥梅蒸，殘存下來的藏書已經不足以供其研治學術了，黃宗羲只好外出訪書。清初的重要藏書樓，黃宗羲均曾登臨，而錢謙益的絳雲樓、祁彪佳的澹生堂、徐乾學的傳是樓對黃宗羲的幫助尤大，故下文依次論述之。

一、黃宗羲與絳雲樓

絳雲樓是清初著名的藏書樓，該樓由錢謙益創建於崇禎十七年（1644）。錢謙益（1582～1664），字受之，號牧齋，晚號蒙叟等。萬曆三十八年（1610）進士，官至南明禮部尚書。錢謙益工詩擅文，是明末清初的文壇領袖。他博

收墳籍，交遊滿天下，曾購得劉子威、錢功父、楊五川、趙汝師四家的全部藏書，又花費鉅資購買善本古書。錢謙益嗜書的美名遠播，書賈也樂於向他出售書籍，在錢謙益的家裏，書賈頻繁往來，幾無虛日。錢謙益又精通版本，每得一部書，都能如數家珍地指出該書舊版如何，新版如何，新舊版之間的差別如何。錢謙益對宋元善本書更是情有獨鍾，曹溶《絳雲樓書目題詞》說錢謙益：「所收必宋元版，不取近人所刻及鈔本。雖蘇子美、葉石林、三沈集等，以非舊刻，不入《目錄》中。」〔註1〕因此，錢謙益的藏書可謂是琳琅滿目，幾埒內府。崇禎十七年（1644）冬，絳雲樓落成，歷代金石文字、宋刻書籍數萬卷充牣其中，大江以南藏書之富，必推絳雲樓爲第一。

　　黃宗羲與錢謙益是世交，天啓四年（1624），錢謙益與東林黨人楊漣等交往密切，也就是在此時，錢謙益結識了黃宗羲父子，當時黃宗羲年僅十五歲，錢謙益的文章風雅已經在黃宗羲幼小的心靈裏留下了深刻的印象。後來，黃宗羲的父親黃尊素因爲反對魏忠賢，被迫害致死。崇禎九年（1636），黃宗羲遷葬黃尊素於化安山，銘墓之文就出自錢謙益之手，兩人的情誼進一步加深。明代滅亡之後，南明弘光朝廷徵招錢謙益爲禮部尚書。但是南明王朝很快被清軍擊潰，錢謙益開門降清，一時間輿論譁然，士林爲之齒冷。錢謙益對自己的失足降清也是非常悔恨，在柳如是的幫助下，錢謙益開始秘密聯絡反清武裝，以圖恢復明朝社稷。明亡之後，黃宗羲也組織了地方武裝世忠營，擁戴魯王，在浙東一帶對抗清軍。此時的錢謙益與黃宗羲在反清復明的運動中，有很強的一致性，黃宗羲也時常來絳雲樓商談軍務，所以絳雲樓在明末清初的特殊歷史背景下，既是傳統文化的保存之地，也是復明運動的一個重要據點。

　　順治七年（1650）三月，黃宗羲至常熟，請錢謙益出山遊說婺中鎮將馬進寶倒戈。對於黃宗羲這位故人之子的到來，錢謙益非常高興，他熱情地款待了黃宗羲，並邀請黃宗羲觀覽絳雲樓的藏書。曹溶《絳雲樓書目題詞》說錢謙益「好矜嗇，傲他氏以所不及，片楮不肯借出」〔註2〕。可見，錢謙益的藏書是秘不示人的，所以能夠獲得錢謙益的允許而登絳雲樓讀書者，黃宗羲應該是獲此殊榮之第一人。錢謙益的慷慨使黃宗羲大爲感動，他在《思舊錄·錢謙益》小傳內特意記下了此事，他說：「余數至常熟，初在拂水山房，繼在

〔註1〕葉昌熾《藏書紀事詩》，北京燕山出版社，1999年版，第282頁。
〔註2〕葉昌熾《藏書紀事詩》，第322頁。

半野堂絳雲樓下。後公與其子孫貽同居，余即住於其家拂水。絳雲樓藏書，余所欲見者無不有。公約余爲老年讀書伴侶，任我太夫人菽水，無使分心。一夜，余將睡，公提燈至榻前，袖七金贈余曰：『此內人（即柳夫人）意也。』蓋恐余之不來耳。」〔註3〕通過黃宗羲的回憶可以看出，錢謙益對於政治不甚關心，其寄情之處仍在學術與文章，所以才約黃宗羲爲讀書伴侶。柳如是的心思恰好與錢謙益相反，她關注的重點乃是黃宗羲此行的政治目的，陳寅恪先生《柳如是別傳》就曾指出：「更可注意者，即說馬（進寶）之舉，實與黃梨洲有關。太沖三月至常熟，牧齋五月往金華。然則受之此次遊說馬進寶，實梨洲所促成無疑。觀河東君特殷勤款待黃氏如此，則河東君之參與反清之政治活動，尤可證明也。」〔註4〕柳如是贈黃宗羲白銀七兩，並不是讀書伴侶的定金，而是希望黃宗羲堅定信念，促成錢謙益遊說馬進寶之事，黃宗羲也不負柳如是一片苦心，終於說服了錢謙益，兩個月之後，錢謙益前往金華勸說馬進寶投誠。故此，黃宗羲此次虞山之行，也完成了兩個任務，既完成了政治任務，也閱讀了絳雲樓的秘笈，可謂是不虛此行。

遺憾的是，錢謙益和黃宗羲的讀書伴侶之約卻未能踐行。本年十月的一個夜晚，錢謙益的小女兒和乳媼在絳雲樓上玩耍，剪落的燭花掉在紙堆之中，於是就引起了一場大火，絳雲樓的珍本圖書瞬息之間就化爲灰燼。錢謙益仰天長歎：「甲申之亂，古今書史圖籍一大劫也；吾家庚寅之火，江左書史圖籍一小劫也。」〔註5〕黃宗羲也深感惋惜，他在《天一閣藏書記》中說：「庚寅三月，余訪錢牧齋，館於絳雲樓下，因得縱其書籍，凡余之所欲見者無不在焉。牧齋約余爲讀書伴侶，閉關三年，余喜過望，方欲踐約，而絳雲一炬，收歸東壁矣。」〔註6〕絳雲樓被焚，不僅是錢謙益一家之劫難，也是中國圖書史的一次劫難。

錢謙益和黃宗羲的友誼卻並沒有因爲這次大火而澌滅，他們的感情在歷盡劫波之後反而愈見深篤。康熙三年（1664），八十二歲的錢謙益走到了人生的邊緣。黃宗羲偕同呂留良、吳孟舉、高旦中等遺民前來探視，彌留之際的錢謙益看到來訪的黃宗羲，欣慰之餘，又以兩件大事相託。其一，請黃宗羲

〔註3〕黃宗羲《思舊錄》，《黃宗羲全集》第1冊，第378頁。
〔註4〕陳寅恪《柳如是別傳》，上海古籍出版社，1980年版，第1016頁。
〔註5〕葉昌熾《藏書紀事詩》，第322頁。
〔註6〕黃宗羲《黃宗羲文集》，《黃宗羲全集》第10冊，浙江古籍出版社，2005年版，第118頁。

代其撰文三篇,以抵文債;其二,以身後墓誌相請。此兩事黃宗羲均有記載,《思舊錄·錢謙益》條曰:「甲辰,余至,值公病革,一見即云以喪事相託,余未之答。公言顧鹽臺求文三篇,潤筆千金,亦嘗使人代草,不合我意,固知非兄不可。余欲稍遲,公不可,即導余入書室,反鎖於外。余急欲出外,二鼓而畢。公使人將余草謄作大字,枕上視之,叩首而謝。余將行,公特招余枕邊云:『唯兄知吾意,歿後文字,不託他人。』尋呼其子孫貽,與聞斯言。」〔註7〕黃宗羲幫錢謙益完成了三篇文章,至於錢謙益的墓誌銘,錢謙益之子未能遵照父親的囑咐,轉而請求龔鼎孳撰寫,實在是未能理解錢謙益的苦心。黃宗羲離開虞山之後不久,錢謙益就於本年五月二十四日溘然長逝。對於這位前輩知己的逝世,黃宗羲非常悲痛,他作詩《八哀詩·錢宗伯》一首寄託哀思,其詩云:「四海宗盟五十年,心期末後與誰傳。憑衲引燭燒殘話,囑筆完文抵債錢。紅豆俄飄迷月路,美人欲絕指箏弦。平生知己誰人是?能不爲公一泫然!」〔註8〕隨著錢謙益的逝世,黃宗羲和絳雲樓的關係也遺憾地結束了。

二、黃宗羲與澹生堂

山陰祁氏澹生堂藏書豐富,雄視一方。澹生堂藏書始於祁承㸁(1562～1628),承㸁字爾光,號夷度。萬曆三十二年(1604)進士,官至江西布政使司右參政。嗜好藏書,聚書十萬餘卷。全祖望《曠亭記》曰:「山陰祁忠敏公之尊人少參夷度先生,治曠園於梅里,有澹生堂,其藏書之庫也。夷度先生精於汲古,其所鈔書,多世人所未見,校勘精覈,紙墨俱潔淨。」〔註9〕祁承㸁還編有《澹生堂藏書目》和《澹生堂藏書約》,他在《澹生堂藏書約》中對讀書、聚書、購書、鑒書都進行了理論歸納,是中國古代最早最全面的藏書理論著作。子承父業,祁承㸁的兒子祁彪佳也好藏書。祁彪佳(1602～1645),字幼文,號世培。天啓二年(1622)進士,官至應天都御使。祁彪佳的藏書理念與父親略有不同,他的藏書門類更爲豐富,除了關注經史等著作之外,還專門收藏戲曲和小說,即使是時人鄙夷的八股文選本也在收藏之列。

黃宗羲與澹生堂發生關係時,祁彪佳尚健在,黃宗羲和祁彪佳都是劉宗

〔註7〕 黃宗羲《思舊錄》,《黃宗羲全集》第 1 冊,第 348 頁。
〔註8〕 黃宗羲《黃宗羲詩集》,《黃宗羲全集》第 11 冊,第 256 頁。
〔註9〕 朱鑄禹《全祖望集彙校集注》,上海古籍出版社,2008 年版,第 1133 頁。

周的得意門生，兩人有同門之誼，感情甚篤，所以黃宗羲就成了澹生堂的座上賓。黃宗羲《思舊錄·祁彪佳》小傳回憶這段登樓經過時說：「余嘗與馮留仙、馮鄴仙訪之於梅市，入公書室，朱紅小榻數十張，頓放書籍，每本皆有牙籤，風過鏗然。公知余好書，以為佳否，余曰：『此等書皆閶門市肆所有，腰纏百金，便可一時暴富。唯夷度先生（公之父）所積，真希世之寶也。』二馮別去，留余，夜深而散。」〔註10〕通過這段回憶可以看出，祁彪佳對於書籍的裝幀是非常考究的，這種考究甚至可以說是有些奢侈，以至於當澹生堂藏書散落發售之時，所賣之錢，尚不及裝幀之費，這正如呂留良《得山陰祁氏澹生堂藏書三千餘本示大火》詩中所感歎的那樣：「宣綾包角藏經箋，不抵當時裝訂錢。」〔註11〕當然，黃宗羲熱衷經史之學，對祁彪佳收藏戲曲、小說、八股文選本的做法甚不以為然，認為祁彪佳的藏書品格與乃父祁承爜相差甚遠。

　　黃宗羲在《天一閣藏書記》中曾開門見山地指出：「讀書難，藏書尤難，藏之久而不散，則難之難矣。」〔註12〕澹生堂在明清易代的遭遇恰好印證了黃宗羲的觀點，兵荒馬亂之世，澹生堂的命運遠不及天一閣，隨著祁彪佳的慷慨赴難，祁氏家族的沒落，澹生堂已經露出日薄西山的末世景象。福無雙至，禍不單行，祁彪佳死後，祁彪佳的兩個兒子又因為魏耕案的牽連，祁班孫被發配到遼東，祁理孫鬱鬱而死。儘管祁班孫從遼東逃回，但是為了躲避清政府的追查，只好剃度出家，至此祁氏家族徹底敗落，澹生堂也無法繼續存在。祁家曾經把澹生堂的藏書寄存在化鹿寺，希望借助寺廟保存祁家三代心血攢集而成的藏書，可是事與願違，寺內的僧人覬覦祁氏的家藏，不時地把這些珍本偷竊出來變賣，這樣市場上就流通了很多澹生堂的藏書。

　　康熙五年（1666），在呂留良家坐館的黃宗羲得知此事後，覺得祁氏藏書有很高的學術價值，散落人間甚為可惜，於是就同呂留良商討共同購買澹生堂藏書之事。呂留良也是嗜書如命之人，欣然應允。黃宗羲與呂留良一同前往化鹿寺，可是兩人均未曾想到，此次購書又引發了一場公案，他們之間的關係卻因為購書而疏離，以至於最終破裂。事情的原委，黃宗羲在《天一閣藏書記》中有記載，他說：「祁氏曠園之書，初庋家中，不甚發視。余每借觀，

〔註10〕黃宗羲《思舊錄》，《黃宗羲全集》第 1 冊，第 378 頁。
〔註11〕呂留良《呂晚邨詩》，《續修四庫全書》第 1411 冊，上海古籍出版社，2002年版，第 23 頁。
〔註12〕黃宗羲《黃宗羲文集》，《黃宗羲全集》第 10 冊，第 19 頁。

惟德公知其首尾，按目錄而取之，俄頃即得。亂後，遷至化鹿寺，往往散見市肆。丙午，余與書賈入山翻閱三晝夜，余載十捆而出，經學近百種，稗官百十冊，而宋元文集已無存者，途中又爲書賈竊去衛湜《禮記集說》、（王偁）《東都事略》。山中所存，唯舉業講章、各省志書，尚二大櫥也。」〔註13〕因呂留良的主要經濟收入是批點發售八股文選本，所以文中所言之書賈即是黃宗義對呂留良的蔑稱，而中途竊取《禮記集說》、《東都事略》之人應該也暗指呂留良。

黃宗義對此事的記載略顯簡略，其中的曲折過程，全祖望《小山堂祁氏遺書記》所言最爲翔實，他說：「初南雷黃公（黃宗義）講學於石門，其時用晦（呂留良）父子俱北面執經，已而以三千金求購澹生堂書，南雷亦以束脩之入參焉。交易既畢，用晦之使者中途竊南雷所取衛湜《禮記集說》、王偁《東都事略》以去，則用晦所授意也。然用晦所藉以購書之金，又不出自己，而出之同里吳君孟舉，及購至，取其精者，以其餘歸之孟舉，於是孟舉亦與之絕。是用晦一舉而既廢師弟之經，又傷朋友之好，適成其爲市道之薄，亦何有於講學也。」〔註14〕

全祖望的記載雖然詳細，可是因爲全祖望私淑黃宗義，下筆爲文，難免迴護黃宗義而貶抑呂留良，所以有些地方就與事實不合了。首先，黃宗義雖然長呂留良十九歲，但是兩人還是朋友關係，黃宗義坐館石門是教授呂留良之子，他與呂留良之間並不存在師生關係，故此黃宗義也不可能「絕其通門之籍」。其次，購買澹生堂藏書的資金是呂留良所出，不是出自吳孟舉，因呂留良《得山陰祁氏澹生堂藏書三千餘本示大火》其一云：「阿翁銘識墨猶新，大擔論觔換直銀。說與癡兒休笑倒，難尋幾世好書人。」〔註15〕當然，黃宗義也以束脩所得加入，衹是坐館所得原本就非常微薄，可知黃宗義的購書資金不多，大部分還是出自呂留良。從這個意義上說，黃宗義是不應該太貪心的，可是他卻得了澹生堂的大部分藏書，這也正是全祖望《小山堂藏書記》所言：「曠園之書，其精華歸於南雷（黃宗義），其奇零歸於石門（呂留良）。」〔註16〕黃宗義選取澹生堂藏書精華本的作法肯定引起了呂留良的不滿，他將黃宗義選定的宋本《禮記集說》、《東都事略》拿去，也是合乎情理之事，不

〔註13〕黃宗義《黃宗義文集》，《黃宗義全集》第10冊，第19頁。
〔註14〕朱鑄禹《全祖望集彙校集注》，第1074頁。
〔註15〕呂留良《呂晚邨詩》，《續修四庫全書》第1411冊，第25頁。
〔註16〕朱鑄禹《全祖望集彙校集注》，第1074頁。

該過於詆毀。可是就是因為澹生堂的這兩套宋版書，卻成了黃宗羲與呂留良交惡的誘因。購書風波之後的次年（1667），黃宗羲辭掉了呂留良的家館，從此之後，兩人關係日漸惡化，終於鬧到了水火不相容的地步。

三、黃宗羲與傳是樓

　　傳是樓的創始人是徐乾學，徐乾學（1631～1694），字原一，號健庵，昆山人。康熙九年（1670）進士，官至刑部尚書。關於傳是樓得名之緣起，汪琬《傳是樓記》言之甚詳，他說：「徐健庵尚書築樓於所居之後，凡七楹，斲木為廚，貯書若干萬卷。部居類彙，各以其次，素標湘幟，啓鑰爛然。與其子登斯樓而詔之曰：『吾何以傳汝曹哉？』因指書而欣然笑曰：『所傳者惟是矣！』遂名其樓為『傳是』。」〔註17〕傳是樓藏書的來源，黃宗羲《傳是樓藏書記》有明確的分析，他說：「喪亂之後，藏書之家，多不能守。異日之塵封未觸，數百年之沉於瑤臺牛篋者，一時俱出，於是南北大家之藏書，盡歸先生。先生之門生故吏遍於天下，隨其所至，莫不網羅墜簡，搜抉緹帙，而先生為之海若，作樓藏之，名曰傳是。昔人稱藏書之盛者，謂與天府相埒，則無以加矣。明室舊書，盡於賊焰。新朝開創，天府之藏未備。朝章典故，制度文為，歷代因革，皆於先生乎取之。是先生之藏書，非但藏於家也。」〔註18〕可以看出，傳是樓的藏書主要是徐乾學憑藉自己的顯宦地位，從民間收集購買而來。因為明清之際，戰火連連，內府藏書遭到嚴重的破壞。清朝入主中原，內府藏書匱乏，徐乾學的藏書為清朝典章制度的重建提供了豐富的文獻資源。可見，傳是樓不僅保存了明朝的史料，而且為清朝的文化建設做出了舉足輕重的貢獻。

　　黃宗羲結識傳是樓徐氏大約是在康熙十五年（1676）左右，本年海昌縣令許三禮聘請黃宗羲講學，慕黃宗羲大名前來聽講者就有徐乾學的弟弟徐秉義，徐乾學公務在身，無暇赴會，不過他還是特意派遣弟子彭孫遹來此旁聽。康熙十九年（1680），徐乾學的弟弟徐元文聘請黃宗羲修纂明史，徐秉義也親自到黃宗羲所居之黃竹浦敦請，但是黃宗羲固守遺民節義，拒絕出山。不過黃宗羲又深知明朝可亡，明史不可亡的文化大義，面對清政府的再三邀請，黃宗羲採取了一個折中的辦法，他讓季子黃百家入參史局，代父修史，並致

〔註17〕葉昌熾《藏書紀事詩》，第322頁。
〔註18〕黃宗羲《黃宗羲文集》，《黃宗羲全集》第10冊，第135頁。

函徐元文曰：「昔聞首陽二老，託孤於尚父，遂得三年食薇，顏色不壞。今我遣子從公，可以置我矣。」〔註 19〕黃宗羲為文化大義所作出的讓步，卻引來了其他遺民的誤解與譏諷，呂留良就作詩諷刺黃宗羲，他在《管襄指示近作，有夢伯夷求太公書，薦子仕周，詩戲和之》中以離奇的夢境影射黃宗羲，詩云：「頓首復頓首，尻高肩壓肘。俯問此何人，墨胎孤竹後。比使謁公旦，四方糊其口。附書乞關節，未知得報否。新制蕨薇歌，纖喉忘老醜。筠籃進一曲，殿下千萬壽。」〔註 20〕呂留良嘲笑黃宗羲為了兒子的前程，不惜背棄節義，以至於斯文掃地，卑躬屈膝，殊不知黃宗羲薦子修史乃是為了延續文化，不是為了利祿榮華。呂留良與黃宗羲結怨很深，此詩充滿個人意氣，所言未免過當。

呂留良等人的反對並沒有阻止黃宗羲與徐乾學的繼續交往，徐乾學憑藉著自己的政治優勢，給予黃宗羲很多幫助。黃宗羲的事迹得以上達清廷，康熙皇帝對黃宗羲非常讚賞，諸如此類，均與徐乾學的薦揚有很大關係。此外，康熙二十五年（1686），餘姚縣重建黃宗羲父親黃尊素祠堂，祠堂碑銘就是徐乾學所撰。黃宗羲埋骨之地，化安山的墓所，徐乾學也曾出資襄助。

除了在政治和經濟上給予黃宗羲幫助之外，徐乾學的傳是樓也是黃宗羲編纂《明文海》的重要資料來源。康熙十四年（1675），《明文案》編訖，共二百一十七卷。黃宗羲對該選本非常重視，他在《明文案序》中自言：「有某茲選，彼千家之文集龐然無物，即投之水火不為過矣。」〔註 21〕明文精華自然不出《明文案》之外，但是《明文案》編成之後，未能立刻付之剞劂，幾經周折，反而被黃宗羲的一個弟子攘為己有，署名刊刻行世。黃宗羲得知此事，非常氣憤，於是決定在《明文案》的基礎上，重新編纂一部規模更為宏大的明文選本，該選本就是《明文海》。為此黃宗羲四出訪書，昆山徐氏的傳是樓就是他時常登臨之所。徐乾學兄弟也為黃宗羲提供了周到的服務，黃宗羲在傳是樓的查閱工作進行得非常愉快，他在傳是樓抄錄的明人文集多達三百餘家，徐秉義《明文授讀序》回憶黃宗羲在傳是樓的抄書經過云：「姚江黃先生初有《明文案》之選，其所閱有明文集無慮千家，搜羅廣矣，猶恐有遺也。詢謀於余兄弟伯氏，細檢傳是樓所藏明集，復得文案所未備者三百餘家。

〔註 19〕黃炳垕《黃宗羲年譜》，中華書局，2006 年版，第 42 頁。
〔註 20〕呂留良《呂晚邨詩》，《續修四庫全書》第 1411 冊，第 25 頁。
〔註 21〕黃宗羲《黃宗羲文集》，《黃宗羲全集》第 10 冊，第 19 頁。

先生驚喜過望，侵晨徹夜，拔萃摭尤。余亦手抄目堪，遙爲襄理，於是增益《文案》而成《文海》。」〔註22〕

黃宗羲對傳是樓的貢獻也不小，他曾應徐乾學之請撰寫了《傳是樓藏書記》。黃宗羲褒獎了傳是樓藏書的學術史價值，稱讚該樓可與白鹿洞書院媲美。並對徐乾學寄寓厚望，希望徐乾學善用藏書，轉移文風，主持文運。有了黃宗羲如椽大筆的宣傳，傳是樓的大名遂爲士林所矚目。另外，黃宗羲曾在天一閣讀書，將天一閣所藏流通未廣者抄爲書目。因天一閣藏書規約嚴格，所藏書目不輕示人。學識淵博的黃宗羲是第一位外姓人氏登閣者，他抄錄的書目就有非比尋常的價值，所以徐乾學就曾派遣門生到黃宗羲處抄錄該書目。後來徐乾學又將這份書目呈給了明史館，史官在編寫《明史·藝文志》時應該也參考了這份書目。

爲黃宗羲提供學術資源者當然不止以上三座藏書樓，其他藏書樓如金陵黃氏的千頃堂、山陰鈕氏的世學樓、寧波范氏的天一閣、禾中曹氏的倦圃也都是黃宗羲經常參訪之處，可見清初的藏書樓對黃宗羲確實有很大的幫助，從藏書樓角度研究黃宗羲，也有其合理性與必要性。

〔註22〕黃宗羲《明文案》，《四庫全書存目叢書》第 400 冊，齊魯書社，1997 年版，第 202 頁。

遺民的堅守與困境：
呂留良八股文選本的思想史意義

【摘要】呂留良將夷夏之防打併入八股文選本，借助八股文評點傳播其反滿之論。並在選本中努力維繫程朱道統，自覺地引導著亂世之際的讀書種子，希望道統、學統不會因爲王朝的更迭而湮滅。但是他的苦心卻沒有得到時人的理解。黃宗羲譏諷他的八股文評點是紙尾之學，張履祥誠懇地告誡他八股文評點無益身心、有損志氣。更有甚者，詆毀呂留良從事八股文批點，乃是因爲生計所迫，與國家、學術兩無所涉。面對舉世譴責之聲，臨終前的呂留良也不禁彷徨、自悔。

【關鍵字】呂留良、八股文選本、思想史、遺民。

呂留良（1629～1683），字莊生，又字用晦，號晚邨，浙江崇德（今桐鄉市）人。明末清初著名思想家、文學家、時文評選家。梁啓超因未曾全面閱讀呂留良著作，僅從《大義覺迷錄》獲得了一個間接的印象，片面地將呂留良定位爲時文家〔註1〕，沒有讀出呂留良隱藏在時文評點背後的思想意涵，以至於引起了時人的不滿。包賚就曾爲呂留良鳴不平，他說：「一個於選家二字素所愧恥的人，斷定他是評選家是冤枉；一個不講心性哲理的人，斷定他是道學家也是冤枉；一個爲恢復民族運動言之成文、行之成理的人，說他是沒有學問，益發是冤枉。」〔註2〕誠如包賚所言，學界對呂留良還有很多誤解與

〔註 1〕 梁啓超《中國近三百年學術史》，東方出版社，1996 年版，第 216 頁。
〔註 2〕 包賚《呂留良年譜》，商務印書館，1940 年版，第 3 頁。

冤枉，要祛除這些冤枉，有必要對呂留良八股文選本中的思想內蘊作一番闡揚探究。

一、心迹年年處處違：被理解與被誤解的「時文鬼」

對於呂留良來說，死亡並不是一個結束，更大的災難在他死後接踵而至，除了因曾靜的牽連而慘遭戮屍之外，當時的文人還將一個「時文鬼」的惡諡蓋棺論定般地強加在了他的頭上。袁枚是這個惡諡的始作俑者，他借小說家言宣泄了他對呂留良的厭惡和咒詛，《新齊諧》卷二十四《時文鬼》以看似真實的筆墨虛構了一個神怪故事：

> 淮安程風衣，好道術，四方術士，咸集其門。有蕭道士琬，號韶陽，年九十餘，能遊神地府。雍正三年，風衣宴客於晚甘園，蕭在席間醉睡去。少頃醒，唶曰：「呂晚邨死久矣，乃有禍，大奇。」人驚問。曰：「吾適遊地府間，見夜叉牽一老書生過，鐵鎖銀鐺，標曰『時文鬼呂留良，聖學不明，謗佛太過』。異哉！」時坐間諸客皆誦時文，習四書講義，素服呂者，聞之不信，且有不平之色。未幾，曾靜事發，呂果剖棺戮屍。今蕭猶存，嚴冬友秀才與同寓轉運盧雅雨署中，親見其醉後伸一手指，令有力者以利刃割之，了無所傷。〔註3〕

對一位因反清而遭難的鄉賢用這樣尖刻的故事來諷刺，儘管袁枚或許無意迎合朝廷意旨，也難免給人以牆倒眾人推的歉惋。且不管袁枚的刻薄少恩，故事本身卻透漏了一個事實，那就是呂留良與八股文有著莫大的聯繫。如果借用《孽海花》對「時文鬼」所下的定義──「現在大家都喜歡罵時文，表示他是通人，做時文的叫時文鬼」〔註4〕，那麼袁枚稱呂留良為「時文鬼」也未嘗是冤枉他，反而還可能是一種深度的理解。

畢竟呂留良不僅不罵八股文，反而不時流露出對八股文的溺愛，姚瑚曾記載了呂留良和張履祥兩人關於八股文存廢的一場論爭軼事：

> 晚邨云：「非時文不足以明道。」先師（張履祥）戲曰：「我若為相，當廢八股，復鄉里選舉之法。」晚邨云：「先生雖廢，我當叩閽復之。」〔註5〕

張履祥恢復鄉里選舉之法是帶有儒家復古主義色彩的，這個理想顯然無法推

〔註3〕 袁枚著，崔國光校點《新齊諧》，濟南：齊魯書社，1985年版，第530頁。
〔註4〕 曾樸《孽海花》，上海：上海古籍出版社，1979年版，第16頁。
〔註5〕 卞僧慧《呂留良年譜長編》，北京：中華書局，2003年版，第202頁。

行於當時。當然，清初八股文的運命也不容樂觀。經歷了宗廟丘墟的鼎革巨變，懷著黍離之悲的士大夫們在反思明代滅亡的諸種原因時，也紛紛將批判的矛頭指向了八股文，以至於有人將其置於崇禎皇帝的靈前拷問，雖然有些過激，但八股文之見棄於時人，乃是無可置辯的事實。在這樣的群聲叫罵中，呂留良還「沾粘爲制藝家言，若嗜之而不知倦也」〔註6〕，確實是令人難以理解的，說他是鬼迷心竅，也是情理之中的事情。

正如呂留良自己所言，他對八股文是有著特殊感情的，他與八股文的因緣幾乎貫穿於他的一生，根據卞僧慧先生《呂留良年譜長編》提供的資料，通過梳理排撰，我們把呂留良生平的八股文活動以表格的形式呈現如下：

時　　　間	年齡	八　股　文　活　動
崇禎十五年（1642）	14 歲	參與徵書社八股文選本——《壬午行書臨雲》的編選。
順治十年（1652）	25 歲	應清廷試，爲邑諸生。八股文技法嫺熟，每試輒冠軍，聲譽籍甚。
順治十二年（1655）	27 歲	與陸文霦同事房選，後結集爲《五科程墨》。
順治十五年（1658）	30 歲	仍與陸文霦從事評選時文。
順治十七年（1660）	32 歲	呂留良八股文集《慚書》刻成。
順治十八年（1661）	33 歲	應陸文霦之請，爲選本《庚子程墨》作序。
康熙十一年（1672）	44 歲	友人張履祥致函呂留良，勸阻其批選時文。
康熙十二年（1673）	45 歲	至金陵收集八股文選本，並以所刻選本發售。
康熙十三年（1764）	46 歲	聽從張履祥勸告，擬停止八股文評選。
康熙十四年（1679）	47 歲	八股文選本《天蓋樓偶評》刻成。
康熙十五年（1676）	48 歲	在金陵寄售八股文選本，命其子公忠往經紀之。
康熙十六年（1677）	49 歲	自是年始，輯錄諸亡友八股文爲《質亡集》。
康熙十八年（1679）	51 歲	八股文選本《歸震川先生全稿》刻成。
康熙二十年（1681）	53 歲	所選時文在福建銷售，命子公忠前往經紀其事。
		八股文選本《錢吉士先生全稿》刻成。
		《質亡集》刻成。
康熙二十一年（1682）	54 歲	十一月，選本《江西五家稿》刻成。

〔註6〕卞僧慧《呂留良年譜長編》，第 101 頁。

我們的統計很可能是不完整的，但這已經足以顯示出呂留良對八股文的癡迷了。他一生都在與八股文打交道，從十四歲涉足選政，到五十五歲辭世，在短暫的四十一年中，呂留良評選刊刻的八股文選本至少有《天蓋樓偶評》等三十餘種〔註7〕。這個數量，在清代幾乎是罕有其匹的。不僅如此，這些八股文選本的銷售量和受歡迎程度也是無人可以望其項背的。用「風行海內」來形容絕對不是一句憑空的誇大，王應奎《柳南續筆》卷二《時文選家》記載了呂選時文的熱銷盛況：

> 本朝時文選家，惟天蓋樓本子風行海內，遠而且久。嘗以發賣坊間，
> 其價一兌至四千兩，可云不脛而走矣。〔註8〕

清代一品官員的月俸是白銀一百八十兩〔註9〕，呂留良發售一次八股文選本的收入是四千兩，這差不多是當時一品大員兩年的俸祿，這樣比較起來，呂選時文受到熱捧的程度就不難想像了。

呂選時文的熱銷也是對呂留良八股文造詣的逆向認定，毫無疑問，呂留良確實是一位高超的八股文寫手。順治十七年（1660），三十二歲的呂留良將個人的三十篇八股文彙集付梓，定名為《慚書》。何以名為《慚書》，呂留良說是自己的八股文水準遠遜前人，與之相較，自然心生慚愧意。這句略帶謙虛的自白卻引來了友人的不滿，不少人認為他是故作矯情，陸文霦在為《慚書》作序時，就用詫異的言語質問，並為呂留良的八股文擊節歎賞，他說：「天下讀其文果不及古人乎哉？其慚吾不知，知其無慚而慚，為可歎而已。」〔註10〕與呂留良的酷愛八股文相反，友人黃周星則是恨八股文入骨的，他說生平有兩恨，一個是凡人都無法解脫的阿堵物（錢），再一個就是陰魂不散的八股文了。他自己都覺得奇怪的是，當他讀到《慚書》裏的八股文時，竟然驚歎累月，恍然開悟，意識到向來所恨者乃是卑庸陋劣的八股文，而呂留良的八股文卻是另外一種景象，黃周星用了一連串排比華麗的詞句來讚揚他所未曾遭遇到的八股文境界：

> 昨得用晦制藝，讀之，乃不覺驚歎累月。夫僕所恨者，卑庸陋劣之
> 帖括耳。若如用晦所作，雄奇瑰麗，詭勢環聲，拔地倚天，雲垂海

〔註7〕 李裕民《呂留良著作考》，《浙江學刊》1993年第4期。

〔註8〕 王應奎《柳南隨筆續筆》，北京：中華書局，1983年版，第163頁。

〔註9〕 閻步克《中國古代官階制度引論》，北京：北京大學出版社，2010年版，第139頁。

〔註10〕 呂留良《慚書》卷首，清順治刻本，北京大學圖書館古籍部藏。

立。讀者以爲詩賦可，以爲制策可，以爲經史子集諸家皆無不可。

何物帖括，有此奇觀？眞咄咄怪事哉！〔註11〕

呂留良的八股文修爲是全面的，他的八股文理論也頗多警策之處。比如，明代嘉靖後期以降，科舉時文與古文經過了長期的疏離之後，出現了很多問題，一些古文家如茅坤、歸有光等開始借助古文來提升時文的品格，即今人所熟知的「以古文爲時文」。這個改良構想自然是合理且高明的，但具體操作起來卻並非易事，用幾個古文語詞來裝點八股文門面的膚廓現象屢見不鮮。另外，還出現了一種古文家所未曾想到的惡果：他們改造八股文的設想還沒有成功，反而讓古文染上了八股氣息。針對這種流弊，呂留良的見解或許正是一劑良方。他主張時文借鑒古文的關鍵是在「得其氣」，「得其氣」遠比「補衲幾句古文麻布夾紵絲」重要，後者被他譏諷爲是「死口取活氣」。而「得其氣」，首先要「開膽力」，「膽力何由開？祇是看得道理明白」〔註12〕。道理明白不是一句空談，最終還要從書本中取資，因爲「天下極奇極幻文字正在目前，經傳中自具」，也就是說書本中具備了時文所需的一切資源，但癥結是「不患手拙，只患腹枵」〔註13〕。「腹枵」者見道不明，胸無所有，筆下自然乾枯，就不由地「生出旁敲借擊，討便宜法」，呂留良說這是「不學者無聊之術也」〔註14〕。同樣，把攬大話作門面，呆塡敷衍幾句空話，都是不學無術的表徵。即使文家時常掛在嘴邊的煉字妙訣，也要靠書本知識的滋養，不然「以語枵腹之人，教他煉什麼」〔註15〕？這都是極爲切實的建議，其功用自然也不侷限於八股文，古文出現的問題也未嘗不可以拿來醫治。如果聯繫呂留良的尊朱傾向來看，這或許也是對王學末流束書不觀弊端的一個有意針砭。

除了學養，呂留良還特別強調人品德行對八股文境界的決定性影響，他說：「人品高者，爛俗事故之言，儘是看透義理之言。時手開口便露俗腸，眞是瞞人不得。」〔註16〕凸顯學養和道德在文章學中的地位，是呂留良的機警處，他是借這兩個因素來模糊時古文之間的界限，縮小時古文之間的價值差

〔註11〕同上。
〔註12〕呂留良《晚邨先生論文彙鈔》，《四庫禁燬書叢刊》子部第36冊，第108頁。
〔註13〕同上，第103頁。
〔註14〕同上，第101頁。
〔註15〕同上，第119頁。
〔註16〕同上，第105頁。

距，把時古文的區別淡化在文體差異的狹小區域內，即「有德者必有言，八股文與詩古文只體格異耳，道理文法非有異也」〔註17〕，這是爲了擡高八股文的聲價，爲他的八股文事業找到一種道義上的支撐。另外，文如其人，人品決定文品，這是傳統文論的老生常談，呂留良舊話重提，似乎沒有什麼特別之處。但是如果我們把它置於明清之際的大背景下分析，這句老話未必就沒有新的批評價值，畢竟當時已經有一些遺民變節，開始忙於應清廷科舉了，其中就包括久負盛名的侯方域。

令人費解的是，高張節義赤幟的呂留良也參加了清廷的科舉，順治十年（1652），二十五歲的呂留良牛刀小試，「每試輒冠軍，聲譽籍甚」〔註18〕，成了滿清的秀才。對於呂留良的失足，時論譴責之言紛至沓來，張符驤《呂晚邨先生事狀》卻道出了呂留良的苦衷，他說：

> 先生悲天憫人，日形窘歎。而怨家猖吠不已，昵先生者咸曰：「君不出，禍且及宗。」先生不得已，易名光輪，出就試，爲邑諸生。
> 〔註19〕

可見呂留良應試乃是爲了避死免禍，保全門戶，家族性命得以無恙，但呂留良的內心卻是異常痛苦。在痛苦中苟全隱忍了十四年之後，呂留良終於置身家性命於不顧，毅然決定棄去青衿，這個過程，其子呂葆中所撰《行略》有詳細記載：

> 至丙午歲，學使者以課按禾，且就試矣。其夕造廣文陳執齋先生寓，出前詩示之，告以將棄諸生，且囑其爲我善全，無令剩幾微遺憾。執齋始愕眙不得應，繼而聞其曲衷本末，乃起而揖曰：「此眞古人所難，但恨向日知君，未識君耳。」於是詰旦傳唱，先君不復入，遂以學法除名。一郡大駭，親知無不奔問彷徨，爲之短氣。而先君方怡然自快。〔註20〕

從親友的「短氣」和呂留良的「怡然自快」也可以看出，呂留良應試背後的社會壓力。呂留良棄去青衿的決定也不是心血來潮，而是在胸中盤桓已久，至遲在前一年，他就表達了這個想法，康熙四年（1665），他作《耦耕》詩自

〔註17〕 同上，第101頁。
〔註18〕 呂葆中《（呂留良）行略》，見《續修四庫全書》第 1411 冊，《呂晚邨先生文集》，第56頁。
〔註19〕 卞僧慧《呂留良年譜長編》，第92頁。
〔註20〕 呂留良《呂晚邨先生文集》，第56頁。

述心迹〔註21〕，詩云：

> 誰教失腳下漁磯，心迹年年處處違。雅集圖中衣帽改，黨人碑裏姓
> 名非。苟全始信譚何易，餓死今知事最微。醒便行吟埋亦可，無慚
> 尺布裹頭歸。

將生死置之度外，他的決絕與節操也不輸僧人臨死僅以布帛裹頭而去的曠達
了。不過呂留良的快然並沒有維持太久，稍事平息之後，他就對呂葆中說：
「自此，老子肩頭更重矣。」〔註22〕他又挑起了一個更加沉重的擔子，這個
更重的擔子是什麼？呂葆中沒有說出，事隔多年，真相被雍正皇帝道出，那
就是，棄去青衿的呂留良「忽追思明代，深怨本朝」〔註23〕。呂留良承擔起
的重擔是反滿。然而這一次反滿的方式已經不同於以往的武力抵抗了，他發
現了一個更為隱秘方便的法門，即借助清廷的應制八股文散播反滿思想，把
夷夏之防隱藏在八股文選本中，將希望寄託在一批識字的秀才身上。故此，
呂留良之選擇八股文選本乃是不得已之策，是針對滿清高壓專制政策的對抗
策略。如果忽略這一點，僅僅把呂留良視作癡迷八股文的時文鬼，實在是誤
解他了，所以他說自己選批時文是「行迹乖誤，刺違本懷」，「於選家二字，
素所愧恥」〔註24〕。

二、屠龍餘技到雕蟲：選本中的反清與尊朱

因為曾靜的謀反案，呂留良死後四十六年（1729），雍正皇帝讀到了呂留
良的八股文選本和詩文集，「翻閱之餘，不勝惶駭震悼」〔註25〕，禁不住氣憤
地叫罵道：「自生民以來，盜名理學大儒者，未有如呂留良之可恨人也。」
〔註26〕雍正皇帝的震驚並非無據，因為他讀出了呂留良八股文選本中的兩大
「違逆」之處：一是「著邪書，立逆說，喪心病狂，肆無忌憚」；二是「於聖
祖仁皇帝任意指斥，公然罵詛，以毫無影響之事，憑空撰造」〔註27〕。第二
個罪狀無非是文人發幾句牢騷，譏評一下時政，還不足以引起天子的震悼，

〔註21〕呂留良《呂晚邨詩》，《續修四庫全書》第 1411 冊，第 48 頁。
〔註22〕呂留良《呂晚邨先生文集》，第 65 頁。
〔註23〕世宗胤禛《大義覺迷錄》，北京：北京出版社，《四庫禁毀書叢刊》史部第 22
冊，第 365 頁。
〔註24〕呂留良《呂晚邨先生文集》，第 102 頁。
〔註25〕世宗胤禛《大義覺迷錄》，第 365 頁。
〔註26〕同上，第 366 頁。
〔註27〕同上，第 365 頁。

問題的核心是在第一條罪狀上，即「立逆說」。誠如雍正皇帝所言，呂留良確實在八股文選本中暗藏了反滿的消息，吳爾堯在為呂留良的八股文選本《天蓋樓偶評》製定凡例時，第一條就是一個曖昧的反滿暗示，他說：

> 先生非選家也，偶評非時書也，先生之言託於是爾。先生之言也蓋詳，天下有志之士，由其言而得其所不言，則是書焉已多。屢讀偶評而不入，視不過時文而已，則其於先生之言固終無得矣。〔註28〕

呂留良選擇八股文評語來宣傳他的革命見解，源於他的一個預設，呂留良考慮到，反滿事業的希望全在底層知識份子身上，他認為捨目前幾個秀才，便無可與言者，他說：

> 讀書未必能窮理，然而窮理必於讀書也；秀才未必能讀書，然而望讀書必於秀才也；識字未必能秀才，然而望秀才必於識字也。〔註29〕

當時多數的秀才是僅讀《四書》、八股文的，這是令人痛心的局面，呂留良卻從中找到了植入反滿言論的切口，這真是是困境中的無奈之舉，但從事後的影響來看，這種做法確實也達到了預想的目的。這是因為，秀才們每日浸染於八股文之中，反滿思想可以潛移默化地深入他們的內心，引起他們對清政府的仇恨，喚醒日漸沉睡的民族意識。當然，這還是淺層次的，更為重要的是，八股文縱有千般罪孽，但有一點卻可以為遺民傳播反滿思想提供便利，那就是八股文的「入口氣」。八股文的入口氣，也叫代聖賢立言，通俗一點說來，就是以聖賢的口吻發言。類比聖賢發言或許會喪失行文者的個性，這也是八股文倍受批判的一個口實；不過，如果行文者是高超的作手，那就未嘗不可以借助聖賢的口吻說出內心的情愫，也可以通過聖人神聖不可侵犯的地位和不可估量的號召力，為自我的思想找到一個不容置疑的依據，這就好比農民起義領袖慣常使用的靈魂附體法。呂留良運用的就是這種策略，通過曾靜的供詞就可以看出，曾靜說：

> 生於楚邊，身未到大都，目未接見文人，見聞固陋，胸次尤狹，只有一點迂腐好古好義之心，時存於中而不可泯。加以呂留良之文評盛行於世，文章舉子家多以伊所論之文為程法，所說之義為定議。而其所識詆本朝處，又假託春秋之義，以寄其說於孔子口中，所以不得不令愚人信其實。無奈呂留良將此義發的驚異，且以為說出於

〔註28〕 呂留良《晚邨天蓋樓偶評》，《四庫禁燬書叢刊》經部第 5 冊，第 402 頁。
〔註29〕 吳爾堯《天蓋樓大題偶評序》，同上，第 399 頁。

孔子，彌天重犯雖不識呂留良何如人，焉有不信孔子？〔註30〕
還有，秀才們的固陋無知、盲目輕信也爲呂留良提供了便利，曾靜的供詞
說：

> 國家今日士子之從事舉業文字，曉得他的說話者，胸中未嘗不染其
> 惡，但所知有深淺，是以受病有輕重。求其能卓然自信，知呂留良
> 之說爲非，而復解脫得一部《春秋》之義與本朝絲毫無礙者實少。
> 〔註31〕

正如曾靜所供，呂留良在八股文選本中注入了「春秋大義」、「夷夏之防」。以
管仲是否爲仁者爲例：在齊桓公與公子糾的政變中，管仲背棄故主，輔佐桓
公。相對於召忽的殉難，管仲是否爲仁者，是儒學中一個敏感的話頭。孔門
高足子路、子貢都曾提出質疑，孔子的回答是：「管仲相桓公，霸諸侯，一匡
天下，民到於今受其賜。微管仲，吾其被髮左衽矣！」朱熹的注解云「尊周
室，攘夷狄，皆所以正天下也」〔註32〕。這有點類似於顧炎武所言亡國與亡
天下，孔子的著眼點是在天下這一更高層次上，強調了管仲打擊蠻夷，保存
周室文明的功績。呂留良抓住了孔子尊王攘夷的思想，以之來排滿，所以他
說：「一部春秋大義，尤有大於君臣之倫，爲域中第一事者，故管仲可以不死
耳。」奉旨批駁呂留良的滿臣朱軾、方苞等也讀出了呂留良言論的危險處，
不得不用君臣節義來消解尊王攘夷的春秋大義，他們說：「域中之義，莫大於
君臣。孔子所以嘉管仲之功，而不責以匹夫之小諒者，正爲君臣之大義也。」
〔註33〕朱軾、方苞自有他們的狡獪處，擡出「匹夫之小諒」，意在淡化遺民守
節的必要性，也爲他們身仕新朝提供了洗刷罪名的理由。看似一舉兩得，其
實他們的這種心態，早就被呂留良預先駁倒，呂留良說：

> 此章孔門論出處、事功、節義之道，甚精甚大。子貢以君臣之義言，
> 已到至處，無可置辯。夫子謂義更有大於此者，此春秋之旨。聖賢
> 皆以天道辯斷，不是夫子寬恕論人，曲爲出脫也。後世苟且失節之
> 徒，反欲援此以求免，可謂不識死活矣。〔註34〕

〔註30〕 世宗胤禛《大義覺迷錄》，第373頁。
〔註31〕 世宗胤禛《大義覺迷錄》，第373頁。
〔註32〕 朱熹《四書章句集注》，北京：中華書局，1983年版，第153頁。
〔註33〕 朱軾等《駁呂留良四書講義》，北京：《四庫未收書輯刊》第6輯第3冊，第
718頁。
〔註34〕 呂留良《呂子評語》，《四庫禁燬書叢刊》經部第8冊，第113～114頁。

朱軾、方苞等人對呂留良的上述言論眞是難以置喙了，而所謂批駁也終究是無力的，無怪乎容肇祖先生說：「《駁呂留良四書講義》一書，即全爲應制而作，他的內容，當然是要不得的。朱軾、吳襄、方苞、吳龍應、顧成天等，都是媚上和苟取祿位之流，他們所摘駁，自然是斷章取義，敷衍成書，毫無價值的了。」〔註35〕

呂留良灌注在八股文選本中的尊王攘夷思想不是一句空談，他還主張以武力反抗清政府的統治，爲此他甚至不惜改易孔子和朱熹的本義，來遷就他的主張。如《論語·八佾篇》：「子曰：射不主皮，爲力不同科，古之道也。」朱熹注曰：

> 古者射以觀德，但主於中而不主於貫革，蓋以人之力有強弱，不同
> 等也。《記》曰：武王克商，散軍郊射，而貫革之射息。正謂此也。
> 周衰禮廢，列國兵爭，復尚貫革，故孔子歎之。〔註36〕

處於列國紛爭時的孔子，原是反對「貫革」，反對武力的，他的初衷是要消弭戰火，意在推行文教，是通過射禮觀德，而不是強調武備。呂留良卻說：「原有主皮用處在。不主二字，一以奮武衛，一以撝文教，兩義都在。」將武衛和文教置於平行的位置。後來又借評點劉子壯八股文的機緣，單獨凸顯武衛，劉子壯八股文其中的兩股曰：「不貫革，可也，所以進天下於能射之路也；能貫革，亦非所禁也，所以收天下用力之權也。」呂留良評語頗見其用心，他說：

> 方見不主全義。主字是專重，解謂不專重貫革，便非禁貫革也。謂
> 力不同科，便非捨力而論射也。弧矢之利以危天下，古聖何故製此
> 不祥之器乎？蓋有所用也。不貫革，用之何益？此可悟井田、封建，
> 古聖人爲天下計，至深遠矣。〔註37〕

朱軾等駁斥呂留良「非聖人發歎本旨」〔註38〕，也是看出了其中的端倪。

對於清政府入關初年的血腥屠殺，呂留良也在八股文選本中表達了強烈的抗議，《論語·子路篇》：「子曰：善人爲邦百年，亦可以勝殘去殺矣，誠哉是言也！」朱熹注曰：「勝殘去殺，不爲惡而已，善人之功如是。若夫聖人，

〔註35〕容肇祖《呂留良及其思想》，第85頁。
〔註36〕朱熹《四書章句集注》，第65頁。
〔註37〕呂留良《呂子評語》，第687頁。
〔註38〕朱軾等《駁呂留良四書講義》，第680頁。

則不待百年，其化亦不止此。」〔註39〕呂留良云：

> 因殘殺而思善人，因善人而思是言。一片深情，直使鳥驚心而花濺
> 淚。是從殘殺之世，思望至治而不可得，不得已而思及此。誠哉句
> 味不盡，紙上猶聞太息之聲。〔註40〕

如果聯繫到揚州十日、嘉定三屠的國家災難，以及留良姪兒抗清戰死的家族
血淚，再來分析呂留良的八股文選本，那麼我們就會發現，呂留良隱藏在八
股文評語裏的就不僅僅是一聲歎息了。

八股文選本之於呂留良，不僅是他傳播反清思想的利器，也是他傳承程
朱理學道統的重要載體。呂忠葆《（呂留良）行略》記載了呂留良棄去青衿之
後，選擇八股文選本維繫道統的原因，曰：

> （呂留良）又嘗歎曰：「道之不明也久已。今欲使斯道復明，捨目前
> 幾個識字秀才，無可與言者。而捨四子書之外，亦無可講之學。」
> 故晚年點勘八股文字，精詳反覆，窮極根底，每發前人之所未及，
> 樂此不疲也。〔註41〕

道統是個很玄妙模糊的東西，不太容易落到實處，為此呂留良發現了一個下
學上達的辦法，即通過學統的傳承返溯到道統的維繫上去，而傳承學統的關
鍵是要保住一批讀書種子。依據這個邏輯，讀書種子是最切實基礎的入手處，
是道統、學統賴以綿延不絕的根本。而讀書種子就是上文提到的秀才，這些
秀才是非八股文、四子書不觀的，因此最終還是要借助八股文吸引他們的注
意力。職是之故，至輕至賤的八股文也不可等閒視之了，吳爾堯《天蓋樓大
題偶評序》說：

> 晚邨之為人也，倀倀涼涼，多否少唯，遇車蓋則疾走，聞異音則掩
> 耳而逃。與人言至科舉種子，未嘗不痛疾而雪涕也。顧沾沾焉取時
> 文批點之。〔註42〕

呂留良《程墨觀略論文》也一再強調八股文對於讀書種子的重要性，他說：

> （八股文）文體猶小者也，使古來讀書種子於是乎絕，天下奇才美
> 質於是乎無成，苟且奔競之習深，而人心風俗於是乎大壞，曾不意

〔註39〕 朱熹《四書章句集注》，第144頁。
〔註40〕 呂留良《呂子評語》，第102頁。
〔註41〕 呂留良《呂晚邨先生文集》，第59頁。
〔註42〕 吳爾堯《天蓋樓大題偶評序》，見呂留良《天蓋樓偶評》卷首，《四庫禁燬書
叢刊》經部第5冊，第399頁。

　　　　禍弊之至此極也。〔註43〕

最早提出讀書種子這個概念的是黃庭堅，他在《戒讀書》中說：

　　　　四民皆當世業，士大夫家子弟能知忠信孝友，斯可矣。然不可令讀

　　　　書種子斷絕，有才氣者出，便當名世矣。〔註44〕

這是針對家族文化的傳承而言的。明初姚廣孝將讀書種子的重要性提升到國家、天下文脈存廢的高度，《明史·方孝孺傳》曰：

　　　　先是成祖發北平，姚廣孝以（方）孝孺爲託，曰：「城下之日，彼必

　　　　不降，幸勿殺之。殺孝孺，天下讀書種子絕矣。」成祖頷之。〔註45〕

把讀書種子視爲道統所繫，並將其與八股文捆綁在一起，確實是呂留良的一個創舉。不過這個創舉並非有什麼值得誇耀之處，因爲它背後所蘊含的無奈是非常沉重的。

　　　　康熙二十二年（1683）八月十三日，呂留良去世。他與八股文選本的孽緣結束了，但友人對呂選時文的推重並沒有因爲的他的去世而終止。陳祖法《祭呂晚邨先生文》說：「於選政中見君議論評騭，知非斤斤以文章士自命也」〔註46〕，隱約道出了呂選時文中的反清意圖；陸隴其則稱讚呂留良的理學貢獻，其《祭呂晚邨先生文》說呂留良「辟除榛莽，掃去雲霧。一時學者，獲睹天日」〔註47〕。不過也有對呂留良爲時文所困而感到惋惜者，查愼行《挽呂晚邨徵君》詩就感歎呂留良明珠暗投，把天縱之才荒廢於八股文八股文批點了，同時也對呂留良的賣文行爲深致不滿，其詩云：「屠龍餘技到雕蟲，《賣藝文》成事事工。」

三、一事無成空手去：臨終自悔

　　　　康熙二十二年（1683）年初，病重的呂留良走到了人生的邊緣，他並不畏懼死亡，死亡對他來說或許更是一個解脫，從康熙五年（1666）公開與清廷決裂之後，他就已經決定一死明志了，所以在死亡逼近時，呂留良沒有躲閃，而是坦然地迎接，他一連寫了六首《祈死詩》，總結一生的經歷與功業。遺憾的是，當年「醒便行吟埋亦可，無慚尺布裹頭歸」的壯志已經消失的無

〔註43〕 呂留良《呂晚邨先生文集》，第 162 頁。

〔註44〕 黃庭堅《山谷別集》，《影印文淵閣四庫全書》第 1113 冊，第 592 頁。

〔註45〕 張廷玉等《明史》，北京：中華書局，1974 年版，第 4019 頁。

〔註46〕 卞僧慧《呂留良年譜長編》，第 300 頁。

〔註47〕 同上，第 305 頁。

影無蹤了，此時的呂留良不是「無慚」，而是「有悔」，《祈死詩》第六首就是這樣一首自悔詩，詩云：

> 悔來早不葬青山，浪竊浮名飽豆籩。作賊作僧何者是？賣文賣藥汝乎安？便令百歲徒增憾，行及重泉稍自寬。一事無成空手去，先人垂問對應難。

詩中充斥著遺憾和悔恨，既有遺民身份認證的模糊，也有個人價值衡定的困難。呂留良憑藉時文批點宣揚了夷夏之防，維繫了程朱道統，是無愧於春秋大義，無愧於程朱先賢的。但是呂留良除了幾十部八股文選本，以及附庸於八股文的兩部四書著作和少量的詩文之外，幾乎沒有其他可以傳世的著述，並且他所珍視的八股文選本在當時是為士大夫所不恥的，藏書家不取，目錄家不著，肯定是無法傳世的，這對於一位以理學名家的遺民來說，無疑是最痛苦的，所以他是有愧於個人，有愧於祖宗的。在生命的最後盡頭，呂留良的遺憾依然沒有消除，八個月後，他抱憾而卒。呂留良臨終前的自責與自悔是沉重的，而促成這份沉重的因素又有很多，既有遺民的生計困境，也有親友的誤解背叛，還有學界的冷嘲熱諷。

有人說呂留良評選時文，與民族大義、儒家道統無涉，完全是為謀利。康熙十二年（1673），呂留良在金陵發售八股文選本，就遇到了這些人的詰難，他們說呂留良以選文為業，是「饜宮室、妻妾、子女、藏獲之欲」。並逼迫呂留良做出解釋，呂留良既氣憤又無奈，他說：

> 余又烏乎正！人心之汙下也久矣。士不力學，而丐活於外，惟知溫飽聲勢為志。凡余以為理也、文也，彼且以為利也、名也。而又烏乎正？〔註48〕

這個辯解肯定不足以饜服人心，在大庭廣眾之中，呂留良自然無法傾訴隱衷，不過人們的詰問也切實地觸到了呂留良的痛處。

呂留良選評時文確實有生計上的考慮，順治十七年（1660），為生活所迫，呂留良與諸友相約賣藝，還親自起草了一份《賣藝文》，類似於今天的廣告詞，賣藝文後開列價目單，明白標注所賣書畫、詩文等價格，其中最貴的是應酬文章壽序，白銀一兩一篇。可見，為了生存，遺民也不得不混迹塵世，與流俗虛與周旋了〔註49〕。之後呂留良的銷售時文，也有類似的目的。

〔註48〕呂留良《呂子評語續編》卷八，《四庫禁燬書叢刊》經部第8冊，第473頁。
〔註49〕卞僧慧《呂留良年譜長編》，第104～105頁。按：通行本《呂晚邨文集》卷

康熙十五年（1676）《與潘美岩書》就坦白心迹，說：「某年來乞食無策，賣文金陵，僦寓布家，自鬻自刻。」〔註50〕正如前文《柳南續筆》所記載的那樣，呂留良的時文選本很是暢銷，收入也非常可觀，以至於人們忽視了他背後的隱微之處，片面的以爲他是借選本斂財，往往將他與射利的書賈混作一類。還有，他屢屢爲之的評選行爲，幾十種之多的八股文選本，也不禁使人懷疑他樂此不疲的眞正用意是否如他宣稱的那樣正大光明？對此，呂留良內心非常懊惱，百口難辨，他說：

> 鷗夷之簫，漸離之築，摩詰之琵琶，偶斯可耳，終日吹彈於市，而
> 曰我非乞倡，雖乞倡且憎笑之矣。〔註51〕

最讓呂留良傷心的是，他的兒子辟惡也誤解了他，以爲選本是呂留良的求利之具，故此也要效法乃父，「欲聚精會神，謀治生之計」，氣得呂留良大罵其俗，他說：「吾向不憂汝鈍，而憂汝俗。此等見識，乃所謂俗也。」並直言心曲，說：

> 吾之爲此，賣書非求利。喻義喻利，君子小人之分，實人禽中外之
> 關。與其富足而不通文義，無寧明理能文而餓死溝壑，此吾素志。
> 亦所望與汝輩同之者也，豈願有一跖子哉？〔註52〕

如此厲聲的訓斥才勉強打消了辟惡的誤解，其子的疑慮已經到了如許程度，更遑論他人呢？

呂留良反滿的曲衷被忽視，人們糾纏於他因生計困境不得已而爲之的營利。與之相類，他志在延續道統方面的努力也被人黃宗羲、全祖望等人譏諷爲「紙尾之學」，王應奎說：「浙中汲古之士如黃梨洲、萬季野輩，頗薄其所爲，目爲紙尾之學云。」〔註53〕全祖望也有極嚴苛的批評，他在《小山堂祁氏遺書記》文中說：

> 近者石門之學，固已一敗塗地。然坊間學究，尚有捧之謂足以接建
> 安（朱熹）之統者。弟子之稱，猖猖於時文批尾之間。潦水則盡而

八《賣藝文》有文無例，卞僧慧先生據《國粹學報》第 64 期的鈔印本補入這篇例文，今摘錄與此。
〔註50〕呂留良《呂晚邨先生文集》卷二，第 101 頁。
〔註51〕吳爾堯《癸丑大題序》，見呂留良《癸丑大題》卷首，《四庫禁燬書叢刊》經部第 5 冊，第 402 頁。
〔註52〕呂留良《呂晚邨先生家訓眞迹》卷三，《四庫禁燬書叢刊》子部第 36 冊，第 173 頁。
〔註53〕王應奎《柳南隨筆續筆》，北京：中華書局，1983 年版，第 163 頁。

潭未清，時文之陷人心，一至於此。〔註54〕

康熙五年（1666），因購買祁氏澹生堂藏書，呂留良與黃宗羲發生爭端，以至反目，全祖望左祖黃宗羲，故二人對呂留良的批點八股文頗不以爲然。另外，呂留良的尊奉程朱理學，排斥陸王心學，也引起了黃宗羲的反感。如果說黃宗羲、全祖望的批評是夾雜個人恩怨、不同學術派別的論爭，還不足以動搖呂留良視聽的話，那麼理學內部，尤其是同道好友的規勸，就不免讓呂留良困惑深思了。

康熙十一年（1672）清初大儒張履祥致函呂留良，勸誡呂留良停止時文評點：

> 案頭忽見《天蓋樓觀略》之顏，深疚修己之不力，無一科委相觀之益。而復直諒不足，不能先事沮勸，坐見知己再有成事遂事之失。如兄之稟賦高明，嗜善之饑渴，與夫擇道之不惑，見義之勇爲，種種懿美，何難進造比肩於千古之人豪。堪爲若此無益身心，有損志氣之事，耗費精神，空馳日月乎？昔上蔡強記古今，程子尚以爲「玩物喪志」；東萊日讀《左傳》，朱子亦以其守約恐未。何況制舉文字，益下數等，兄豈未之審思耶？鳳凰翔於千仞，何心下視腐鼠；隋侯之珠，不忍於彈鳥雀。祥固知言之於今日，無及與事矣。但前此未聞。抑古人有言：「非咎既往，實欲慎將來耳。」伏維鑒此硜硜，急辛此役。移此副精神，惜此時歲月，爲世道人心大德業之計。作字至此，心煩手震，不能復作。〔註55〕

張履祥惋惜呂留良懿美之才消耗於腐鼠事業，勸他早日停止無益的八股文批點，改弦更張，將所剩無幾的歲月運用到世道人心的大德業上去。書信事理剖析深刻，感情眞摯誠懇。可惜這位直諒畏友，在兩年之後（1674）的七月二十八日去世。張履祥的死刺激了呂留良，呂留良接受了亡友的規諫，就是在本年，呂留良宣佈封筆，自此以後不再評選八股文，他對門人陳錝說：

> 非吾友，誰與語此。小子識之，張先生之言是也，吾未之能改也。存此以誌吾過。吾偶止此矣。〔註56〕

張履祥的死是呂留良反思自悔的一個契機，康熙二十年（1681）年呂留良的

〔註54〕 全祖望《鮚埼亭集外編》卷十七，《續修四庫全書》第 1429 冊，第 624 頁。
〔註55〕 張履祥《楊園先生詩文》卷七《與呂□□》，《續修四庫全書》第 1399 冊，第 108～109 頁。
〔註56〕 卞僧慧《呂留良年譜長編》，第 236 頁。

長子呂葆中決意參加清廷科舉，又使呂留良的自悔之心更加沉重。辟惡的專注利益是俗，而葆中的樂於仕進簡直就是對呂留良操守的背叛，呂留良知道遺民絕無世襲的可能性，也明白科舉的誘惑力，所以他沒有像訓斥辟惡那樣，祇是勸勉其子好自爲之，他說：

> 人生榮辱重輕，目前安足論，要當遠付後賢耳。父爲隱者，子爲新貴，誰能不嗤鄙？父爲志士，子承其志，其爲榮重，又豈舉人、進士之足語議也耶？兒勉矣！〔註57〕

太多的誤解與背叛使得呂留良甚至奢望死亡早日來臨，與苟活世間的痛苦比照，死亡是幸福的，所以《祈死詩》一曰：「貧賤何當富貴衡，今知死定勝如生」〔註58〕。他也自悔早年成聖夢想的落空，《祈死詩》三曰：「總角狂思聖可期，既今老病復何爲。」〔註59〕臨終前，呂留良完成了他的自悔。他所期望的「此行未必非奇福，沽酒泉臺得快論」〔註60〕實現與否，我們不得而知。同樣，我們也不能確定，呂留良是否眞的放棄了他的堅守。但是我們從呂留良的自悔中，卻深切地體會到了社會文化困境對遺民的重壓，也體會到了呂留良自悔中的迷茫和痛苦。

論　餘

康熙十二年（1673），呂留良爲發售八股文選本，在金陵滯留了三月之久。此時館於其家的好友張履祥兩度寄函，敦促呂留良早日返家息影，勸其豹隱南山之中，不要流連於通都之會。作爲一位學養深厚的理學家，張履祥比較清醒地意識到，在鼎革之際，咎毀之言可以滅身，而過多的讚譽則更爲危險，他敏銳地預感到，交遊日廣、聲聞日昭的呂留良，正處在這個危險的當口，所以他不得不用警醒而又略顯峭刻的話語提示呂留良，張履祥說：「君子之儒，遯世而無悶，究竟爲法天下，可傳後世；小人之儒，同乎流俗，合乎汙世，贏得身名俱辱。」〔註61〕張履祥顯然無意將呂留良劃入小人之儒的類別裏去，但是他對小人之儒身後命運的預測卻實實在在地在呂留良身上得到了印證。被呂選八股文鼓動起來的秀才曾靜，在呂留良去世後四十五年

〔註57〕呂留良《家訓眞迹》卷二，第167頁。
〔註58〕呂留良《呂晚邨詩》，第48頁。
〔註59〕同上。
〔註60〕同上。
〔註61〕張履祥《與呂某某（癸丑）》，第110頁。

（1728），派遣弟子張熙至陝西總督岳鍾琪處策反，儘管這兩個中無所有、迂執固陋的秀才無論如何也難以成事，但是他的無知和莽撞卻使得一個大儒在身後遭受了戮屍之辱。

我們在爲呂留良感到惋惜的同時，也不得不反思，他將反對滿清、延續道統的隱微之義打並在應制八股文裏，也許只能產生兩種悲劇性的困境：一種是，像曾靜一樣，一知半解地讀懂了他的微言大義，並被這些微言大義鼓舞，以至於鋌而走險，不顧身家，最終禍及呂氏；還有一種就是，驚歎於呂留良精湛的八股文技藝，沒有讀懂其中的「違逆」之語，或者讀懂而裝不懂，置「違逆」之語於不顧，祇是琢磨呂選八股文中所開示的行文技法，並受益於這些技法，將其作爲躋身清廷的敲門磚。呂留良爲前一種困境付出了慘痛的代價，其實後一種困境的悲劇性也絲毫不亞於前者。前者爲呂氏一門帶來了滅門之災，後者卻爲他素來所反對的清廷培養了大批進士。今天我們已經無法精確地統計清代有多少進士是通過讀呂留良的八股文選本而折桂蟾宮的，但是我們卻知道，康熙二十一年（1682），新科榜眼吳涵就是因爲熟讀呂選而通籍金闈的，他對呂留良的感激自不待言，甚至以不得執經叩問爲憾事〔註62〕。另外，呂留良之子呂葆中也最具諷刺性的中了康熙四十五年丙戌（1706）科的榜眼。徐倬對此事的評價是「國士無雙存月旦，名山大業守庭聞」〔註63〕，把呂葆中的高中歸結爲乃父的庭訓。還有，直到晚清光緒五年（1879），十三歲的蔡元培開始學作八股文時，他的啓蒙老師王子莊還是最爲推崇呂留良所選的八股文〔註64〕。可見，呂選八股文與清代科舉的孽緣竟然綿延了兩百多年，他的影響跨度幾乎和清朝的壽數相等。從這個意義上說，呂選八股文的影響已經溢出了呂留良的最初設計，一定程度上還成了清政府的幫兇，這對於呂留良來說，是比戮身斫頭還要痛心百倍的事情。

不過，呂選八股文的影響還是有些可喜的意外。康熙十三年（1674），呂留良接受張履祥的忠告，宣佈封筆，停止八股文的批點評選。二十六年之後的康熙三十九年（1700），四十八歲的戴名世接過了呂留良的選筆，延續其房書選政，在他的第一部八股文選本《九科大題文》的序言中，戴名世解釋了選本始於康熙十四年乙卯（1675）的緣由，這是因爲「晚邸呂氏之選，終於

〔註62〕 吳涵《唐文呂選序》，見《呂留良年譜長編》，第284頁。
〔註63〕 徐倬《喜聞呂無黨及第之信》，見《呂留良年譜長編》，第352頁。
〔註64〕 蔡元培《我青年時代的讀書生活》，《讀書生活》1935年第2卷第6期。

壬子（1672）、癸丑（1673）也。」不僅如此，戴名世也毫不掩飾對呂留良的崇敬之情，他說：「吾讀呂氏書，而歎其維挽風氣，力砥狂瀾，其功有不可沒也。」〔註65〕這是一份遲來的讚譽，此時呂留良已經謝絕人世一十七載，但戴名世確實是呂留良的一位身後知己，他對待故明和滿清的態度與呂留良有頗多莫逆之處，可惜這位後起之秀，卻先留良十九年（1713）挨了滿清的屠刀。當然，呂留良的影響還不止戴名世一人，雍正在給呂留良定案時說：「浙省風俗澆漓，人懷不逞，如汪景祺、查嗣庭之流，皆以謗訕悖逆，自伏其辜，皆呂留良之遺害也。甚至民間氓庶，亦喜造言生事。此皆呂留良一人為之倡導於前，是以舉鄉之從風而靡也。」〔註66〕這顯然是誇大了呂留良的罪行，但是呂留良的影響據此也可窺見一斑了。乾隆八年（1743），浙江博學鴻儒杭世駿抗言讜論滿漢平等問題，險些喪命，這也可以看作是，對呂選八股文反覆強調的夷夏之防思想的一個遙遠嗣音。

〔註65〕戴名世《戴名世文集》，北京：中華書局，1986年版，第101頁。
〔註66〕世宗胤禛《大義覺迷錄》，第371頁。

天蓋遺民呂留良

　　呂留良是反對滿清統治最爲決絕的明遺民，也是受清政府鎮壓最爲慘烈的明遺民。他反對清政府的宣傳工具是倍受時人鄙棄的八股文，但是他的這種怪異的反抗路徑卻難以得到朋友的認同，呂留良在生前是寂寞的。在他死後，他終於迎來了一位庸劣的知音──曾靜，可是這位身後知音，卻給呂留良及其家族帶來了滅頂之災。雍正決定開棺戮呂留良之屍，當塵封了四十九年之久的棺槨被打開之時，卻發現呂留良肌膚完好，色澤如生，並且胸前還寫有「重見天日」四個大字，面帶笑容的呂留良最終還是給了雍正最爲冷峻的一個嘲諷。

毀家抗清

　　呂留良（1629～1683），又名光輪，字用晦、莊生，號晚邨，浙江崇德人。因爲呂留良有私人書坊名爲天蓋樓，所以後人也稱呂留良爲天蓋遺民。

　　呂留良的先祖是以商業起家，富甲一方。嘉靖三十五年（1665），崇德縣受到倭寇的侵略，呂留良的曾祖父呂相曾經捐糧三大船犒軍。崇德縣修繕城牆時，呂相一家又承擔了一半城牆的修繕費用。這兩件事足以看出呂家的豪富，但是在傳統中國，商人的社會地位並不高，呂家兩次捐資，也不排除有被朝廷強行逼捐的可能性。因此，呂相發憤讀書，志在改換門庭，之後呂家科舉興盛，漸漸成爲當地知名的書香門第。呂留良的祖父呂熯又娶了南城郡主，與皇家攀上了親戚，社會譽望自然也非一般。當時的呂家，雖然說不上是鍾鼎玉食、名儒輩出，但也是較爲殷實的讀書人家，日子過得倒也逍遙自在。

　　太平和諧的日子並未延續太久，當呂留良還是一個十七歲的青年時，他就目睹了清兵南下的殺戮慘象。覆巢之下，安有完卵？明朝滅亡之後，多少士大夫之家紛紛敗落，呂氏家族也難逃厄運。呂氏一家深曉民族大義，又是皇親，自然不肯引頸就戮，做滿清的順民。清兵打到浙江之時，呂留良毀家紓難，與他的兄長和侄兒一起參加了抗清鬥爭。呂家爲抗清付出了慘痛的代價，呂留良的侄兒呂宣忠兵敗被捕，順治四年（1647）慘遭殺害，就義之時年僅二十四歲，得知侄兒被殺，呂留良嘔血數斗，一慟幾絕。呂留良本人也是親冒鋒鏑，左腿曾經中箭，留下了終身的傷痛。

　　風流總被雨打風吹去，儘管華夏兒女誓死抗爭，也難以挽回明朝滅亡的現實。清朝定鼎中原之後，大肆收鋪抗清志士，呂留良自然也被波及其中。加之仇家舉報，呂留良生死懸於一線。生死關頭，呂留良想到了一個既可以全身又可以保家的方法。順治八年（1652），二十五歲的呂留良改名爲呂光輪，參加了當地的童子試，成了清朝的一名秀才。參加科舉，很大程度上就表明接受了清政府的統治，呂留良既然參加了科舉，清政府也就不再追究呂留良的罪責了。呂留良作清朝的秀才，乃是不得已之舉，對滿清政府的仇恨始終縈繞於懷。在痛苦中隱忍掙扎了十三年之後，康熙五年（1666）年，呂留良做出了一個驚世之舉，他毅然決定抛棄秀才的頭銜，消息傳出，「一郡大駭，親友無不奔問彷徨，爲之短氣」，何以親友如此擔憂驚怕，這是因爲呂留良此舉無異於公開反對清政府，其後果之嚴重不僅在於呂留良本人，而且還極有可能波及整個家族。但此時的呂留良早已將生死置之度外，並賦詩一首表明心迹，詩云：「誰教失腳下魚磯，心迹年年處處違。雅集圖中衣帽改，黨人碑裏姓名非。苟全始知談何易，餓死今知事最微。醒便行吟埋亦可，不慚尺布裹頭歸。」幸好有石門縣儒學教諭陳子執從中斡旋，呂留良才沒有被清政府定罪，事情過去之後，呂留良還特意作詩感謝陳子執，詩曰：「甚荷周旋稱解脫，不叫慚憾剩幾微。」解脫出來的呂留良本該是非常輕鬆的，可是呂留良卻對兒子呂公忠說：「自此，老子肩頭更重矣。」那麼呂留良的肩頭重擔所指爲何呢？

生前寂寞

　　辭去秀才的呂留良又重新開始了他的反清鬥爭，不過，這一次的反清，所採用的已經不再是慣常的武裝抗爭，事實證明，在當時呂留良也很難組織

起一隻抗清隊伍。呂留良開始借助批點八股文散播反滿思想，他將反清的希望寄託在一批下層知識份子秀才身上。當時多數的秀才是僅讀八股文選本的，這是令人痛心的局面，慶幸的是呂留良卻從中找到了植入反滿言論的切口，這眞是困境中的無奈之舉，但從事後的影響來看，這種做法確實也達到了意想不到的目的。這是因爲，秀才們每日浸染於八股文之中，反滿思想可以潛移默化地深入他們內心，引起他們對清政府的仇恨，喚醒日漸沉睡的民族意識。當然，這還是淺層次的，更爲重要的是，八股文縱有千般罪孽，但還有一點卻可以爲呂留良傳播反滿思想提供便利，那就是八股文的「入口氣」。八股文的入口氣，也叫代聖賢立言，通俗一點說來，就是以聖賢的口吻發言。比如八股文題目如果是「學而時習之」，因爲這句話是孔子說的，所以全篇八股文答卷都要以孔子的口吻發言。模擬聖賢發言或許會喪失行文者的個性，這也是八股文倍受批判的一個口實；不過，如果行文者是高超的作手，那就未嘗不可以借助聖賢之口說出內心的情愫，也可以通過聖人神聖不可侵犯的權威和不可估量的號召力，爲自我的思想找到一個不容置疑的依據，這就好比農民起義領袖經常使用的靈魂附體法。呂留良運用的就是這種策略，通過曾靜的供詞就可以看出，曾靜說：「呂留良之文評盛行於世，文章舉子家多以伊所論之文爲程法，所說之義爲定議。而其所譏詆本朝處，又假託春秋之義，以寄其說於孔子口中，所以不得不令愚人信其實。無奈呂留良將此義發的驚異，且以爲說出於孔子，彌天重犯雖不識呂留良何如人，焉有不信孔子？」清朝延續明朝的八股取士制度，卻未曾想到，呂留良就是打著清廷取士的紅旗來反對清廷統治，呂留良可謂是打著紅旗罵紅旗的典型。

呂留良的反滿苦心卻未能得到時人的普遍認同，很多人認爲，呂留良批點八股文，完全是爲了謀利，就像今日學者編訂的公務員參考書，盈利是主要目的。當然，我們也不排除呂留良有生計上的考慮，明朝滅亡之後，呂留良家族陷入了赤貧，他爲了生存，甚至偕同一批好友相約賣藝，可是賣藝畢竟不能維持生活，一幅字畫，在當時也就是賣個幾文錢。呂留良創辦了私人書坊天蓋樓，主要刊刻八股文選本，這些八股文選本非常暢銷，呂留良在南京朝天宮附近也有書店專門發售八股文選本，這些八股文選本風行海內，清人王應奎《柳南隨筆》記載，呂留良刊刻一批八股文選本，能夠獲利白銀四千兩，這相當於清代一品官員兩年的俸祿，這簡直就是暴利。

但是呂留良批點八股文的初衷還是反清，謀利不是他最主要的目的，可

是當時的人們卻並不這麼認為。他們覺得呂留良至多只能算是一個文化商人，根本不配稱為朱子學家。不僅流俗之人持如此觀點，即使是他最要好的朋友、最尊重的學者張履祥也不能洞見呂留良的苦心，張履祥以為批點八股文是下三濫的事情，不僅會耽誤學問，而且會使心胸志氣變得如八股文一般臭腐，所以他三番五次寫信勸說呂留良停止選刻八股文。另一位好友黃宗羲，則譏諷八股文批點是紙尾之學，本無足觀。呂留良的家人也都誤解了他，其子呂主忠看到刊刻八股文選本如此賺錢，於是拋棄書本，決定繼承父親的事業，以批點八股文謀生，這讓呂留良大動肝火，在給呂主忠的信中直言心曲，他說：「吾之為此，賣書非求利。喻義喻利，君子小人之分，實人禽中外之關。」呂留良的心事鮮有人能夠知曉，他在生前是非常寂寞的，太多的誤解與背叛使得呂留良甚至奢望死亡早日來臨，與苟活世間的痛苦比照，死亡也許是幸福的，所以《祈死詩》一曰：「貧賤何當富貴衡，今知死定勝如生」。他也自悔早年成聖夢想的落空，《祈死詩》三曰：「總角狂思聖可期，既今老病復何為。」臨終前，呂留良完成了他的自悔。他所期望的「此行未必非奇福，沽酒泉臺得快論」實現與否，我們不得而知。同樣，我們也不能確定，呂留良是否真的放棄了他的堅守。但是我們從呂留良的自悔中，卻深切地體會到了社會文化困境對遺民的重壓，也體會到了呂留良自悔中的迷茫和痛苦。

死後慘烈

呂留良的生前寂寞，主要是得不到上層知識界的認可和支持，與之相反，在下層知識群體之中，卻不乏將呂留良奉若神聖者。清代有很多秀才都是通過讀呂留良的八股文選本而折桂蟾宮的，比如康熙二十一年（1682），新科榜眼吳涵就是因為熟讀呂選而通籍金闕的，他對呂留良的感激自不待言，甚至以不得執經叩問為憾事。另外，呂留良之子呂葆中也頗具諷刺性的中了康熙四十五年丙戌（1706）科的榜眼。徐倬對此事的評價是「國士無雙存月旦，名山大業守庭聞」，把呂葆中的高中歸結為乃父的庭訓。還有，直到晚清光緒五年（1879），十三歲的蔡元培開始學作八股文時，他的啟蒙老師王子莊還是最為推崇呂留良所選的八股文。在清朝初年，呂留良的八股文選本簡直就是通往科舉之巔的終南捷徑，以至於秀才們尊稱呂留良為東海呂夫子，有人甚至還提出了這樣一種觀點，說東周的皇帝應該由孔子坐，南宋的皇帝應該由

朱子坐，而清朝的皇帝則應該由東海呂夫子坐。

湖南秀才曾靜就是這樣一位極度崇拜呂留良的狂熱分子，受到呂留良八股文選本的啓發和鼓舞，雍正六年（1728）他派遣弟子張熙前往陝西策反總督岳鍾琪，他們師徒堅信岳鍾琪是岳飛的後人，可是岳鍾琪卻讓他們失望了，岳鍾琪是坐穩了奴才位子的人，怎麼會鋌而走險呢，他將張熙逆書案上報給了雍正。

雍正覺得事態嚴重，迅速組織人馬，將曾靜緝拿歸案，並決定親自審訊曾靜。曾靜禁不住雍正的哄騙威逼，最終供出了呂留良，此時呂留良已經死了四十五年之久了。在雍正的眼裏，死去的呂留良要比活著的曾靜還要可怕，雍正讀到了呂留良的八股文選本和詩文集，「翻閱之餘，不勝惶駭震悼」，禁不住氣憤地叫罵道：「自生民以來，盜名理學大儒者，未有如呂留良之可恨人也。」雍正的震驚並非無據，因爲他讀出了呂留良八股文選本中的兩大「違逆」之處：一是「著邪書，立逆說，喪心病狂，肆無忌憚」；二是「於聖祖仁皇帝任意指斥，公然罵詛，以毫無影響之事，憑空撰造」。第二個罪狀無非是文人發幾句牢騷，譏評一下時政，還不足以引起天子的震悼，問題的核心是在第一條罪狀上，即「立逆說」。誠如雍正皇帝所言，呂留良確實在八股文選本中暗藏了反滿的資訊，而且這些反滿資訊已經深入下層知識份子心中。於是雍正對本案採取了一番出奇料理，他將審訊曾靜的經過詳細記載並刊刻成書，即《大義覺迷錄》，在書中雍正極力辯解坊間的傳言，傳言他有十大罪狀，包括謀父逼母、弒兄、屠弟、貪財、好殺、酗酒、淫色、誅忠、好諛，逐一批駁辯解，殊不知如此一來，反倒是欲蓋彌彰，隨著《大義覺迷錄》的頒行天下，雍正的十條罪狀反而是盡人皆知了。

雍正決定赦免曾靜，他認爲曾靜是被呂留良邪說蒙蔽的迷人，現在經他天恩啓迪，由迷反覺，且曾靜感恩戴德，可以釋放回籍。至於呂留良父子之罪，雍正以爲罄竹難書，應按照叛逆罪論處，結果呂留良在死後四十九年慘遭戮屍。紀曉嵐《閱微草堂筆記》記載了戮屍時的詭異現象，當棺材打開之時，呂留良的屍首鮮活如生，清廷的屠刀砍下之時，呂留良的頸部還有鮮血噴出。紀曉嵐站在清朝的立場上解釋此事說，這是因爲呂留良死有餘辜，即是死後也難逃罪責，上天有意保留他的屍首不腐爛，就是是爲了讓他受到最嚴厲的懲罰。紀曉嵐的說法眞是無聊至極，晚清民國期間，清廷已是日薄西山，權威不在，此時的人們對此又有了新的解釋，姚永樸《舊聞隨筆》說呂

留良生前已經預知死後會被戮屍，彌留之際，就寫了「重見天日」四個大字，置於棺材之中。屍首完好的呂留良還面帶微笑，連同那「重見天日」一起，給了雍正最為冷峻的一個嘲諷。

　　清廷的嚴刑峻法可以砍掉呂留良的頭顱，卻不能永遠禁錮反清志士的思想。清朝滅亡之後，革命黨人尊奉呂留良為民族英雄。有人還編寫小說，傳聞呂留良養女呂四娘是一代俠女，歷經艱難，潛入皇宮，手刃仇人雍正，最終給呂留良報仇雪恨。野史小說的傳奇固然不是事實，卻可以反映出人們對雍正的仇恨和對呂留良的敬重。權勢祇是短暫的一瞬，歷史卻是公正的永恒，呂留良的家鄉已經連續舉辦了多次呂留良學術研討會，以紀念這位反清遺民，而背負十大罪惡的雍正，又有幾人會去泰陵憑弔他呢？

杭世駿之生平、學術及文學

　　杭世駿，字大宗，號堇浦，浙江仁和人。乾隆元年（1736）舉博學鴻詞，授編修。杭世駿一生坎壈多艱，而又能刻苦礪學，所以在經史之學、詩古文學上都有很大成就，分述之如下：

一、坎壈多艱的博學鴻儒

　　杭世駿出生在浙江仁和一個清貧的讀書之家，父親杭機，好讀書，著有《藝餘類纂》，著名詩人厲鶚嘗從之受學〔註1〕。杭世駿幼承庭訓，以傳統文人讀書舉業的習見人生選擇自勵，他二十歲應童試，二十九歲中舉，四十一歲舉博學鴻詞，以一等授翰林院編修。在科舉時代，雖然說不上是騰達，但也算是順利。成了翰林院編修的杭世駿，如果能恪守當時官場的遊戲規則，他的仕途之路應該是平坦的，但伉爽耿介的性格卻過早地結束了他的仕宦生涯。

　　乾隆八年（1743），天下亢旱。在古代中國，災異的出現一直被認為是帝王失德或朝廷政策失誤的結果，是天帝對人間掌權者的警示。面對旱情，乾隆開始反思治國方略的弊端，特設陽城馬周科試翰林諸官。乾隆皇帝將自我反思擴大到群臣的集體糾謬，以示自責的真切與救弊的迫切。與此同時，大臣們也借著災異的時機，批評時政，拾遺補闕。這是歷代帝王與大臣慣常的

〔註 1〕 〔清〕厲鶚《樊榭山房集》文集卷五《杭可庵先生遺像記》曰：「猶憶鶚弱冠時，從先生遊，堇浦小於鶚四歲耳。先生眸子朗然，美鬚髯，沖虛恬淡，不自炫暴……先生性喜讀書，手自綴輯，至數百卷。嘗指堇浦謂鶚曰：『吾老矣，炳燭之光恐難為繼，他日此子必能卒吾志』。」上海古籍出版社，1992年版。

路數，不過在這種看似民主的言論空間中，卻隱藏著一個話語預設，即大臣的批評不能超越皇帝的容忍域。如果溢出這個容忍域，帶給言事臣子的只能是災難。

災難果然降在了一直在翰林院校勘經史而又缺少為官經驗的杭世駿頭上，當乾隆打出「思得直言及通達治體者」的幌子時，耿直的杭世駿批評時政十餘條，其中的兩條深深地刺到了乾隆的痛處。

> 杭世駿策稱，意見不可無設，畛域不可太分。滿洲才賢雖多，較之漢人，僅什之三四。天下巡撫尚滿漢參半，總督則漢人無一焉，何內滿洲而外漢也？三江、兩浙，天下人材淵藪，邊隅之士間出者無幾。今則果於用邊省之人，不計其才，不計其操履，不計其資奉，而十年不調者，皆江浙之人，豈非有意見畛域哉？〔註2〕

在杭世駿看來，漢族才士如林，但把持高位的卻多是滿人。朝廷應該廢除這種滿漢畛域，實行平等的民族政策，給予漢人更多的為官機會，尤其是在巡撫、總督等要職的任命上，必須打破滿人包攬的格局，多提拔一些漢人。這是深中清廷忌諱的，重滿輕漢的人才取向在清中前期依然盛行，且為漢人爭取進入高層的份額，勢必會擠壓滿人的政治空間，對於猜疑漢人的清帝來說，這是最不願意看到的局面。而且，雍正、乾隆對浙江文人曾經是異常厭惡的，雍正年間幾次大的文字獄中，汪景琪、查嗣庭、呂留良都是浙江人。雍正四年（1726），曾一度停浙江會試，可見其對浙人猜忌之深。杭世駿作為浙江籍官員又來為江浙人爭政治空間，更容易喚醒乾隆心中的昏暗記憶。不僅如此，杭世駿在策論中還批評朝廷用兵斂財，及皇帝四處巡幸，勞民傷財等〔註3〕，這些都是溢出乾隆容忍域的批評，引起乾隆皇帝的盛怒也是必然的，杭世駿也幾乎為之性命不保，所幸在大臣的極力營救下，才免死革職南還〔註4〕。

〔註2〕 中國第一歷史檔案館《乾隆朝上諭檔》，北京檔案出版社，1991年版，第831頁。

〔註3〕 〔清〕陳康祺《壬癸藏箚記》卷一曰：「乾隆間，杭堇浦嘗以編修上疏抗論時事，謂用兵斂財，及巡幸所至，有司一意奉行，其流弊皆及於百姓。疏凡十事，其言至戇激，部議當重辟，上僅令罷歸田里，不之罪也。」清光緒刻本。

〔註4〕 〔清〕許宗彥《鑑止水齋集》卷十七《杭太史別傳》曰：「太史之歸也，聞諸前輩云：是時亢旱，詔舉直言極諫，徐文穆公乙太史應詔，太史遂上疏，言部臣自尚書至主事皆滿漢，並列請外省自督撫至州縣亦如此，所言紕繆不中

乾隆八年（1743），杭世駿離開了京師，也離開了政治。儘管乾隆南巡浙江時，杭世駿也曾迎駕，但是始終沒能得到乾隆皇帝的眷渥，得到的卻是譏諷與嘲弄，並最終在乾隆的奚落與挖苦聲中，憤懣而無奈地死去〔註5〕。

耿介直言的爲官作風雖然斷送了杭世駿的前程，但其抗顏而諫的風骨也激起了時人的同情與敬仰。杭世駿因言事罷歸，沈德潛在《送杭菫浦太史》詩中就表達了深深的惋惜之情，即「鄰翁既雨談牆築，新婦初昏議竈炊」，陳康祺也說「菫浦生平有此一節，亦不得以文人目之矣！」

與仕途上的不得志相同，杭世駿玩世不恭、恃才傲物的處世態度，也使得他在人際交往上與人時多牴觸，有時也難免獲咎於達官貴人。在翰林院時就曾使久負盛名的方苞難堪：

> 國子監嘗有公事，群官皆會，方侍郎苞以經學自負，諸人多所咨決。侍郎每下己意，太史至，徵引經史大義，風發泉湧，侍郎無以對。忿然曰：「有大名公在此，何用僕爲？」遽登車去，太史大笑而罷。其盛氣不肯下人如此。〔註6〕

疏懶戲謔的文人習氣，也常使友朋不快：

> 杭世駿最不喜讀邸報，里居二十年，同歲生或積官至大學士、尚書、總督，先生不知也。歲戊子，劉文定綸適服闋待旨，以吏部尚書協辦大學士內召過揚州，訪先生。先生見其冠服，詫曰：「汝今何官？」曰：「不敢欺，參預閣務者已數年矣。」先生謔之曰：「汝吳下少年耳，亦入閣辦事耶？」堂笑，乃別。

杭世駿疏懶而又高傲的名士風度使人仰慕，耿國藩就將其比作玩世不恭的東方朔〔註7〕。但是，這種玩世不恭、不拘小節的生活作風，有時也難免使人

理，帝震怒欲置之法，文穆悉力營救，叩首額盡腫，乃得斥歸。」清嘉慶二十四年德清許氏家刻本。

〔註5〕〔清〕龔自珍《定盦文集補編》卷四《杭大宗逸事狀》曰：「乙酉歲，純皇帝南巡，大宗迎駕，召見，問。『汝何以爲活？』對曰：『臣世駿開舊貨攤。』上曰：『何謂開舊貨攤？』對曰：『買破銅爛鐵，陳於地賣之。』上大笑，手書『買賣破銅爛鐵』六大字賜之。癸巳歲，純皇帝南巡，大宗迎駕，名上，上顧左右曰：『杭世駿尚未死麼？』大宗返舍，是夕卒。」清光緒二十三年萬木書堂刻本。

〔註6〕許宗彥《杭太史別傳》。

〔註7〕〔清〕耿國藩《菫浦先生像贊》曰「不夷不蕙，亦仕亦農，與時舒卷，抱道始終。研經自力，玩世不恭。東方而後，僅見此翁。」見杭世駿《道古堂全集》卷首。

誤解：

> 先生家故不豐，以授徒自給，主揚州安定書院者幾十年，以實學課士子。暇即閉戶著書，不預外事。又疏懶，甚或頻月不衣冠。性顧嗜錢，每館俸所入，必選官板之大者，以索貫之，積床下，或至尺許。其麼麼破碎及私鑄者方以市物，兩手非墨汙即銅綠盈寸。然先生雖若有錢癖，嘗見一商人獲罪鹺使，非先生莫能解。夜半走先生所乞救，並置重金案上，先生擲出之不顧。

> 先生一歲必兩歸錢唐，歸後無事，或攜錢數百，與里中少年博左近望仙橋下。時吾鄉錢文敏維城視學浙中，詞館後進也。一日盛暑，張蓋往訪先生。頭踏過橋下，文敏已從輿中望見先生。短葛衣，持蕉扇與諸少年博正酣。文敏即出輿，揖曰：「前輩在此乎？」時先生以扇自障，業知不可掩，即回面語曰：「汝已見我耶？」文敏曰：「正詣宅謁前輩耳。」曰：「吾屋舍甚隘，不足容從者。」文敏固欲前，先生固卻之，始尋道反。文敏去，諸少年共博者始從橋下出，驚問曰：「汝何人，學使見敬若此？」曰：「此我衙門中後輩耳。」遂不告姓名去。〔註8〕

遺憾的是杭世駿嗜錢的一面在後世被誇大，而其嚴於自守，取之有道等對待錢財的態度卻被有意無意地忽略。杭世駿與鄉里少年賭博所反映出的通脫人格也被歪曲為嗜錢如命的賭徒作風，並最終出現了杭世駿販賣湖筆獲利，剽竊死友全祖望文章為己有的傳言，甚至有人說杭世駿是有學無行的小人〔註9〕，其生前身後的坎壈多艱可以想見。

　　生活中的杭世駿也是多災多難，家本寒素，罷歸後，借居友人方德發宅。為維持生計，奔波於廣州、揚州，作廣州粵秀書院、揚州安定書院山長。直至七十五歲，仍在安定書院課諸子謀生。杭世駿有十子，早殤九人，姊妹兄弟中亦有多人先杭世駿而卒。目睹親人紛紛逝去的杭世駿，不禁發出「余以夐夐踽踽之身，視蔭偷息何為哉」〔註10〕的感歎。

〔註8〕〔清〕洪亮吉《更生齋集》卷四《書杭檢討遺事》，清光緒三年洪氏授經堂增修本。

〔註9〕記載杭世駿負全祖望事最為翔實的是徐時棟，他的《記杭堇浦》一文記載了整個事情的過程，但都是傳聞，不足為據。

〔註10〕〔清〕杭世駿《道古堂文集》卷十二《亡妹吟草序》，清光緒十四年汪曾唯增修本。

　　杭世駿的一生可謂是坎壈多艱的一生，但是杭世駿並沒有被擊倒，而是篤志經史，勤於著述，留下了許多經史著作、詩文名篇，正如王國維所說，「天以百凶，成就一詞人」〔註11〕，坎壈多艱的人生也將杭世駿打磨成一位博學多聞的學者，著述宏富的文學家。

二、集成與開新的學術研究

　　杭世駿生活在康乾時期，去清初諸大儒未遠，受其濡染，學風篤實質樸，治學規模博大繁富〔註12〕。又身在清初之學向乾嘉漢學的潛變時期，其學術研究也兼有清初、乾嘉兩種學風的特質，尤其是在乾嘉漢學初起之時，杭世駿以禮學爲中心的經學研究，對主張「以禮代理」的凌廷堪也有開新性的啟迪之功。

　　杭世駿成童後即研治禮學，起初從陳澔的《雲莊禮記集說》入手，陳澔注禮淺顯而簡便，是習禮者較好的入門書，但是該書在禮制的考證與禮意的闡發上明顯不足。因此，用作啟蒙之書可以，如果作精深的研究，顯然是不夠的。而後，友人鄭江以衛湜《禮記集說》相贈〔註13〕。衛湜此書，自鄭玄而下，取一百四十四家注疏，採摭繁富，體例精審，對好博的杭世駿影響極大。宋代以前的禮學注疏通過衛湜的《禮記集說》作了一次集結，自宋至清，禮學家輩出，卻缺少一部像衛湜《禮記集說》似的集成性著作。乾隆元年（1736）六月，清廷開三禮義疏局。本年九月，杭世駿舉博學鴻辭，授編修，與修三禮。歷史的機緣與個人的學養相結合，杭世駿終於撰成了《續禮記集說》，填補了這一學術空白。

　　杭世駿《續禮記集說》的體例沿用了衛湜《禮記集說》的既成模式，廣泛采集前人別具新見的注疏，依次排列於經文之下，不羼雜自己的觀點。此

〔註11〕　〔清〕王國維《人間詞話》卷下，人民文學出版社，1960 年版。

〔註12〕　〔清〕王國維《沈乙庵先生七十壽序》曰：「國初之學大，乾嘉之學精，道咸以降之學新……國初之學創於亭林，乾嘉之學創於東原、竹汀，道咸以降之學，乃二派之合而稍偏至者，其創者仍當於二派中求之焉。」《觀堂集林》卷二十三，《王國維遺書》第 2 冊，上海書店出版社，1983 年版，第 583 頁。

〔註13〕　杭世駿《道古堂文集》卷四《續禮記集說序》曰：「余成童後，始從先師沈似裴先生受禮經。知有陳澔，不知有衛湜也。又十年，始得交鄭太史筠谷，筠谷贈以衛氏《集說》。窮日夜觀之，採茸雖廣，大約章句訓詁之學爲多，卓然敢與古人抗論者，惟陸農師一人而已。」

書收錄前人注疏一百八十餘家，很多是從《永樂大典》中輯佚而得〔註 14〕。此書保存了許多已經亡佚的禮學注疏，對於研究宋元以來禮學史有很大的參考價值。該書也成爲繼衛湜《禮記集說》以來，收集《禮記》注疏最爲詳贍的著作，獲得了後人的讚譽。張金吾說杭世駿《續禮記集說》，「合衛氏書讀之，亦可云禮經之淵海矣。」〔註 15〕梁啓超對該書也有極高的評價：

> 清儒於《禮記》局部解釋之小書單篇不少，但全部箋注，尚未有人從事。其可述者僅杭大宗世駿之《續禮記集說》。其書仿衛湜例，爲錄前人之說，自己不下一字。所錄自宋元迄於清初，別擇頗精審，遺佚之說多賴以存。例如姚立方的《禮經通論》，我們恐怕沒有法子再得見，幸而要點都採擷在這書裏頭，才知道立方的奇論和特識。這便是杭書的功德。〔註 16〕

如果說杭世駿的《續禮記集說》同衛湜的《禮記集說》一樣，是對前人禮學成就有意識、有系統的總結，是帶有集成性質的話，那麼杭世駿對於禮例的考釋，對於師制服、朋友制服的論證等，則是著眼於禮學在社會實踐上的功效，其對於禮學社會價值的強調與追尋，不亞於此後的凌廷堪，從這個意義上說，杭世駿的禮學觀又具有啓發後人研究的開新性。

　　近年來，以張壽安爲代表的一批學者提出乾嘉新義理，尤其表彰凌廷堪「以禮代理」的學術史貢獻。張壽安在《以禮代理——凌廷堪與清中葉儒學思想之轉變》一書中詳細論述了凌廷堪的禮學思想淵源、禮學思想內涵及其禮學思想影響。認爲其淵源在於乾嘉漢學的考據精神、徽州禮學的深厚積澱，推揚《禮經釋例》於制度中求取治世之方的獨到之見，並表彰凌廷堪將這種治世之方推廣於社會實踐，以轉移當世風俗的學術價值。此書對凌廷堪的研究精到而縝密，既梳理了凌廷堪禮學思想的來源，也評述了其禮學思想的價值。但是在分析其淵源時忽略了杭世駿的禮學研究成果對於凌廷堪的啓示，這不能不說是一個缺憾。將杭世駿與凌廷堪的著作對讀就可以發現，凌廷堪

〔註14〕《道古堂文集》卷四《續禮記集說序》曰：「通籍後，與修三禮，館吏以《禮記》中《學記》《樂記》《喪大記》《玉藻》諸篇相屬，條例既定，所取資者則衛氏之書也。京師經學之書絕少，從《永樂大典》中有關於三禮者，悉皆錄出……書成比於衛氏，減三分之二，不施論斷，仍衛例也。」

〔註15〕〔清〕張金吾《愛日精廬藏書志》卷四《續禮記集說》提要，清光緒十三年吳縣靈芬閣刻本。

〔註16〕〔清〕梁啓超《清代學者整理舊學之總成績》，商務印書館，1999 年版，第17 頁。

關注的禮學問題，杭世駿已經開始思考，而凌廷堪將禮學用之於社會實踐的
嘗試，杭世駿也曾涉及。

即以凌廷堪《禮經釋例》來看，這部著作其實是在江永、杭世駿對禮例
探求的基礎上做出的新拓展〔註17〕，學界早已注意到凌廷堪與江永之間的學
術淵源關係〔註18〕。但是，至今尚未察覺到杭世駿《禮例》對凌廷堪的影響。
實際上，凌廷堪的《禮經釋例》是取資與江永、杭世駿二人，他在《禮經釋
例序》中就曾坦言了這種淵源：

> 乾隆壬子，乃刪蕪就簡，仿杜氏之於春秋，定爲《禮經釋例》。已而
> 聞婺源江氏有《儀禮釋例》，又見杭氏《道古堂集》有《禮例序》，
> 慮其雷同，輟而弗作者經歲。後檢《四庫書存目》載《儀禮釋例》
> 一卷，提要云：「江永撰。是書標目釋例，實止釋服一類，寥寥數頁，
> 蓋未成之書。」復考杭氏《禮例序》，又似欲合《周禮》《儀禮》而
> 爲之者，且以大射爲天子禮，公食、大夫爲大夫禮，則於禮經尚疏。
> 然則江氏、杭氏皆有志而未之逮也。於是重取舊稿，證以群經。合
> 者取之，離者則置之；信者申之，疑者則闕之。〔註19〕

正是因爲江永、杭世駿有成書在前，曾迫使凌廷堪一度擱筆。在精讀了兩家
著述之後，凌廷堪發現儘管江、杭二人已有考證成果問世，但仍有許多疏漏
之處亟須補正，故重新撰述《禮經釋例》，以補兩家之闕。可見，凌廷堪的
《禮經釋例》是在江永、杭世駿已有成果基礎上踵事增華，學界在研究凌
廷堪禮學思想淵源時，衹是拈出江永，而忽略杭世駿的影響，顯然是不全面

〔註17〕 在凌廷堪寫《禮經釋例》之前，杭世駿已經參照《春秋例》撰成《禮例》，《道
古堂文集》卷四《禮例序》曰：「鄭眾、劉寶撰《春秋例》，余以爲春秋可以
無例，而禮則非例不能貫也，例何所取？吾於孔、賈二疏中刺取之，例立於
此，凡鄭之注《士禮》與鄭之注《周禮》者，可參觀而得也。例彰於彼，凡
《士禮》之所不注與《周禮》之所不注者，孔與賈自默會而明也。深於禮者，
病禮之斷爛而思補其闕，承學之士，又病禮之繁富而不得其門，余特以例爲
之階梯，而有志者即以津逮。」不僅如此，杭世駿與凌廷堪歆慕的江永也有
較深的交往，江永嘗請杭世駿爲其《律呂管見》作序，也曾同杭世駿討論過
音律方面的問題，杭世駿的禮學觀與江永有相同之處。

〔註18〕 錢穆曰：「夫徽歙之學，原於江氏，胎息本在器數、名物、律曆、步算，以之
治禮而獨經……再傳而爲次仲，則分樹理、禮，爲漢、宋門戶焉。見《中國
近三百年學術史》，商務印書館，2005 年版，第 547 頁。

〔註19〕 〔清〕凌廷堪《校禮堂文集》卷二十六《禮經釋例序》，中華書局，1998 年
版。

的。

　　杭世駿的禮學成就除了《續禮記集說》《禮例》等考證著作外，還有許多強調禮學踐履實效的文章，如議師當制服，可以立師道，屬澆季；朋友不制服，防不肖者貢媚權勢，賢者結怨流俗〔註 20〕。都是極有見地的觀點，對凌廷堪的禮學實踐也有很多啓發。

　　小學方面，因爲杭世駿極力批判對六經的依託、摹擬、附會之邪習〔註 21〕，也認同顧炎武對「以明心見性之空言，代修己治人之學」的空疏學風批評，提倡回歸經典，研讀經典。顧炎武研讀經典所採用的是從音韻、文字入手的方法，即「讀經自考文始，考文自知音始，以至諸子百家之書，亦莫不然」〔註 22〕，也爲杭世駿指示了治學的路徑。杭世駿接受了顧炎武這種篤實的爲學之法，撰寫了考據精覈的小學名著《續方言》。此書被採入《四庫全書》，並獲得了四庫館臣的讚譽：

　　　是書採《十三經注疏》《說文》《釋名》諸書，以補揚雄《方言》之遺。前後類次，一依《爾雅》，但不明標其目耳。搜羅古義，頗有裨於訓詁……大致引據典核，在近時小學家猶最有根柢者也。〔註 23〕

在目錄學方面，杭世駿的《石經考異》是一部考證石經的佳作。顧炎武博列眾說，互相參校，撰成《石經考》一書，考石經七種，能發前人所未發。但

〔註20〕《道古堂文集》卷二十三《師制服議》曰：「師者，匠成我以進德修業者也。於其死而等諸塗之人，在人情爲寡恩，在禮制爲闕典……爲制服，以厚俗也。若謂其淺教暫學，而豫申廢興悔吝之說，澆季末俗，將遂有逆師畔教，借口實于摯虞之議，而傳道受業解惑之儒竟至甘受菲薄，而莫能以師道自立者。故吾之議，謂師死不可以不制服。」同卷《朋友制服議》曰：「吾以爲特不可以施之今日。昵交密友，有登堂拜親之敬，制服興復古道，似爲無害，然其末流寖失，不肖者將假之以貢媚權門，而賢者或因之以結怨流俗，則其道不可以久。」

〔註21〕《道古堂文集》卷八《古文百篇序》曰：「經爲天地之常道，冥行擿埴，中道而回惑迷謬者眾矣。而其病有三：曰依託，曰摹擬，曰附會。何謂依託？王莽《大誥》、蘇綽《周官》、聖賢心法，藉以飾其濁亂，是謂侮經。何謂摹擬？揚雄《太元》、王通《元經》，後人著撰，輒敢上比神聖，是謂僭經。何謂附會？董生《繁露》、韓嬰《外傳》，佹背經旨，鋪列雜說，是謂畔經。侮與僭與畔，皆不得其宗者也。」

〔註22〕〔清〕顧炎武《亭林文集》卷三《與施愚山書》，上海古籍出版社，1996 年版。相關論述見葛兆光《中國思想史》第 2 卷，復旦大學出版社，2007 年版，第404 頁。

〔註23〕〔清〕永瑢等《四庫全書總目》卷四十《續方言》提要，中華書局，1965 年版。

也一些缺失，有鑒於此，杭世駿又撰《石經考異》來補正顧炎武，正如他在《石經考異引》中所說：「《石經考異》者何？以補亭林顧氏之考也。」《石經考異》汲取了友人厲鶚、全祖望、符元嘉的考證成果，後出轉盛，較顧炎武之書更爲完備、精覈〔註24〕。

史學方面，杭世駿生長在史學發達的浙江，斯地自黃宗羲以來，就確立了獨特而深厚的史學傳統，浸染其中的杭世駿，二十五歲就立志治史，三十歲讀遍二十一史。並與萬氏後人萬經、史學專家全祖望、趙一清有很深的交往，友朋往來，互相切劘，史學日進。著有《史記考證》《漢書蒙拾》《後漢書蒙拾》《三國志補注》《晉書補像贊》《金史補》《諸史然疑》等史學著作，其中《三國志補注》《諸史然疑》被《四庫全書》收入，是「以資考證」，「於史學不爲無補」的史學力作〔註25〕。正是因爲杭世駿卓越的史學成就，廣博的文史氣象，使得後人往往將其同黃宗羲、全祖望並稱，尊爲浙派史學大家。如林昌彝《論詩一百又五首》之論杭世駿曰：「嶺南一集久推袁，上接黃全鼎足尊。詩律更增深厚力，居然文采照中原。」自注：「黃梨洲有《南雷集》，全謝山有《鮚埼集》，與大宗爲鼎足。」〔註26〕王昶也認爲「兩浙文人，自黃梨洲先生後，全謝山庶常及先生而已。」〔註27〕近人張舜徽也有相似的觀點，他說：「浙學自黃宗羲、毛奇齡、朱彝尊、全祖望外，以言規模之大，吾必推世駿爲巨擘焉。」〔註28〕

三、學人之文的卓異成就

杭世駿的詩學成就，張仲謀在《清代文化與浙派詩》一書中已有專章論述〔註29〕，今可置而勿論，專論其古文成就。

杭世駿學問淵博，勤於著述，撰有《道古堂文集》四十八卷，文章數量

〔註24〕《四庫全書總目》卷八十六《石經考異》提要曰：「是編因顧炎武《石經考》，猶有採摭未備，辨正未明者，乃爲糾訛補闕，勒爲二卷……考證皆極精核。前有厲鶚、全祖望、符元嘉二序……蓋合數人之力，參訂成編，非但據一人之聞見，其較顧炎武之所考較爲完密，亦有由也。」
〔註25〕《四庫全書總目》卷四十五《三國志補注》，《諸史然疑》提要。
〔註26〕〔清〕林昌彝《衣讔山房詩集》卷七，清同治二年廣州刻本。
〔註27〕〔清〕王昶《蒲褐山房詩話》之《杭世駿》條，清稿本。
〔註28〕張舜徽《清人文集別錄》卷五《道古堂文集》提要，華中師範大學出版社，2004年版。
〔註29〕張仲謀《清代文化與浙派詩》第三章《杭世駿：學人之詩》，東方出版社，1997年版。

甚是可觀，在這些文章中，杭世駿確立了自己獨特的文章觀。

古文學習與創作方面，杭世駿遙承劉勰「明道」、「宗經」遺緒，主張根柢六經；在文道關係上，接續了唐宋八大家確立的文道合一、文以載道的文道觀。主講安定書院時，杭世駿就以此爲準則，編選了《制義宗經》《古文百篇》肄諸生，並於二書序言之中反覆昌言之。

> 三才建而天、地、人之道立，聲於事物，布於倫紀，散見於經綸日用之間。微而不可見，大而不易窮也，不得不寄之文以宣其蘊。文以明道，以貫道，而實以載道。匪明何以貫？匪貫何以載？說雖殊，其爲深探元本則一也。或者嗤爲小技，薄爲餘事，是直析文與道而二之，豈知文哉？〔註30〕

> 律以鄭、賈，衷以程、朱。心術端而經學純，經學純而風俗化。宗之一說，所以立文章之根柢也，此吾所以植其本也。〔註31〕

杭世駿如此重視六經對文章的基礎性作用，如此強調文章的儒家內涵，既是其實際創作的切身體驗，也是針對當時揚州地區乃至整個文壇作出的有意針砭。他批評其時文士重文輕道的弊病，並指出這種「倒道而行，迕道而說」的習文方式必然會導致「割裂成語，以就體裁；稗販後代之語，以文淺陋」的惡習。如果離開六經的深厚底蘊，就不可避免地截取前人斷篇隻字，敷衍成篇。致使文章輕佻而纖薄，缺少渾厚含蘊的氣象。從這個層面上看，杭世駿重新標舉宗經、明道的大旗，對於矯正空疏淺陋的文章偏失，促使古文重振樸茂質實之風，都有積極的意義。

用六經豐富文章的內涵，使文章富含儒家的醇雅典贍氣象，這是主張文章根柢六經的理想化狀態。然而，在實際創作中，往往並不盡如人意，在六經到文章的轉化過程中仍有許多不必諱言的難題。畢竟古文別是一體，作爲一種文學樣式，它有自己相對獨立而完足的統緒，也有體裁本身的內在規定性。如果祇是高自標置而又抱殘守缺似的專守六經，而忽略古文源遠流長的文學傳統，甚或棄置歷代經典的古文之作而不觀，那古文只能是被困在六經的陰影之中，而淪爲六經的注疏或解經的語錄，最終失卻古文存在的本眞。因此，如何規避六經對古文文學性的擠壓，如何汲取前輩古文大家的有益資源，也就成了杭世駿思考的又一議題。

〔註30〕 《道古堂文集》卷八《制義宗經序》。
〔註31〕 《道古堂文集》卷八《古文百篇序》。

　　對此，杭世駿有其通達而切用的補足之策，他在「宗經」的前提下，又
提出了「習古」的理論。所謂「習古」，自然是對古代所有經典的學習，其中
包括六經，也包括其他經典。這就拓寬了學習的範圍，打破了對六經的固守。
不僅如此，杭世駿此處對「習古」又作了明顯的傾向性界定，即「習古」之
古主要是指歷代古文，「習古」也主要是對古文經典的研習。在梳理了整個古
文發展史之後，杭世駿極力推尊韓愈，堅定地維護韓愈在古文史上的宗主地
位。並進而以唐宋八大家爲師法典範，痛斥何景明之流輕視八大家的做法。
其《古文百篇序》曰：

> 史遷言載籍極博，猶考信於六藝。孔子沒而微言絕，七十子喪而大
> 義乖。周末文勝，其流益分。縱橫、名、法，厄言日出。鬼谷峭盤
> 險薄，韓非慘核少恩，皆衰世之文也，古意衰矣。左氏以浮誇，莊
> 周以荒唐，屈原以譎詭。經言雖熄，是非頗不繆於聖人，後世之言
> 文者宗之。西漢董、賈、匡、劉疊興，炳焉與三代同風，稱極盛
> 矣。東京卑弱，班、張、馬融，振以詞賦，而不能盡返諸古。黃初
> 以降，迄於開皇、大業，揚芳散藻，以輕豔相扇。蓋古文之亡者，
> 幾五百年。唐興，修六代之史，有史裁而無史筆。魏徵以史論，燕
> 許以手筆，陸贄以奏議，楊綰、常袞、權德輿以制誥，意雖盛，氣
> 雖雄，猶沿六代之偶儷。昌黎韓愈氏出，約六經之旨，起八代之
> 衰。輔之以李翱，角之以柳宗元，衍之以皇甫湜、孫樵。奸窮怪
> 變，大放厥詞。有唐一代之文章，萃然聳於千載之表。近代何大
> 復，病狂喪心，乃以爲古文亡於韓，屠長卿謂歐陽、蘇、曾、王之
> 文讀之不欲終篇。此桀犬之吠，叔孫武叔之毀，不足校也。貞元而
> 後，承以五季之弊陋。穆修、柳開、胡旦欲以古義復之，力薄而不
> 能振。盧陵一變而爲宕逸，南豐一變而爲敦龐，臨川一變而爲堅
> 瘦，眉山父子推波助瀾，厥旨始暢。乾淳以往，非無作者，要皆其
> 支流餘裔，而非能自立一幟者也。元末臨海朱氏，始標八家之目，
> 迄今更無異辭。

杭世駿還以告誡的語氣警示當時爲文者，不論習古文還是作時文，不從八家
入手，必然會有庸俗之失。即「爲古文而不源於八家，支離嵬瑣，其失也俗。
爲今時文而不出於八家，膚淺纖弱，其失也庸。夫文以傳示遠近，震耀一世
之具，而誠不免於俗與庸之誚，則毋寧卷舌而不道矣。」

杭世駿奉唐宋八大家爲圭臬，重視古文自身的文學資源，塡補了專守六經的固陋之失，在古文取資上已是合理而完足。但是，不管是宗六經，還是尊八家，都祇是開列了應當取資的對象，都是屬於師法什麽的問題，沿之而下，自然會推演到如何師法的探討。這就須要揣摩古人的爲文心思，揣摩經典中的文則、文法。儘管杭世駿是反對這種刻意揣摩做法的，即所謂「揣摩之法，有道者恥之。」但作爲書院山長，杭世駿必須指示師法古人的途則，故此拈出了獨特的揣摩之法：

> 短長家言蘇秦十上不第，發憤至於刺股，而其揣摩之道，不過曰簡練而已……揣摩之說，有道者所恥言。屈而從之，則必上驗天道，下察地理，中悉於人情。物變稽之往籍，以得其據；依核之前言，以謹其步趨。因文見道，睹指知歸。非空虛無具，遊談不根，以僥倖於苟且而已。

揣摩不是冥想，仍須以學養濟之。宏觀上，須要鍛煉從經典之中抽象出作文規律，也要體察人情世故，從而蓄積文章的情感資源；微觀上，鑽研古人下字運詞的技法，藉此來繩規自己的言辭。但揣摩之法，必須以簡練爲宗，在揣摩方面，戰國時期的蘇秦是一個典範，雖然杭世駿認爲，蘇秦實在是一個小人。

師法古人，揣摩經典，是屬於取資、技法層面的，對這一層面的把握水平之高下，自然就決定了習古「工」與「不工」的差異。那麽，在杭世駿看來，什麽才是眞正的「工」呢？

> 吾所謂「工」者，豈謂其能獵百氏之辭與調哉？吾未見不空百氏之所有，而能謂之「工」者也。亦未見不兼百氏之所無，而能空百氏之所有者也。王介甫之自言曰：『自百家諸子立書，至於《難經》、《素問》、《本草》、諸小說，無所不讀；農夫、工女，無所不問，然後於經能知其大體而無疑。』介甫之文具在，深求其所讀與所問，則固枵然一無所有也。夫枵然一無所有，則何以謂之介甫矣？而介甫之所以爲介甫者，則非以其能讀之，能問之，而謂其能空之也。
> 〔註32〕

杭世駿所中意的「工」，不是辭藻與聲調這些淺層次上的，他所謂的「工」，是一種包孕百家的淵懿氣度，是一種能夠入百家之室而操其戈的熟稔，是消

〔註32〕《道古堂文集》卷十一《趙勿藥集序》。

化百家而生成的新氣象，這種氣象雖然是胎息於前人的，但同時也是度越前人的，是在前人基礎上的新擴展。只有眞正具備了這種取舊滋新的新拓展，才是眞正的「工」。這種眞正的「工」，王安石是做到了。

文章具備了廣泛的取資，爲文者把握了以簡練爲宗的揣摩之方，同時又師法前人而能突破前人，從而有開新的氣度，最終行之於文，必然表現爲某種文風。文風多樣，杭世駿所讚賞的主要是以下三種，即清眞雅正、奧博修潔與和平謙愼。

「『清眞雅正』是朝廷對文章宗尙的根本性指導思想。這一思想有其形成與沿續的過程，有其強勢與理性的治統內涵。」〔註33〕這種「清眞雅正」的文風，在清廷政治的推動下迅速傳播開來，並以《淵鑒齋古文》與《御選文醇》爲範本而流佈天下。這兩個御製文章選本又是杭世駿所熟讀的〔註34〕，自然受其文風指向影響，接受了這一古文風格，並在編選《制義宗經》時作爲去取標準。他在《制義宗經序》中說：

> 乃取歸、胡以下，訖於與吾並一世而生者，甄綜其文，約以百篇。
> 不限時代，不拘體格。恪遵我皇上標舉「清眞雅正」四字爲圭臬，
> 間以前哲所謂「昌明博大、莊嚴鴻朗」之旨爲準則。端其祈向，導
> 之軌範。尖新寒瘦之習，旣性所不喜。詭異必斥，破碎必懲。

「清眞雅正」的文風是受清廷帝王文化政策的影響，奧博修潔的宗尙則是清廷兩舉博學鴻辭科的結果。康熙二十八年（1689），首開博學鴻辭科，得人極盛，通過此次制科，博學鴻儒諸人已形成奧博修潔的文章風尙，流風所靡，對於同樣是博學鴻儒的杭世駿而言，影響不言而喻。正如劉師培在《論近世

〔註33〕 曹虹師《帝王訓飭與文統觀念——清代文學生態研究之一》，第102頁，南京大學古典文獻研究所主辦，《古典文獻研究》第10輯，鳳凰出版社，2007年版。

〔註34〕 杭世駿《古文百篇序》曰：「聖祖仁皇帝接精一之心傳，垂百王之大法。蓋嘗伏讀《淵鑒齋古文》之刻，而見大聖之心也。言必衷諸道，事必約於禮。精之在天人性命之微，推而播之，至於治國、平天下之大。天下之文章，固莫有大於是者也。草茅跧伏，潛心玩索，得其什一而規模已立。今上皇帝彈緝熙宥命之學，集揆文奮武之勳。吐辭爲經，因心作則。二曜周環，俱歸掌握；百家騰躍，盡入爐錘。備唐三變，甄宋六家。又嘗伏讀《御選文醇》一書，而知我皇上法天敬祖之家法也。證千聖之心源，成一朝之麗制。涔經孕史，磨礱學士之進修；據德依仁，發揮天下之事業。深思熟復，尋繹指歸，如躬聆大聖之講授，增長智識，又得其什一，而古文之塗徑，大概盡於是矣。」

文學之變遷》一文中所言：

> 時江淮以南，吳越之間，文人學士應制科之征。大抵涉獵書史，博
> 而不精。諳於目錄、詞章之學，所爲之文以修潔擅長，句櫛字梳，
> 尤工小品。然限於篇幅，無奇偉之觀。竹垞、次耕其最著者也。鈍
> 翁、漁洋、牧仲之文，亦屬此派。下迄雍乾，董浦、太鴻猶延此體。
> 以文詞名浙西，東南名士咸則之，流派所衍固可按也。

杭世駿也反對文壇上尖新寒瘦之習，推尙文章和平謙愼之氣。

> 抑於足下有所規者，文必和平謙愼，而後可以持世。其外多詡辭
> 者，中必有不足者也；其外多詆辭者，中必有不平者也。心不澄，
> 則語不密；語不密，必傷理而違道。苟有類乎是，皆智者所不與。
> 〔註35〕

杭世駿的古文觀也並不是虛懸的理論，作爲古文家，他始終將這些觀點用之
於古文創作實踐，並取得了卓異的成就。

　　首先，杭世駿的古文包孕經史，出入百家。雖集中多是序跋應酬性的文
章，他也仍能於其中縷述經史流變，溯源而窮流，詳贍而該洽。並能以極精
到的文法統攝材料，所以能夠在敘述學術源流時，避免了疊床架屋似的堆
砌，而是條目清楚，安排確當。所以，汪沆《道古堂全集序》說：「竊窺先生
之學，大抵以六經爲之根。貫穿群史，出入百家，以掇擷其精腴而高朗卓
鑠。衷於性情，胸之所蘊，筆舌間皆克傾之。故其節高，其氣華，其辭宏肆
而奧博，一時群雅莫與抗者。」

　　這方面的代表作如：《道古堂文集》「卷四《韓氏經說序》，則言說經之流
派；卷五《施愚山先生年譜序》，則言年譜之體制；卷七《張芑堂金石契序》
《孫月峰書畫跋序》，則言金石書畫之著錄；同卷《名醫類案序》，則言方技
醫經之得失；卷二十一《答任武承書》，則言起居注之義例；卷二十四《說緯》，
則言緯書之源流。」〔註36〕張舜徽稱讚這些文章「辨證明晰，如數家珍，豈
儉腹者所能爲？」

　　確如張舜徽所說，此種文章非有深厚學殖是無法完成的。杭世駿的古文
是典型的學人之文，他的文章是根植於其廣博學識的，是他好學儲寶的自
然發露。袁鑒《道古堂全集序》感歎：「某嘗竊窺先生之作，如山海之聚珍

<hr />

〔註35〕《道古堂文集》卷二十一《與王瞿書》。
〔註36〕張舜徽《清人文集別錄》卷五《道古堂文集》提要。

錯，爐冶之化金鐐，都市之鬻貨幣。大則名器重寶，細至古董晬盤，無所不有，亦無所不可有。」王瞿的序言則揭示了杭世駿古文雄贍淵博的內在原因，他說：

> 董浦於學誠無所不貫，所藏書擁榻積幾，不下千萬卷。董浦枕籍其中，目睇手纂，幾忘晷夕。閒過友人館舍，得異文密冊，即端坐默識，括略其要實乃已。遇有離合，設甲乙辯難，輒反覆數千言不能了。銳心若此，宜所為文立言撫意實有到人所不到者。夫儲之有厚薄，發之有深淺，自然之情也。董浦茲編，特珙璧之先資耳！〔註37〕

杭世駿又深於史學，其文章體例完善，考證縝密，為後代史學家提供可供參照的範本。

> 世駿深於史學，而雅善綜述。卷二十三《志西漢鹽鐵》，卷二十五《漢爵考》，比物類事，實開趙翼《廿二史箚記》之先。卷三十及三十一《梅文鼎傳》，既詳載其著述議論，復附列其友朋姓字，斯又阮元《疇人傳》體制之所自出。〔註38〕

其次，杭世駿篤於友朋之好，文集中的傳、狀、墓誌銘，時時流露出對朋友的哀思之情，真切而動人，如《梁蔎林傳》《趙谷林傳》《禮部侍郎齊公墓誌銘》等。杭世駿家庭多故，許多親人都先其而逝，故文集中敘述家人事迹的文章更是感人至深，讀罷不免慨歎其命運多舛。如《亡妹吟草序》，以飽含哀痛之情的筆墨，撰述了才女杭澄才高而命蹇的困厄人生，令人淚下。此類寫親情的文章當推其述喪子之痛的《三殤瘞磚》為極致：

> 余有子十人而殤其六。第三男寬仁，遊於庠，婚於室而卒不祿。為立後，《記》曰：『子不殤，父弗殤』，為所後地也，將卜地而葬之而未得。第四曰宣仁，五曰容仁，六曰定仁，七曰宥仁，十曰宜仁。其中有長殤，有中殤，有下殤，桐棺累累，殯於淺土，惘然有餘慟焉。西溪有不毛之地，以三十千易之，不筮不卜，不封不樹，次其長幼而先後瘞焉。無行誼可紀，無文章可錄，無聰明穎悟可憐念。慈愛之念減，而悲傷哀悼之情，衰止報服之制，闕焉而不修。非恝也，事就其簡而禮從其殺，亡於禮者之禮也。嗚呼！以余之不德也，幸及於寬宥，而天不即降之罰，凶癘夭箚，洊加於童幼，而貸余於

〔註37〕王瞿《道古堂文集序》，載《道古堂全集》卷首。
〔註38〕張舜徽《清人文集別錄》卷五《道古堂文集》提要。

緩死，使之得終事太夫人，而無終天之憾。然則是諸殤者先後代余
受罰，皆謂之仁人孝子可也。瘞之埋之，天地之心，父母之責，於
是乎在，不可以不誌而係之。銘曰：爾曹蚩蚩，靈幽體黟，魂氣則
無不之。葬之中野，以畢吾父母之恩。誌之銘之，以抑吾無窮之悲。
死而有知，抑其無知？嗚呼，哀哉！

文章將喪子之痛抒寫得淋漓盡致，其哀痛毀咎之情，與韓愈《祭十二郎文》
異代而同調，是喪祭文中的典範之作。

綜上，主要論述了杭世駿的人生概況，以及他在經史、古文上的突出成
就。不可否認，杭世駿也有不足之處，如史學方面，雖涉獵廣博，但是有些
袛是淺嘗輒止，並沒有作精深的開掘，其史學著作《三國志補注》，就有細大
不捐，語或不經的缺憾，這些四庫館臣都曾指出。古文方面，也有考證未精
覈者，如《論王充》等。但是，這些不足與其成就相較，成就顯然是主要的。
正是因爲杭世駿在清代學術史、文學史上有重要的地位，所以筆者才選擇爲
其撰一年譜，力圖反映其生平行實，及其學術與文學成長過程，以備知人論
世之參考。

劉大櫆與時文

一、問題的提起

在桐城派的發展歷程中，古文與時文之間的糾葛關聯始終是一個焦點問題，關於這個問題的認識，代表性的觀點主要有三種，即以時文為古文，以古文為時文和折中二者而各有偏重者。

錢大昕是第一種觀點的倡導者，在《與友人書》中詆諆桐城初祖方苞曰：「若方氏，乃真不讀書之甚者。吾兄特以其文之波瀾意度近於古而喜之，予以為方所得者，古文之糟粕，非古文之神理也。王若霖言靈皋以古文為時文，卻以時文為古文，方終身病之。若霖可謂洞中垣一方癥結者矣。」〔註1〕在錢大昕看來，方苞空疏無學，所謂古文義法乃是得自世俗古文選本，義且不通，更遑論法，且以時文為古文，儘管所作古文能肖時文之波瀾意度，但終究不入精華境界，反而墮入時文糟粕之中。包世臣也有類似的認識：「古文自南宋以來，皆以時文之法，繁蕪無骨勢。茅坤、歸有光之徒程其格式，而方苞係之，自謂真古矣，乃與時文彌近。」〔註2〕直到五四時期，周作人在《中國新文學的源流》第四講《清代文學的反動（下）——桐城派古文》中，依然批判桐城派「文章統系也終和八股文最相近」〔註3〕。

〔註1〕〔清〕錢大昕著，呂友仁標校，《潛研堂文集》，上海古籍出版社，1989年版，第 608 頁。

〔註2〕〔清〕包世臣《讀大雲山房文集》，見《藝舟雙楫》，商務印書館，1936年版，第 55 頁。

〔註3〕周作人《中國新文學的源流》，華東師範大學出版社，1995 年版，第 48 頁。

　　與上述觀點截然相異的一批學者認爲，桐城派古文家是以古文爲時文，自覺避免時文作法闌入古文義法之中，是提升了時文的境界，而不是降低了古文的品格。針對清人對桐城派以時文爲古文的種種非難，率先提出質疑與駁論的學者是錢仲聯先生，他在《桐城古文與時文的關係問題》一文中認爲：「影響不能改變不同文體的特性，古文自是古文，時文自是時文，涇渭清濁，原自分別。」即視古文與時文文體有別，各有其行文之法，很難達到眞正意義上的溝通轉化，因此「事實上，桐城古文家的創作實踐，與時文是有鴻溝之殊的」〔註4〕。

　　折中派的代表王氣中先生在《桐城文風探源——兼論它流行長遠的原因》中指出：「形成桐城派文風」的「要素」之一，「是經義時文的影響……在這一歷史時期，很多散文作者既是古文的名家，又是時文高手。歸有光、方苞等人，他們都是馳名的八股文大家……由此可見，在八股文盛行時代，散文所蒙受的巨大影響……八股文最大的毛病，在其思想固定和寫作方法程式化。我們不能因爲這些原因而怕說它對古文的影響，影響是客觀存在的。」〔註5〕雖然是折中二者，但論述約略偏重在時文對桐城古文風格的影響上。鄺健行先生也力圖調和二者，但較偏重在古文對時文的影響上，其《桐城派前期作家對時文的觀點與態度》一文指出：「古文入時文才是最初的步驟，而且是決定性的步驟。後來如果出現時文影響古文的情況，大抵只能算是虛象。推本溯源，所謂影響，還是來自古文的。」〔註6〕

　　綜合這三種觀點，不難看出，時文和古文的關係問題是桐城派古文的核心命題之一，不管二者之間的主從關係如何，在考察桐城派古文時，時文是繞不開的議題。不無缺憾的是，上述觀點多是從宏觀的角度著眼，對具體作家個案的微觀分析則很少，而深入到文獻肌理的微觀分析有時卻是宏觀抉擇的基礎。因此本文試以桐城三祖之一的劉大櫆爲個案，圍繞《海峰制義》、《時文論》以及《劉大櫆集》中的十一篇時文序進行考察，著力揭示劉大櫆的時文理論、時文風格和矛盾的時文情感，以期爲探尋桐城派古文與時文之關係提供一個基礎性的研究。

〔註4〕　錢仲聯《夢苕庵清代文學論集》，齊魯書社，1983年版，第79、80頁。
〔註5〕　王氣中《桐城文風探源——兼論它流行長遠的原因》，見《江淮論壇》1985年第6期，第38、39頁。
〔註6〕　鄺健行《詩賦與律調》，中華書局，1994年版，第212～213頁。

二、劉大櫆的時文理論

　　方苞盛讚劉大櫆精於時文，私淑姚鼐的吳德旋也說：「桐城劉海峰先生以詩古文負重名雍正、乾隆間，然其生平著述之尤善者，經義也。」〔註7〕擅長時文的劉大櫆在時文理論上頗多創獲，主要見於《海峰制義》附錄的《時文論》十六則和《劉大櫆集》中的十一篇時文序中。因通行本《劉大櫆集》所附的《時文論》僅有六則，故容易使人誤以爲是《時文論》全本。

　　從時文起源論上來講，劉大櫆有明顯的尊體意識。《張蓀圃時文序》曰：

　　余嘗謂古昔聖人之言，約而彌廣，徑而實深，即之若甚近，尋之則愈遠。儒衣之子，幼而習之，或通其詞訓，而未究其指歸。後之英主，更創爲八比之文，使之專一於四子之書，庶得沿波以討源，刮膚以窮髓，其號則可謂正矣。〔註8〕

他指出時文雖然不能與六經相提並論，但對於理解六經卻是厥功甚偉，以至於佔據於「藝事」的「精之精者」的品位：

　　立乎千百載之下，追古聖之心思於千百載之上而從之。聖人愉，則吾亦與之爲愉焉；聖人戚，則吾亦與之爲戚焉；聖人之所窈然而深懷，翛然而遠志者，則吾亦與之窈然而深懷，翛然而遠志焉。如聞其聲，如見其形，來如風雨，動中規矩，故曰文章者藝事之至精，而八比之時文，又精之精者也。（《徐笠山時文序》，第93～94頁）

代言體是時文最重要的特徵之一，它是時文區別於其他文體的重要標誌，也內在性地規定了時文技法的精密與艱深。在時文中果眞能夠追攀「古聖之心思」，既蘊含儒家之思想，又能展示聖賢之形象，那麼這樣的時文就遠非其他文體所能媲美。因爲時文分股立柱有詩歌的形式，文以載道有古文的內涵，肖象古人有小說的特徵，但詩歌闡發義理不及時文，古文則缺少時文的擬象性，時文典重莊雅的性質也非小說所敢跂望。從這個意義上來說，劉大櫆將時文界定爲藝事的「精之精者」，是有其內在的合理性的。

　　既然時文地位如此之高，作法如此其難，那麼能夠追步古賢、不爲世俗之文者就寥若晨星了，而庸濫時文卻是積案盈箱，這就導致了如下的悖謬景

〔註7〕　〔清〕吳德旋《初月樓文續鈔》卷三《劉海峰先生經義鈔目錄序》，清光緒九年（1883）蛟川張榮壽《花雨樓叢鈔》本。
〔註8〕　吳孟復標點《劉大櫆集》上海古籍出版社，1990年版，第101頁。後文引用本集時，爲避繁冗，只列篇目和頁碼。

象：

> 今以前代之時文，與今之時文，果足以追步古人者，與今人見之，
> 則適適然驚矣，望望然去矣。何者？彼其於詩歌、古文徒見其善者
> 也；彼其於時文，雖有善者不見，徒見其不善者也。徒見其善者，
> 以善者示之，彼以爲類也，故安之也；徒見其不善者，忽以善者示
> 之，彼以爲不類也，故怪之也。（《徐笠山時文序》，第 94 頁）

庸濫時文橫行天下，其實也殃及時文自身，人們已忘記時文中的「善者」了。
從懲治庸濫時文的角度看，清初不少學者甚至將明代亡國歸咎於時文，譏刺
與討伐紛至沓來。此後亦不乏廢毀之議，如康熙二年（1663）廢除時文，改
行策論，乾隆三年（1738）又有兵部侍郎舒赫德上書請廢時文。而劉大櫆則
從維護境界時文的角度立說，雖然絕不是向庸濫低頭，但在理論視野上自能
發人深省。

從技法論上來講，劉大櫆以爲時文作爲代言體，最重要的「須是逼眞」：

> 八比時文，是代聖賢說話，追古人神理於千載之上，須是逼眞。聖
> 賢意所本有，我不得減之使無；聖賢意所本無，我不得增之使有，
> 然又非訓詁之謂。取左、馬、韓、歐之神氣音節，曲折與題相赴，
> 乃爲其至者。〔註 9〕

這種「逼眞」的要求，是時文不同於古文的特徵所在，「古文只要自己精神
勝，時文要己之精神與聖賢精神相湊合」（《時文論》第 11 則）。這裡的難度不
僅在於跨越千年之遙去逼肖古人，而且在於「己之精神」也有寄身之處，劉
大櫆對此深有感悟：

> 如今人作文字便不見聖賢神理，待模神理時又不見今人。作文字之
> 人須是取自家行文神理，去合古聖賢神理。有古人有我，即我即古
> 人，大非易事。（《時文論》第 10 則）

如何達到「有古人有我，即我即古人」這種富有辯證性的境地，劉大櫆提出
八字要言：

> 作時文要不是自我議論，又不是傳注、訓詁始得。要文字做得好，
> 才不是傳注、訓詁。要合聖賢當日神理，才不是自我議論。故曲折

〔註 9〕　《時文論》第 1 則，見劉大櫆《海峰制藝》附錄，光緒元年（1875）劉繼於
　　　　邢邱重刊本。《時文論》共有十六則，吳孟復標點《劉大櫆集》第 612 頁所附
　　　　《時文論》僅錄六則，故本文以劉繼刻本爲參照。

　　如題而起滅由我，八字是要言。(《時文論》第 2 則)

「曲折如題」是題面對作者的限制，「起滅由我」則是作者對這種限制的某種反動。正因主客之間的辯證制衡，才能激發碰撞出「肖題」的生動與飽滿，畢竟「時文體裁原無一定，要在肖題而已。整散佈置，隨題結撰可也」(《時文論》第 9 則)。於此不難看出劉大櫆深諳藝術辯證法。「起滅由我」的背後，還包含時文家的主觀修爲功夫，它要求時文家備具高深的學問基礎，即「時文小技，然非博極群書不能作」〔註10〕；要有「文字做得好」的文筆準備，即「必皆通乎六經之旨，出入於秦、漢、唐、宋之文，然後辭氣深厚，可備文章之一體，而不至齟齬於聖人」〔註11〕；還要有美善的心地，因爲「文之不同，如其人也。一任其人之清濁美惡，而文皆肖象之。以卑庸齷齪之胸，而求其文之久長於世，不可得也」〔註12〕。所以要做好時文，「須先洗滌心地，加以好學深思，令自家肺腸與古聖賢肺腸相合，然後吐出語言，自然相似」(《時文論》第 4 則)。

　　另外，以古文爲時文也是劉大櫆時文理論的重要組成部分，他說：「談古文者多蔑視時文，不知此亦可爲古文中之一體，要在用功深，不與世俗轉移。」(《時文論》第 15 則)值得注意的是，劉大櫆力圖將時文納入古文之中，希望以古文氣格振起時文頹勢，所以他延續了明代唐宋派以古文爲時文的成法，稱讚唐宋派「以古文爲時文之說甚確」，在考察明代八股文發展史時，也認爲唐宋派的時文成就爲最高：

　　　　明代以八股時文取士，作者甚眾，日久論定，莫盛於正、嘉。其時精於經，熟於理，馳驟於古今文字之變，震川先生一人而已。荊川之神機天發，鹿門之古調鏗鏘，卓然自立，差可肩隨。(《時文論》第 13 則)

歸有光、唐順之、茅坤之所以在時文創作上成就斐然，原因就在於三人的時文都師法《史記》，即「唐、歸、茅三家，皆有得於《史記》之妙」。不同之處在於所得各異，「荊川所得，多在敘置曲盡處；鹿門所得，多在歇腳處，逸響鏗然；震川所得，多在起頭處，所謂來得勇猛也」(《時文論》第 14 則)。而且劉大櫆的時文理論特別強調音節的作用，與他的古文理論專著《論文偶

〔註10〕《蔡自堂時文序》，第 100 頁。
〔註11〕《方晞原時文序》，第 97 頁。
〔註12〕《郭昆甫時文序》，第 96 頁。

記》契合，也可以看出劉大櫆以古文文法充實時文技法的趨向。

三、劉大櫆的時文創作

劉大櫆的時文作品主要集中在《海峰制義》中，《海峰制義》收錄時文一百零一篇，有評點，光緒元年（1875），由劉開之子劉繼刻於邢丘，歐陽霖、曾紀雲等編校。細讀這些時文，可以看出，以時文爲古文，時文與古文交互影響，是劉大櫆時文創作的最大特點。

劉大櫆的時文創作師法明代時文大家歸有光，並已登堂入室，得歸氏神味，很多時文作品儼然備具歸有光風格，如《弟子入則孝 一節》，徐誠齋先生評曰：「逐句還他實義，瘦硬直達，而丘壑自然起伏，波瀾自然瀠洄，精神自然雄渾，前輩惟震川有此能事。」《質勝文則 一節》，符幼魯評曰：「後半一氣直達，又似震川。」《子曰中人以上 一節》，徐笠山評曰：「行文一氣奔泄，莽蒼樸拙處非震川先生不能。」劉大櫆的受業弟子吳定在《海峰夫子時文序》中，將歸有光推尊爲明代時文第一人，有清一代承繼歸有光且能得時文家法者，惟劉大櫆一人而已，他說：

> 前明以經義試士，作者相望，然能以古文爲時文者，惟歸氏熙甫一人。先生（劉大櫆）生我朝文教累洽之時，獨閉戶得古文不傳之學，其爲時文也，神與聖通，求肖毫髮，不增一言，不漏一辭，臭味色聲，動中乎古，遠出國朝諸賢意象之外。〔註13〕

劉大櫆師法歸有光所得不傳之秘，即是以古文爲時文，《海峰制義》中的時文蘊蓄古文神理者甚多，如《未知生焉知死》，周白民評曰：「引星辰而上，決江河而下，體雖排偶，寔則古文之單行也。」《聖人吾不得 二節》，鍾潤川評曰：「格調近化治而氣味則出自古文。」《詩云邦畿千里 一節》，陳伯思評曰：「鑄六經爲偉詞似劉克猷，而一種濃鬱之氣，則得於古文者深矣。」

劉大櫆以古文爲時文的行文方式有時已經做到極致，以至於喪失了時文特有的體貌特徵，出現了時文不時的現象，如《子曰泰伯 一節》，全文如下：

> 昔周自后稷以來，積德累仁數百年，至於太王寔始翦商，其後武王伐紂，遂克商而有天下焉。
>
> 夫子曰我周之初，聖人繼作，皆出於事不獲己，而各行一心之所安

〔註13〕〔清〕吳定《紫石泉山房詩文集》卷六，清光緒十三年（1887）刻本。

也。由今思之，泰伯其可謂至德也矣。（前一大股）

自周失其政，親戚離畔而祝降時喪，曆數歸於我周，太王不忍百姓於非辜，思欲拔之於水火，登諸衽席，以道濟天下爲己任，非苟而已也。設使泰伯以彼其賢，纘太王之緒，朝諸侯，有天下，如反掌耳。

泰伯顧以爲君臣大義無所逃於天地之間，矢心孤往，獨行其是，而卒能自全，無有所失，乃與仲雍託之採藥而逃荊蠻。荊蠻夷狄狄之俗，世或傳其斷髮文身，無所用之耳。

然泰伯何嘗有棄天下如屣之迹，示人以毫末哉？推其意，蓋有不欲百世之下鑒其衷，何況欲當世知其故乎？

由今思之，三以天下讓，民無得而稱焉。（後一大股）

如果此文不是載於時文集《海峰制義》，而單純從文體特徵上來看，我們很難將其歸入時文一類。因爲劉大櫆在創作這篇時文時，幾乎打破了所有時文應有的文體規範。該題出自《論語‧泰伯》篇，全文是「子曰：泰伯，其可謂至德也矣！三以天下讓，民無得而稱焉。」題面內在地規定了泰伯「至德」和「民無得而稱」是該篇時文闡釋的兩個重點，是典型的兩層意思並列的雙扇題，劉大櫆分爲兩大股是較爲常見的作法，且後一股二四段儼然也是相對的兩股，還是能夠體現出一些時文文法。但是兩大股字數懸殊，前一大股 86 字，後一大股 229 字，很難構成股於股之間的對稱。全文以古文單行之筆展開，也一定程度上沖淡了時文所要求的對偶。更爲遺憾的是，該文甚至於沒有設置破題，雖然在兩大股的收尾處各自點明了題旨，但這絕對不符合時文要求。該文方苞的評語是「渾含而意已盡」，雷貫一評曰：「以含蓄之筆，寫難盡之詞，得《史記》之神。」著眼點都是在於表彰劉大櫆以古文含蓄之筆，寫時文難盡之詞，可見劉氏時文的植根之處，除了明代歸有光而外，還有古文楷模似的著作《史記》。

可見，以古文爲時文，以古文筆法提升時文境界，在劉大櫆這裡是顯而易見的。同樣，通過細讀《劉大櫆集》，也不難發現時文文法經常逆向滲透在劉大櫆的古文作品中，使得一些古文在文體特徵上更接近於時文，古文不古的現象在《劉大櫆集》中也可以看到。前文舉證的是劉大櫆的時文《子曰泰伯　一節》，在《劉大櫆集》中也有一篇出處相同之作，這篇古文題爲《泰

伯高於文王》，為了便於分析時文的影響，故將該古文按照時文格式標目分段如下：

> 泰伯高於文王（破題）
>
> 使文王而生於泰伯之時，其不能為泰伯之為邪？嗚呼！其亦能為也。
>
> 使泰伯而居文王之位，其不為三分有二之天下以服事殷，其又將過之邪？嗚呼！其無以過也。（起二股）
>
> 若是，則泰伯與文王等耳，何以異？（出題）
>
> 雖然，天下之事將然者不可知，而惟已然者可以循迹而較。（中二股）
>
> 文王可謂無愧於其君，泰伯則無愧於君，而又無歉於其父。（後二股）
>
> 且文王之三分有二以服事也，人知之。
>
> 泰伯者，一日與其弟仲雍採藥而至荊蠻，久之不返，有來告者曰：已為吳人，斷髮文身矣。設使衰周之世無孔子，則人孰不以泰伯為狂哉？（束二股）
>
> 嗚呼！此泰伯所以高於文王也。（收結）（《劉大櫆集》，第 27 頁）

這篇古文的文體規範是時文式的，有明顯的破題、出題、分股立柱、收結等時文格式，也具備時文內在要求的起承轉合等行文邏輯，可以看做是一篇頗為嚴格的時文。儘管該文收錄在古文集中，但是收錄的依據是它的內涵思想，而不是體貌特徵。之所以將其定位為古文，原因就在於它提出了與朱熹相左的觀點，朱熹認為泰伯高於文王是因為他固守臣子的忠心，而劉大櫆則將泰伯的至德界定為孝悌。不過思想上謹守《四書章句集注》卻是時文在內涵上最重要的規定性，也是時文與古文深層的區別之一，《子曰泰伯》歸入時文類，《泰伯高於文王》錄在古文集中，都是基於思想內涵上的考慮，而不是簡單的文體特徵歸類，如果以文體特徵為分類根據的話，那麼這兩篇文章的歸屬肯定會重置。

通過以上兩篇同題文章可以看出，時文和古文在劉大櫆這裡，不是涇渭分明、難以交融的，而是彼此滲透、交互影響的，古文筆法提升了時文境界，使時文富含古文蒼樸古質之氣，而時文嚴謹的行文邏輯也深化了古文的思想

性。所以因詆毀桐城派而強調以時文爲古文，或因揄揚而表彰以古文爲時文，都是片面的。

四、劉大櫆的時文情感

劉大櫆的時文情感非常複雜，根據當時人的評介和現存的《海峰制義》來看，劉大櫆是擅長時文的，但是他在科舉上卻是屢屢失意，除雍正七年、十年，兩次舉副榜貢生而外，在之後幾十年的科舉生涯中，再也沒有過金榜高中的機會，這對於一位文壇巨子的傷害無疑是巨大的。

劉大櫆對於自己屢考屢不中的原因還是有清醒認識的，主要原因有兩個，首先即是自己的時文不合當時風尚，也就是時文不時。在《答周君書》中他說：「僕賦資椎魯，又生長窮鄉，不識機宜，不知進退，惟知慕愛古人，務欲一心進取，而與世俗不相投合。」（第 121 頁）這種不合時宜的感歎在文集之中時有流露，甚而至於當朋友請求他爲時文集作序時，劉大櫆還擔心自己與流俗有別的時文觀會牽連朋友，《顧備九時文序》說：「顧君古湫將刻其平生所爲文章以行於世，而以余之有舊也，願一言以廁其簡端。余聞之而笑。夫古湫之文固已不宜於世俗，而重以余言，其不益滋之垢厲哉？」（第 98 頁）《方晞原時文序》中也表達了同樣的顧慮，「方子晞原將刻其平生所爲制義，而請序於余，余應之曰：子之義，不合於時者也。而重以余言，其毋乃未獲揄揚之益，而益滋之詬厲乎！」（第 97 頁）

將劉大櫆的時文置於雍乾兩朝時文的發展史中考察，確實看出他的時文與當時風尚難以吻合，清眞雅正是清朝科舉取場中的衡文標準，這個標準通過朝廷訓敕和欽定選本《欽定四書文》而逐步強化，到劉大櫆生活的時代已經達到極致，不幸的是劉大櫆的時文風格卻是蒼老瘦樸，如《康誥曰克 一章》，徐笠山評曰：「蒼老瘦樸而神氣一片」，《眾惡之必察焉》，吳荊山評曰：「瘦折而變態不窮」。這與清眞雅正的取上標準恰恰是格格不入的。另外，當時日漸興起的漢學考據之法滲入時文之中，成爲時义創作上的一種新風氣，如「任釣臺先生深於經學，發而爲制義，雖小題亦必用考據之法行之。」〔註14〕尊奉宋學的劉大櫆，自然也無法與此類風氣相契合。

其次，劉大櫆認爲個人的不遇是衡文者的不學無術所致。《徐笠山時文序》

〔註14〕 〔清〕梁章鉅著，陳居淵校點，《制義叢話》，上海書店出版社，2001 年版，第 190 頁。

曰：「彼一夫者，懵然踞坐於其上，持彼之一是，恃彼之一長，自以爲繩墨，而以之衡天下士。」這些衡文者多數在文章學上並無甚深之修爲，專以個人喜好爲去取標準，「此世之能爲古人之文者所以潛蹤滅影，牢關深閉，藏其文於筐篋之中，而不與今人見之也。」（第 95 頁）

　　儘管劉大櫆在科場上屢屢受挫，困厄終生，但時文是藝事之「精之精者」的尊體意識，始終沒有改變，以古文文法提升時文境界的努力也始終沒有終止，自別於流俗腐爛時文的品格也始終沒有變更，他在《顧備九時文序》中說：

> 楚之南有漁者，冀得吞舟之魚，而惡其鈎之曲也，乃取莊山之金以爲錐，投之瀟湘之浦，大魚之食其餌而去者以千數，而終年不一得魚也。人見之，或諷其少曲。漁者曰：「寧終吾之生不得魚，顧不忍曲鈎而求之爲恥也。」

這是劉大櫆的自我寫照，展示了境界時文家不俗的行文追求，也述說著失意古文家悲涼的憤慨愁緒。從科舉的功利性角度來說，劉大櫆是不幸的，但是從時文發展史的角度來看，劉大櫆卻是重要的，他的重要性就在於，他的固守成就了時文的高貴品格，也反映了桐城派古文家獨特的時文貢獻。

姚鼐的易學觀

【摘要】蜚聲清代文壇的古文大家姚鼐，雖闕卷帙浩繁的學術專著，但不乏精當的論學至語，其度越漢宋、注重人格、易文互詮的易學觀，在漢宋門戶森嚴的清代學界有著獨立的價值。

【關鍵字】姚鼐、易學觀、漢宋之爭。

桐城姚氏有著治易的家學傳統〔註 1〕，姚鼐紹其家學，也專注於易學探研，他的相關論述包含在《惜抱軒九經說》、《惜抱軒書錄》及《惜抱軒詩文集》中。以古文名家的姚鼐之易學觀迴異於當時的學人，這主要體現在度越漢宋門戶、注重人格修養、從易中抽象出文論三點。

一、度越漢宋門戶

姚鼐說易「不似他家動為不急之辨，無謂之爭」〔註 2〕，而是力圖度越當時塵囂日上的漢宋門戶之爭，剝落門戶之間設置的層層障礙，去除遮蔽易學真實的攪擾紛繁的爭吵，重新發現易學之理。

學界一直把姚鼐納入宋學的陣營，而且是作為戴震的對立派，如梁啓超《清代學術概論》、余英時《論戴震與章學誠——清代中期學術思想史研究》

〔註 1〕 據卞孝萱先生統計，桐城姚氏通《易》者有姚白虞、姚範等八人，見卞孝萱、武黎嵩《重新認識姚鼐——《〈桐城麻溪姚氏宗譜〉資料的發掘和利用》，《中國文化》2007 年第 25 期。

〔註 2〕《淵雅堂全集》卷八《與姚姬傳先生第二書》曰：「仲冬三日，得手復尋繹，累日欣悚無量。《九經說》舊所嘗讀，今得最後定本，尤見先生耄學之勤，其中所得皆心得也。其為辭達意而止，不似他家動為不急之辨，無謂之爭，自是德人緒言，非經師所及。」

都是持這種觀點，熊偉華、張其凡《〈惜抱軒書錄〉與姚鼐的學術傾向》一文更是將這種學術分派推到極致，即「最後，也是最重要的一個特點，姚鼐在提要中表現出了明顯的學術傾向，反映出對宋學的維護和捍衛。一方面，姚鼐在提要中多次提到朱熹和程朱之學，尊崇朱子，頌揚宋學；另一方面，常將他人的觀點與程朱之學相比較，類似或相同則稱讚，不同則予以貶斥，甚至達到了同朱必是，非朱則批的地步」〔註3〕，據此看來，姚鼐不僅不是漢宋門戶的度越者，而且是門戶之見的徹底奉行者，他對程朱的尊崇已經逼近了迷信的程度，那麼事實果真如此嗎？

姚鼐確實曾在文中多次引程朱之語，並表達了對程朱的崇敬之情，如《再復簡齋書》曰：「儒者生程朱之後，得程朱而明孔孟之旨，程朱猶吾父師也」〔註4〕，但是姚鼐對程朱的尊崇並不意味著對漢學的否定，並且也不是對程朱的盲從，在他的易學論述中我們可以發現。

姚鼐在《惜抱軒九經說》卷一《乾象說》曰：「世人有謂易有孔子作傳，後儒固惟孔子是從而已。今朱子解元、亨、利、貞與孔子異焉，有異孔子而尚可從者哉？斯言也，斯所謂似是而非者也。凡古人之說經也以明理教人而已，不必與所說經拘拘附合……若後儒解經，第欲使前聖之說通順易明而已，則朱子所以解乾象為得本義者，固必不可易也。」〔註5〕學者說經、解易的目的在於「明理教人」，不必畏忌前人陳說，迷信聖人之言，朱熹釋元、亨、利、貞，比孔子更能能貼近易本真，那就可以矯正孔子而從朱子。那這是不是就如一些學者所攻擊的宋學者「寧信周孔誤，莫言程朱非」呢？其實不然，姚鼐解易的標準是是非正誤，而不是漢學宋學。他所堅持的是是非判斷，而不是門戶之爭。漢學有可以借鑒的成就，宋學也有可以彌補的缺漏。

《復曹雲路書》曰「夫聖人之經，如日月星之懸在人上，苟有蔽焉則已，苟無蔽而見而言之，其當否必有以信於人。見之者眾，不可以私意狥也。故竊以謂說經當一無所狥。程朱之所以可貴者，謂其言之精且大而得聖人之意多也，非吾狥之也。若其言無失而不達古人之意者，容有之矣。朱子說元、

〔註3〕 熊偉華、張其凡《〈惜抱軒書錄〉與姚鼐的學術傾向》，《史學月刊》2007年第5期，第99頁。
〔註4〕 姚鼐《惜抱軒詩文集》卷六，清嘉慶十二年刻本，下引姚鼐詩文皆出此版本。
〔註5〕 姚鼐《惜抱軒九經說》，清同治刻惜抱軒全集本。

亨、利、貞捨孔子之說者，欲以達文王之意而已。苟欲達聖賢之意於後世，雖或捨程朱可也。」可見姚鼐反對曲狗占人，依傍成說，對程朱之所以尊崇，是因爲程朱能得經學之眞旨。若程朱不能達聖人之意，則亦可捨置勿論。所以，姚鼐是程朱的諍臣，而不是曲狥程朱的僕妾，而且那種堅壁固壘的學者也是姚鼐所厭棄的。故《惜抱軒九經說序目》曰：「夫聖人之經猶國之有君也，堅附一家之言而不變，是所謂予家臣不敢知國者也，以爲忠，非忠之正矣。擇善而從，學之正也。均不見其善，則均不敢從。」又曰：「夫子嘗言天下之理無窮，經之所蘊亦無窮，人各據所得以待天下後世論其當否，吾之不必徇占人，猶後人不必徇我也。世稱漢儒之考證，宋儒之義理，其尤善者固也。然漢儒說義理未嘗無精當之語，宋以後考證又未始無過越漢說者，是亦在善擇之而已。」

姚鼐對程朱也有矯正之處，如關於易之河圖、洛書，胡渭《易圖明辨》已經指出其傳自道士陳摶，非羲、文、周、孔所有，與易無關。所以姚鼐在接受朱熹易學思想的同時，並不接受河圖、洛書。故在《復休寧程南書》曰：「然則邵、朱所傳之圖、書，即誠與慮羲、禹所見者纖毫無失焉，吾亦存之不言可也。彼聖人與天契者，有機焉，作易以教天下之理，天下所必當知也，作易始發之機，天下所不必知，亦不可知也。食肉不食馬肝，未爲不知味。吾尊奉朱子而不言圖、書，意蓋如此。」

姚門四傑之梅曾亮引姚鼐語曰：「吾固不敢背宋儒，亦未嘗薄漢儒，吾之經說如是而已。昔李文貞、方侍郎苞以宋元諸儒議論糅合漢儒，疏通經旨，惟取義合，不名專師，其間未嘗無望文生義，揣合形似之說而扶樹道教，於人心治術有所裨益，使程朱之學遠而益明，其解雖不必盡合於經而不失聖人六經治世之意，則固可略小疵而尊大體，棄短取長，積義成章，治經之道固如是也。後之學者辨漢宋，分南北，以實事求是爲本，以應經義，不倍師法爲宗，其始亦出於積學好古之士爲之倡而末流浸以加厲。言《易》者首虞翻而黜王弼，言《春秋》者屛左氏而遵何休，至前賢義理之學涉之惟恐其汙，矯之惟恐其不過，因便抵巇，周內其言語文字之疵以詭責名義，駁誤後學，相尋逐於小言辟說而不要其統，黨同妬眞而不平其情，安其所習，毀所不見，終以自蔽，此其患未可謂愈於空疏不學者也。夫經者，羣言之君也。治經而有繼往開來之功，以扶微起廢者則君之貴戚大臣也，事君而惟貴戚大臣之言是附，不可以爲純臣。治一經而惟一師之言，是從又豈可謂之正學

哉？」〔註6〕

可見，姚鼐並沒有菲薄漢儒，也沒有屈從宋儒，而是以是非正誤爲取捨標準，以「明理教人」爲研經目的，不固守一家之言，而是擇善而從，所以這種度越漢宋的易學觀在當時有著不可磨滅的價值。

二、注重人格修養

姚鼐易學觀的另外一個重要特點就是注重從易中汲取人格修養的理論，借易來闡釋其人格修養理念，用易來提升學者的人格境界。

《國朝先正事略》卷四十三《姚鼐》篇曰：「先生尝見國家右文之治遠軼前代，而洛閩義理之學尤有關於世道人心，不可誣也。顧學不博不足以述古，言無文不足以行遠，孤生俗儒守其陋說，屏傳注不觀，固可厭蒲，而矯之者乃專以考訂名物象數爲實學，於身心性命之說則詆爲空疏無據，其文章之士又喜逞才氣，放蔑理法，以講學爲迂，是皆不免於偏蔽，思所以正之，則必破門戶，敦實踐，倡明道義，維持雅正，乃著《九經說》以通義理考訂之郵。」〔註7〕可見姚鼐著《九經說》時，轉移世道人心，提高人格修養，是其著述的一個重要議題。

桐城派講求文道合一，一向重視作家的道德修養〔註8〕，姚鼐也不例外，但姚鼐的特異之處在於他人格修養論的取資往往來自《周易》。《答魯賓之書》曰：「《易》曰：『吉人之詞寡。』夫內充而後發者，其言理得而情當，理得而情當，千萬言不可厭，猶之其寡矣。氣充而靜者，其聲閎而不蕩。志章以檢者，其色耀而不浮。邃以通者，義理也。雜以辨者，典章名物凡天地之所有也。閔閔乎！聚之於錙銖，夷懌以善虛，志若嬰兒之柔，若雞伏卵，其專以一，內候其節而時發焉。夫天地之間，莫非文也。故文之至者，通於造化之自然，然而驟以幾乎，合之則愈離。今足下爲學之要，在於涵養而已！聲華榮利之事，曾不得以奸乎其中，而寬以期乎歲月之久，其必有以異乎今而達乎古也。」通過《周易》表達了雅潔的古文主張以及爲文首在加強涵養，即修身的重要性。

〔註6〕〔清〕梅曾亮《柏梘山房全集》卷一《九經說書後》，清咸豐六年刻民國補修本。

〔註7〕〔清〕李元度輯：《國朝先正事略》，清同治刻本。

〔註8〕王氣中《桐城派在中國文學史上的地位與作用》，見《中國古代文學研究導引》，南京大學出版社，2006年版，第364頁。

這種借易談人格修養的易學觀也體現在姚鼐的古文之中，如《李斯論》曰：「嗟乎！秦未亡而斯先被五刑，夷三族也。其天之誅惡人亦有時而信也邪？《易》曰：『眇能視，跛能履，履虎尾，咥人，凶。』其能視且履者，幸也；而卒於凶者，蓋其自取邪！且夫人有爲善而受教於人者矣，未聞爲惡而必受教於人者也。」引《易‧履卦》六三爻辭道出了法家人物李斯遭誅滅是咎由自取，其嚴刑酷法的治國之道僅能僥倖於一時，但是終究難逃凶咎的下場。

又如《復張君書》：「《易》曰：『飛鳥以凶』，《詩》曰：『卬須我友』，抗孔子之道於今之世，非士所敢居也。有所溺而弗能自返，則亦士所懼也。且人有不能飲酒者，見千鍾百榼之量而幾傚之，則潰胃腐腸而不捄，夫仕進者不同量何以異此？是故古之士於行止進退之間，有蹞步不容不愼者，其慮之長而度之數矣。夫豈以爲小節哉？若夫當可行且進之時而卒不獲行且進者，蓋有之矣，夫亦其命然也？」「飛鳥以凶」是《易‧小過》初六爻辭，王弼注曰：「小過，上逆下順而應在上卦，進而之逆，無所錯足，飛鳥之凶也」，姚鼐用之來討論君子出處大節，進退之道，著眼點仍在人格修爲上。

再如《重修石湖范文穆公祠記》曰：「世傳公爲中書舍人時，與張敬夫俱論已張說簽書樞密事，說曰：『張左司平時不相樂，固宜爾也。范致能與吾故父，胡爲亦攻吾？』世以此或疑公。吾謂此公之所以賢也。君子之行不必同，大趣歸於義而已，拒小人甚嚴，君子之介也。於人何所不容，故舊往來有不能絕者，君子之和也。至於當國家大政，進退賢不肖，則不敢忘守官之節，以平居睚眥之私，奪朝廷是非之正，此非賢者而能之乎？《易》曰：『君子夬夬，獨行遇雨，若濡有慍，無咎。』范公於張說，殆若是矣。吾益以見公賢，夫何以疑公哉？」引《易‧夬》九三爻辭表彰了范文穆不以友朋之私而廢朝廷大政的高尚人格。

三、從易中抽象出文論

作爲古文大家的姚鼐，其論易也時時摻入文學的思考，並能夠從易中抽象出古文理論。這種易文之間的互動關係，桐城祖師方苞已啓其端〔註9〕，姚

〔註9〕 《書歸震川文集後》曰：「孔子於《艮》五爻辭釋之曰『言有序』，《家人》之象係之曰『言有物』。凡文之愈久而傳，未有越此者也。」見方苞《方望溪全集》卷二，清咸豐元年戴鈞衡刻本。

鼐繼之於後，並有了進一步的發展。

方苞從《周易》中概括出了「言有物」與「言有序」，姚鼐則從《周易》包含的陰陽剛柔哲學中得到啓示，進而抽象出古文的陽剛之美與陰柔之致。

他在《復魯絜非書》中說：「鼐聞天地之道，陰陽剛柔而已。文者，天地之精英，而陰陽剛柔之發也。惟聖人之言，統二氣之會而弗偏，然而《易》、《詩》、《書》、《論語》所載，亦間有可以剛柔分矣，值其時其人，告語之體，各有宜也。自諸子而降，其爲文無弗有偏者，其得於陽與剛之美者，則其文如霆，如電，如長風之出谷，如崇山峻崖，如決大川，如奔騏驥；其光也，如杲日，如火，如金鏐鐵；其於人也，如馮高視遠，如君而朝萬眾，如鼓萬勇士而戰之。其得於陰與柔之美者，則其文如升初日，如清風，如雲，如霞，如煙，如幽林曲澗，如淪，如漾，如珠玉之輝，如鴻鵠之鳴而入廖廓；其於人也，漻乎其如歎，邈乎其如有思，暖乎其如喜，愀乎其如悲。觀其文，諷其音，則爲文者之性情形狀舉以殊焉。且夫陰陽剛柔，其本二端，造物者糅而氣有多寡進絀，則品次億萬，以至於不可窮，萬物生焉。故曰一陰一陽之爲道。夫文之多變，亦若是已，糅而偏勝可也，偏勝之極，一有一絕無，與夫剛不足爲剛，柔不足爲柔者，皆不可以言文。」

姚鼐將《周易》陰陽剛柔觀念施之於古文，將古文分爲「得於陽與剛之美者」和「得於陰與柔之美者」兩大類別，而且從審美的角度，運用多種比喻對這兩種文類作了形象性的規定。同時指出陰陽剛柔可以偏勝，但是不可以絕對，不能一有一絕無，同時要規避「剛不足爲剛，柔不足爲柔者」，這些都是對《周易》哲學的創造性發揮。

總之，姚鼐的易學觀有著迥異於當時學風的通融之處，又能與人格修養理論相絡合，同時也抽象出了可資取法的古文理論，有著獨特的價值。正如文廷式所言「姚姬傳《九經說》實有家法，過望溪遠甚，雖《學海堂經解》不收，要自可傳。」〔註10〕

〔註10〕〔清〕文廷式：《純常子枝語》卷二，民國三十二年刻本。

《四庫全書總目》之《四書》學批評

【摘要】《四庫全書總目》是中國古典目錄學的集大成之作，該書共收兩漢至乾隆中期《四書》類研究著作 164 部，並對這些論著施以精審之批評，批隙導窾，品鑒得當，儼然一部簡明的《四書》學史，有極高的學術參考價值。其漢宋兼采、宏收博取、不主一偏的《四書》學術批評方法，也應爲今日學者所借鑒。

【關鍵字】《四庫全書總目》、《四書》、學術史、批評。

中國古代學人，未有不重視目錄學者。這是因爲，中國優秀的目錄學著作，自劉向《別錄》以降，無不具有「辨章學術，考鏡源流」之功用，而傳統目錄學的集大成之作《四庫全書總目》尤爲中國學術史之淵藪。《四庫全書總目·經部·四書類》收錄歷代《四書》研究著作 164 部，四庫館臣對這些論著均有批隙導窾之精審批評，儼然是一部簡明《四書》學史，其中對宋、元、明、清四朝的《四書》學批評尤爲珍貴，下文擬詳細論述之：

一、《四庫全書總目》對宋代《四書》學之批評

中國傳統學問，約可分爲義理、辭章、考據三類。漢唐訓詁發達，經學昌明，考據學興盛；宋代理學蔚然興起，義理之學取代考據之學，成爲學術的新潮流。理學是哲學興味極濃厚的學術類別，它著重於宇宙論、本體論的探研，發展了儒家心性理論，強調爲學工夫，推崇儒家的理想人格和精神境界〔註1〕。理學之所以呈現出以上諸種迥異於考據學的特徵，其中的重要原因

〔註 1〕陳來《宋明理學》，遼寧教育出版社，1992 年版，第 14 頁。

即是理學家所依據的儒家經典與漢學家判然有別。漢學家以名物考證見長，所據經典爲「五經」；理學家以義理闡發爭勝，所據經典爲《四書》。朱熹集平生之力爲《四書》作注，元代延祐年間，朝廷又將其懸爲令甲，之後科舉八股以《四書章句集注》爲命題所出，天下士子皆被籠罩其中。學者自束髮受書，無不從《四書》入手。以至於《四書》的地位日漸高漲，有凌駕五經而上之的趨勢。

「五經」與《四書》在中國學術發展史上，各自分途，發展出漢學和宋學兩端，固然是因爲後世儒者別擇不同、分途致力，但其根源卻仍在兩者內容上的差異。《四庫全書總目》經部卷三十五《孟子正義》提要對此有精當的論述，其詞云：「漢儒注經，多明訓詁名物，惟此注（趙岐《孟子注》）箋釋文句，乃似後世之口義，與古學稍殊，然孔安國、馬融、鄭玄之注《論語》，今載於何晏《集解》者，體亦如是。蓋《易》、《書》文皆最古，非通其訓詁則不明；《詩》、《禮》語皆徵實，非明其名物亦不解；《論語》、《孟子》詞旨顯明，惟闡發其義理而止，所謂言各有當也。」〔註2〕

《論語》、《孟子》詞旨顯明，從漢學名物考證入手，未必有多少值得抉發之處，而義理闡發卻有無限空間。從這個意義上說，《論語》、《孟子》文本的特質，是理學家選擇它們的根本依據，而理學家的義理闡發，也符合《論語》、《孟子》的文本要求。故此宋代理學家選擇《四書》不是偶然，而以《四書》爲代表的宋學之興起，也是《四書》文本的內在要求所致。

漢學經歷了漢唐的繁榮之後，在宋代遇到了理學的挑戰，並逐漸被理學取代，皮錫瑞稱宋代是經學的變古時代〔註3〕，而《四書》變古的標誌性著作，四庫館臣以爲就是宋代邢昺的《論語正義》，該書提要云：「今觀其書，大抵翦皇氏之枝蔓，而稍傅以義理，漢學、宋學茲其轉關。是疏出而皇疏微，迨伊、洛之說出，而是疏又微。」〔註4〕將導源宋學之功歸於邢昺，但若論宋學的集大成者，自然當以朱熹爲大宗，而宋代《四書》學最高成就的代表之作，甚至《四書》學史上成就最高的論著，也應首推朱熹的《四書章句集注》。《四庫全書總目》對該書更是推崇備至，該書提要曰：「蓋考證之學，宋儒不及漢儒；義理之學，漢儒亦不及宋儒。言豈一端，要各有當。況鄭注之善者，如

〔註2〕 紀昀等《四庫全書總目》，第455頁。
〔註3〕 皮錫瑞《經學歷史》，中華書局，1959年版，第220頁。
〔註4〕 紀昀等《四庫全書總目》，第457頁。

『戒愼乎其所不睹』四句，未嘗不採用其意。『雖有其位』一節，又未嘗不全襲其文。觀其去取，具有鑒裁，尤不必定執古義以相爭也。《論語》、《孟子》亦頗取古注，如《論語》『瑚璉』一條與明堂位不合，《孟子》『曹交』一注與《春秋傳》不合，論者或以爲疑。不知『瑚璉』用包咸注，『曹交』用趙岐注，非朱子杜撰也。又如『夫子之牆數仞』注七尺曰仞，『掘井九仞』注八尺曰仞，論者尤以爲矛盾。不知七尺亦包咸注，八尺亦趙岐注也。是知鎔鑄群言，非出私見，苟不詳考所出，固未可概目以師心矣。明以來攻朱子者，務摭其名物度數之疏；尊朱子者，又並此末節而迴護之。是均門戶之見，烏識朱子著書之意乎？」〔註5〕

可以說，此提要是對朱熹《四書章句集注》最爲公允的評價，同時也反映了四庫館臣的兩種《四書》學批評方法。第一，漢宋兼采，不主一偏。清朝開四庫館，館員集一時之選，紀昀、戴震等一大批漢學家主持其事，可以說四庫館是當時漢學家的大本營，以往論者往往據此推斷《四庫全書總目》的撰寫也是以漢學標準爲持論之繩墨，更有甚者，以爲《四庫全書總目》是漢學家眼中的學術源流變遷，故此推斷四庫館臣對漢學著作褒獎有加，而宋學論著，尤其是理學著作，則倍受譏彈，評介失允。不過，現在以《四書章句集注》的提要來看，這種觀點是與事實相悖的。實際上，四庫館臣是主張漢宋兼采，不主一偏的。《四庫全書總目‧經部總敘》就有其明確的宣示，即「夫漢學具有根柢，講學者以淺陋輕之，不足服漢儒也。宋學具有精微，讀書者以空疏薄之，亦不足服宋儒也。消除門戶之見，而各取所長，則私心祛而公理出，公理出經義明矣。」可見，四庫館臣是以「公理」、「經義」爲最高懸鵠的，而不是先存了漢學家的偏見，有意左祖漢學而貶低宋學，《四書章句集注》提要對漢學家以細枝末節的考證之疏質疑朱熹的做法甚表不滿；當然，他們也無意推崇宋學，對於宋學家的迴護朱熹，百般彌縫，也有極尖銳的批評。所以，簡單地以漢學標準衡量《四庫全書總目》是偏頗的，並且學界流行的觀點以爲漢宋合流的趨勢是嘉道之際才開始顯露，也不符合歷史事實，從《四庫全書總目》來看，這個漢宋兼采的學術潮流，最遲在乾隆中後期就已經出現了。

第二，尊奉經典，反對叛經。從學術發展的內在理路考察，不難看出，宋學的興起，一定程度上是漢學考證的反動，它的興起革除了漢代學術的拘

〔註5〕紀昀等《四庫全書總目》，第462頁。

泥瑣碎之弊，也糾正了六朝隋唐經學的蕪雜無宗之失，是經學研究方法的一次重要革新，自然也推動了學術思想的進步。但利弊相仍，宋學也有疑古過勇之失，這就是四庫館臣所說的「悍」。《四庫全書總目·經部總敘》云：「洛、閩繼起，道學大昌，擺落漢、唐，獨研義理，凡經師舊說，俱排斥以爲不足信，其學務別是非，及其弊也悍。」這股疑古思潮也波及到了《四書》研究，尤以《孟子》爲烈。據《禮部韻略》所附條式可知，宋代元祐年間就以《論語》、《孟子》試士，王安石對《孟子》更是尊崇有加。但守舊派反對王安石變法新政，黨爭之火，殃及《孟子》，司馬光等借《孟子》與王安石作難，所以有司馬光《疑孟》、晁說之《詆孟》問世。清朝政府自立國之初就明令嚴禁黨爭，維護正統官學思想的四庫館臣也反對這種黨爭陋習、門戶之見，而對宋代學者中能逆流而上、尊奉經典者則極力表彰推揚，從他們對孫奭《孟子音義》的評價中就可見一斑，該書提要云：「然則表章之功，在漢爲文帝，在宋爲眞宗；訓釋之功，在漢爲趙岐，在宋爲孫奭。」

二、《四庫全書總目》對元、明兩代《四書》學之批評

元仁宗皇慶二年（1313），製定科舉考試科目，分經義疑、古賦詔誥章表、時務策三門，其中「第一場明經、經疑二問，《大學》、《論語》、《孟子》、《中庸》內出題，並用朱氏章句集注，復以己意結之，限三百字以上」。至此，朱熹的《四書章句集注》被元代政府定於一尊。受官學強勢影響，元代的《四書》學幾乎都籠罩在朱熹的思想中，創獲性的著作難得一見，即使是較爲出色的論著也是依附朱注而行，如理學家劉因的《四書集義精要》。朱熹《四書》學思想的精粹部分都被納入到《四書章句集注》之中，平時答門人之問的思想與《四書章句集注》略有不同，朱熹生前未及訂正統一。朱熹卒後，盧孝孫採集《朱子語類》、《晦菴文集》關涉《四書》者，彙集爲《四書集義》，計有一百卷之多。學者以爲過於繁冗，有鑒於此，劉因在《四書集義》的基礎上，刪除重複，保留菁華，編輯了《四書集義精要》二十八卷。四庫館臣對該書評價頗高，《四庫全書總目》經部卷三十六該書提要云：「其書芟削浮詞，標舉要領，使朱子之說不惑於多岐。蘇天爵以簡嚴粹精稱之，良非虛美。蓋因潛心義理，所得頗深，故去取分明，如別白黑。較徒博尊朱之名，不問已定未定之說，片言隻字無不奉若球圖者，固不同矣。」

誠如四庫館臣所言，元代儒者「徒博尊朱之名」者很多，他們過於尊奉

朱熹，以致泯滅是非之分，對朱熹《四書章句集注》中的錯誤也是百般迴護、曲意彌縫，張存中《四書通證》即是一例，四庫館臣批評說：「不知朱子之學在明聖道之正傳，區區訓詁之間，固不必爲之諱也。」〔註6〕泥朱過甚，難免偏頗，甚至出現了割裂《四書》原文，以之遷就朱熹注文的荒謬行爲，較爲極端的著作就有胡炳文《四書通》，提要說：「大抵合於經義與否非其所論，惟以合於注意與否定其是非，雖堅持門戶，未免偏主一家。」〔註7〕

元代也出現了很多爲科舉而設的《四書》學著作，《四庫全書總目》著錄了袁俊翁《四書疑節》和王充耘《四書經疑貫通》兩種。儘管兩部書都是科場參考書，但元代科舉剛剛設立，當時學風篤實淳厚，士大夫還有志於研究經書，與明代八股文影響下的《四書》著作相比，仍有較高的價值，因此《四庫全書總目》對二書評價還是頗高的，袁俊翁《四書疑節》提要云：「蓋當時之體如是，雖亦科舉之學，然非融貫經義，昭晰無疑，則格閡不能下一語，非猶夫明人科舉之學也。」〔註8〕王充耘《四書經疑貫通》提要云：「其書以四書同異參互比較，各設問答以明之。蓋延祐科舉經義之外，有經疑，此與袁俊翁書皆程試之式也。其間辨別疑似，頗有發明，非經義之循題衍說可以影響揣摩者比。」〔註9〕

明洪武十七年（1384）年，「始定科舉之式，命禮部頒行各省，後遂以爲永制」〔註10〕。明代科舉分三場，第一場試《四書》義三道，經義四道；二場試論一道，判五道，詔、誥、表、內科一道；三場試經史時務策五道。三場之中以頭場爲重，頭場又以三篇八股文爲重。此制度一定，士子無不以八股文爲頭等大事，一切經史之學都廢置不講，所以明代成爲經學史上的極衰時期，而其根本癥結即在八股取士，無怪乎顧炎武在《日知錄》中哀歎：「嗟乎！八股盛而六經微，十八房興而廿一史廢。」〔註11〕

《四書》研究在明代也是走到了低谷，可謂是百弊叢生，讕陋至極了，而開此惡俗風氣的，即是明永樂十三年（1415）翰林學士胡廣等奉敕編撰的

〔註6〕 紀昀等《四庫全書總目》，第470頁。
〔註7〕 紀昀等《四庫全書總目》，第470頁。
〔註8〕 紀昀等《四庫全書總目》，第471頁。
〔註9〕 紀昀等《四庫全書總目》，第471頁。
〔註10〕 張廷玉等《明史》，中華書局，1974年版，第1696頁。
〔註11〕 顧炎武著、黃汝成集釋《日知錄集釋》，上海古籍出版社，2006年版，第936頁。

三十六卷本《四書大全》。此書乃是從元代倪士毅的《四書輯釋》剽竊而來，僅小有增刪，對於詳略繁簡的處理，還遠在倪氏之下，幾乎無創造性的價值可言。然而，明成祖卻爲《四書大全》作序，頒行天下，有明一代，兩百多年，奉此書爲取士準則。上行下效，影響極壞，四庫館臣說：「後來四書講章浩如煙海，皆是編爲之濫觴。蓋由漢至宋之經術，於是始盡變矣。」「至明永樂中，《大全》出而捷徑開，八比盛而俗學熾。」〔註12〕受《四書大全》的影響，明代爲八股文而作的《四書》講章泛濫天下，這些《四書》學論著，幾乎都是爲盈利而設，原本就與學術著作不同，所以陳陳相因、剽竊重複是常有的事情。而這些講章幾乎都是庸陋鄙俚，粗製濫造的。即使是受到好評的薛應旂《四書人物考》，也不入四庫館臣法眼，他們批評該書「雜考《四書》名物，餖飣尤甚。」而究其原因，仍在八股文，即「明代儒生，以時文爲重，遂有此類諸書，襞積割裂，以塗飾試官之目。斯亦經術之極弊。」〔註13〕在講章充斥的明代，《四書》本旨，甚至是朱熹的注解，都被淹沒其中，隱晦不彰了。故四庫館臣感歎：「科舉之文，名爲發揮經義，實則發揮注意，不問經義何如也。且所謂注意者，又不甚究其理，而惟揣測其虛字語氣，以備臨文之摹擬，並不問注意何如也。蓋自高頭講章一行，非惟孔、曾、思、孟之本旨亡，並朱子之四書亦亡矣。」〔註14〕

除了八股講章泛濫之外，明代以禪解經的現象也十分流行。王學末流，尤熱衷於此。因爲王學在「萬曆以後，有一種似儒非儒、似禪非禪的狂禪運動風靡一時」〔註15〕，這種風氣也波及到《四書》詮釋之中。其實，以禪理附會《四書》，蘇轍就已經開啓端倪，其《論語拾遺》提要云：「其以思無邪爲無思，以從心不踰矩爲無心，頗涉禪理。以『苟志於仁矣，無惡也』，爲有愛而無惡，亦冤親平等之見。以『朝聞道，夕死可矣』，爲雖死而不亂，尤去來自如之義。蓋眉山之學本雜出於二氏故也。」〔註16〕不過，北宋以禪解經的做法衹是偶爾一見，不像晚明如此盛行。《四庫全書總目》卷三十七《四書類存目》就著錄了很多種，如管志道《孟子訂測》，提要批評說：「測義則皆出自臆說，恍惚支離，不可盛舉。蓋志道之學出於羅汝芳，汝芳之學出於顏

〔註12〕紀昀等《四庫全書總目》，第 473 頁。
〔註13〕紀昀等《四庫全書總目》，第 485 頁。
〔註14〕紀昀等《四庫全書總目》，第 481 頁。
〔註15〕嵇文甫《晚明思想史論》，東方出版社，1996 年，第 50 頁。
〔註16〕紀昀等《四庫全書總目》，第 459 頁。

鈞，本明季狂禪一派耳」〔註17〕；姚應仁《大學中庸讀》「陽儒陰釋」；寇愼《四書酌言》「純乎明末狂禪之習」〔註18〕。

《四庫全書總目‧凡例》還有一條重要的批評標準，就是「論人而不論其書」與「論書不論其人」，這是因為「文章德行，自孔門既已分科，兩擅厥長，代不一二」，所以應該採取變通之策。如著錄楊繼盛、黃道周的著作，是「論其人而不論起書」；而耿南仲的《易》學之作能夠廁身《四庫全書》，乃是因為「論其書而不論其人」。這個標準也體現在對明代《四書》學的批評中，《四庫全書總目》對劉宗周《論語學案》的評價就是如此，提要云：「蓋宗周此書直抒己見，其論不無純駁，然要皆抒所實得，非剿竊釋氏以說儒書，自矜為無上義諦者也。其解『見危致命章』曰：『人未有錯過義理關，而能判然於生死之分者』，卒之明社既屋，甘蹈首陽之一餓，可謂大節皭然，不負其言矣。」〔註19〕提要顯然有表彰節義、彰善癉惡的用意所在，其評價也不完全是從學術著眼。

三、《四庫全書總目》對清代《四書》學之批評

皮錫瑞以為清代乃是經學的復盛時期，他在《經學歷史》中說：「經學自兩漢後，越千餘年，至國朝而復盛。兩漢經學所以盛者，由其上能尊崇經學、稽古右文故也。國朝稽古右文，超軼前代。」清初的右文之風，首先是康熙皇帝發起的。康熙十年（1671），開經筵日講，任命王熙、熊賜履等為講官。康熙朝的經筵日講有利於經學昌明，也有利於理學的復興。經筵日講的《四書》部分，結集為《日講四書解義》，該書提要云：「是編所推演者，皆作聖之基，為治之本。詞近而旨遠，語約而道宏。聖德神功，所為契洙泗之傳，而繼唐虞之軌者，蓋胥肇於此矣？」〔註20〕因為該書標明為御製，四庫館臣揄揚有些過當，但提要所言該書有轉移風氣、接續道統之功，卻是符合實情的。受康熙皇帝崇尚程朱理學思潮的影響，清初陸續出現了一批維護程朱正統思想的《四書》學論著，較為知名的有陸隴其《四書講義困勉錄》，提要評曰：「隴其篤信朱子，所得於四書者尤深。是編薈粹群言，一一別擇，凡一切支離影響之談，刊除略盡。其羽翼朱子之功，較胡炳文諸人有過之無不

〔註17〕紀昀等《四庫全書總目》，第486頁。
〔註18〕紀昀等《四庫全書總目》，第489頁。
〔註19〕紀昀等《四庫全書總目》，第475頁。
〔註20〕紀昀等《四庫全書總目》，第476頁。

及矣。」〔註21〕

　　另外，清初儒者幾乎都經歷了明亡的悲劇，對於明代陽明末流束書不觀、遊談無根的風氣深惡痛絕，一時人心思治，無不嚮往篤實嚴謹的學風。這正是梁啓超所言，清代學術的主潮是「厭倦主觀的冥想而傾向於客觀的考察」，此外還有一個支流，即「排斥理論，提倡實踐」〔註22〕。《四書》研究也開始排斥晚明的不良習氣，恢復漢唐考據傳統，以考證見長的《四書》論著也開始問世。代表性的著作就有閻若璩的《四書釋地》，《四庫全書總目》稱讚該書：「大抵事必求其根柢，言必求其依據，旁參互證，多所貫通。蓋若璩博極群書，又精於考證，百年以來，自顧炎武以外，罕能與之抗衡者。觀是書與《尚書古文疏證》，可以見其大概矣。」〔註23〕

　　另外，江永《鄉黨圖考》也是考據學的經典之作，四庫館臣也對此書給予了很高的評價，提要云：「是書取經傳中制度名物有涉於鄉黨者，分為九類，考覈最為精密，亦可謂邃於三禮者矣。」〔註24〕

　　當然，前明的影響在清初也並未消失淨盡，清初王學家和時文家也不乏《四書》論著，陽明學派有孫奇逢《四書近指》、黃宗羲《孟子師說》等，時文講章派則有楊明時《四書箚記》、焦袁熹《此木軒四書說》。但兩派的作品都擺脫了明代的新奇謬戾之弊，呈現出案諸實際，推究事理，不為空疏無用之談的新特徵，孫奇逢《四書近指》提要云：「蓋奇逢之學兼采朱陸，而大本主於窮則勵行，出則經世，故其說如此，雖不一一皆合於經義，而讀其書者，知反身以求實行實用，於學者亦不為無益也。」〔註25〕焦袁熹《此木軒四書說》也被四庫館臣所褒獎，說該書「疏理簡明，引據典確，間與《章句》、《集注》小有出入，要能犖然有當於人心。」〔註26〕

結　語

　　《四庫全書總目》對中國古代重要的《四書》學論著都給予了公允精當的品鑒，對每個朝代的《四書》學成就與缺失也都有極精彩的剖析，確實具

〔註21〕紀昀等《四庫全書總目》，第 477 頁。
〔註22〕梁啓超《中國近三百年學術史》，東方出版社，1996 年版，第 2 頁。
〔註23〕紀昀等《四庫全書總目》，第 479 頁。
〔註24〕紀昀等《四庫全書總目》，第 480 頁。
〔註25〕紀昀等《四庫全書總目》，第 476 頁。
〔註26〕紀昀等《四庫全書總目》，第 479 頁。

備學術史的意義和價值，應該引起今日研究儒學史，特別是研究《四書》的學者的重視。四庫館臣所運用的漢宋兼采、尊重經典、表彰人格等科學批評方法，也需傳承光大。

《四庫全書總目》辯證一則：
《牘雋》作者考

　　《牘雋》是清初一部重要的尺牘選本，然關於此書編撰者，目錄學家卻是聚訟紛紜，莫衷一是。《清朝文獻通考》卷二百三十七云：「《牘雋》四卷。蕭士琦撰。士琦字季公，泰和人。前明貢生。臣等謹按：是編選自漢至宋尺牘，分三十二門。然所錄往往只一二語，非全文也。」〔註1〕《清朝通志》卷一百四：「《牘雋》四卷，蕭士琦撰。」〔註2〕二書都把《牘雋》的作者著錄為蕭上琦。

　　四庫館臣承襲了《清朝文獻通考》、《清朝通志》的觀點，也把《牘雋》一書的作者定為蕭士琦。《四庫全書總目》卷一百九十四《牘雋》提要云：「《牘雋》四卷。國朝蕭士琦撰。士琦字季公，泰和人。前明貢生。是編選自漢至宋尺牘分三十二門，卷首有其子伯昇所記緣起，大旨主於清省，故所錄往往摘一二語，非其全文。又如《襲使者告隗照妻》一條，原非尺牘，而亦載之，殊不可解也。」〔註3〕《四庫全書總目》卷一百九十四《蕭氏世集》提要亦云：「前有伯昇自序，稱與吏部郎中蕭士瑋《春浮園集》並士瑋弟士琦《陶菴雜記》、《牘雋》諸書同時合刻。」

　　然而，考之史實，《牘雋》作者當為蕭士珂，目錄學家在著錄此書時，因珂與琦字形相似而將蕭士珂誤作蕭士琦。

〔註1〕 張廷玉等，《清朝文獻通考》卷二百三十七，浙江古籍出版社，2000 年版。
〔註2〕 嵇璜、劉庸等，《清朝通志》卷一百四，浙江古籍出版社，2000 年版。
〔註3〕 永溶等，《四庫全書總目》卷一百九十四，中華書局，2003 年版。

　　《牘雋》的最早刻本，清順治刻本，其書題爲蕭士珂輯。爲其子蕭伯昇、蕭仲昇所刻，且書前有蕭伯昇爲此書所作的《牘雋緣起》，詳細地敘述了《牘雋》一書的輯錄緣起和刻書經過；書後附有蕭伯昇、蕭仲昇《先考妣行述》，明確地說：「先君子諱士珂，字季公，南齊西昌侯叔誅之後……以貢士廷試授官司訓，冀得效涓埃報朝廷，無何，陪京繼淪，先君子憂憤成疾，卒，得年五十……輯有《牘雋》一書，未竟厥志。」〔註 4〕兒子記述父親一生行狀，對父親名號這樣的問題是不可能有舛誤的。因此，可以斷定《牘雋》的作者是蕭士珂而不是蕭士琦。

　　倪嘉慶《明司訓季公蕭公暨元配廖孺人合葬墓誌銘》亦云：「憶昔天啓壬戌，余與伯玉同庭對。伯玉除大行，而余官版屬。始相識也，即按其年譜，知其有兄弟三人。長士瑋，字伯玉。仲士瑀，字次公。再次士珂，即季公也。時人目爲西昌三蕭，以比河東三鳳云。……季公生於萬曆己亥，卒於順治戊子，享年五十。……子二，長伯昇，字孟昉，貢生。……次仲昇，字小翩，邑庠生。」〔註 5〕據《先考妣行述》、《明司訓季公蕭公暨元配廖孺人合葬墓誌銘》可知，蕭士珂，字季公，泰和人。生於萬曆己亥（1599），卒於順治戊子（1648），享年五十。兄弟三人，長曰蕭士瑋，字伯玉；次曰蕭士瑀，字次公。子二，長蕭伯昇，次蕭仲昇。輯有《牘雋》一書，未竟而卒。

　　綜合前文，則《牘雋》一書爲蕭士珂所輯，未竟而卒，此書由其子蕭伯昇、蕭仲昇刻於清順治年間。《清朝文獻通考》在著錄時，因琦、珂二字相似，故將此書作者誤爲蕭士琦。《清朝通志》、《四庫全書總目》、《光緒江西通志》、《中國叢書廣錄》等書又沿襲了這一錯誤。

　　上海圖書館編《中國叢書綜錄》著錄此書云：「《牘雋》四卷。〔清〕蕭士瑋撰。春浮園集（蕭作梅本，康熙本）。」〔註 6〕將《牘雋》的作者誤爲蕭士瑋。王紹曾主編的《清史稿藝文志拾遺》相延不改，稱「《牘雋》四卷，蕭士瑋撰，康熙刻《春浮園集》本。叢綜，販記，重修清藝」〔註 7〕。

　　蕭士瑋爲蕭士珂的長兄，蕭士瑋、蕭士瑀、蕭士珂兄弟三人感情極篤，經常切磋學問。錢謙益《蕭伯玉墓誌銘》云：「伯玉有二弟，曰次公、季公，教海之漩澓，因果之緯畫，檀度之囊庋有無，則問次公。彝鼎之款識，書畫

〔註 4〕 蕭士珂，《牘雋》，續修四庫全書本，第 385 冊，第 668 頁。
〔註 5〕 《牘雋》，第 664 頁。
〔註 6〕 上海圖書館編，《中國叢書綜錄》，上海古籍出版社，1986 年版，第 1376 頁。
〔註 7〕 王紹曾主編，《清史稿藝文志拾遺》，中華書局，2000 年版，第 1588 頁。

之譜牒，園池之標峰置頂，則問季公。至於楮柱法門，鏤刻經藏，肉燈骨筆，唯恐後時，則三人者相與共之。伯玉出而偕其二弟，幅巾道衣，同形影，共眠食，天親也，亦善友也。」〔註8〕今釋《牘雋敘》：「《牘雋》一書，西昌蕭季公先生所輯也。先生世家貴介，不以功名顯。好讀書，與伯玉次公兩賢昆相切磨，丹黃甲乙，早夜不去手。其所著述甚夥，喪亂俱失，惟此書僅存。」據此可知《牘雋》一書的編輯，蕭士珂的兄長蕭士瑋、蕭士瑪也曾參加討論和去取，正如張芳《牘雋敘》曰：「季公蕭先生《牘雋》，即先生一家之書也。」〔註9〕儘管蕭士瑋在《牘雋》的編輯過程中起了很大的作用，但是《牘雋》的主要編輯者仍是蕭士珂。所以，康熙間刻蕭士瑋《春浮園集》將《牘雋》收入其中的做法是不妥的，後世不察，又根據這個《春浮園集》本把《牘雋》的作者誤為蕭士瑋。

〔註8〕 錢謙益，《錢牧齋全集》，上海古籍出版社，2003 年版，第 6 冊，第 1129 頁。

〔註9〕 《牘雋》，第 528 頁。

《曾國藩家書》文論思想中的訓詁觀

【摘要】《曾國藩家書》反映了曾國藩對子弟獨特的文學教育方式，其中對訓詁和辭章關係的探討就很有價值。曾國藩學兼漢宋，不主一偏。閎通的學術胸懷使得他能客觀地評定和借鑒漢宋學家的研究成果，並結合自己的創作經驗，提出以「精確之訓詁，作古茂之文章」的文學創作方法，並將韓愈古文與漢魏辭賦文學傳統相勾貫，以建立不囿於前期桐城派的審美觀。

【關鍵字】訓詁、辭章、漢文、韓文、湘鄉派。

曾國藩是晚清著名的文學家，其古文承桐城而起，拓其堂奧，自成一家，有「湘鄉派」之稱。曾國藩一生著述鴻富，《曾國藩家書》就是非常重要的一種。《家書》的主要目的是傳授子弟修身、治學的方法，其中文學教育是曾國藩諸多教育內容之一。通過自己的言傳身教，他希望使曾氏家族的文化資本得到有效的傳承，從而保持家族的文化聲望。在進行文學教育的過程中，曾國藩探索著適合子弟操作的學習方法，其中對訓詁的闡發就值得重視。

辭章爲體·兼重訓詁

曾國藩在咸豐十年四月初四日致弟紀澤的信中言：

> 二十七日劉得四到，接爾稟。所謂論《文選》俱有所得，問小學亦有條理，甚以爲慰。……吾於訓詁、詞章二端頗嘗盡心。爾看書若能通訓詁，則於古人之故訓大義、引伸假借漸漸開悟，而後人承訛襲誤之習可改。若能通詞章，則於古人之文格文氣、開闔轉折漸漸

> 開悟，而後人硬腔滑調之習可改。〔註1〕

精湛的訓詁知識可以闡明古人的注疏大義，能夠體悟引申假借的修辭妙處，同時也是辨析後人訛誤的必備修為，訓詁在古文創作和鑒賞方面有其無法替代的基礎性功用。辭章之學則是重在格調的構建和文氣的疏通，從而有效地矯正聲調的油滑纖弱和文腔的硬塞哽咽。訓詁和辭章二者不可偏廢，前此姚鼐已作調和，但如何加以妙合，從而創作出精美厚重的古文，仍是一個難題。曾國藩頗有示範，如提出「解《漢書》之訓詁，參以《莊》《列》之詼詭」，明確倡導「以精確之訓詁，作古茂之文章」。同治元年八月初四諭紀澤的家訓中云：

> 爾所作擬莊三首，能識名理，兼通訓詁，慰甚慰甚。余近年頗識古人文章門徑，而在軍鮮暇，未嘗偶作，一吐胸中之奇。爾若能解《漢書》之訓詁，參以《莊》《列》之詼詭，則余願償矣。

精確的訓詁和詼詭的氣像是行文的不二法門，如果將前者比作古文的血肉，那麼後者則是文章的風神，二者交相互用而不可偏廢。訓詁的精當為氣象的詼詭提供了不可或缺的載體，而文氣的詼詭搖曳又克服了訓詁的呆板與枯澀。

同治二年三月初四日的家書中又叮囑道：

> 私竊有志，欲以戴、錢、段、王之訓詁，發為班、張、左、郭之文章。久事戎行，斯願莫遂，若爾曹能遂我未竟之志，則樂莫大乎是。即日當批改付歸。爾既得此津筏，以後便當專心一志，以精確之訓詁，作古茂之文章。

「以精確之訓詁，作古茂之文章。」可以看出曾國藩在修正對訓詁工具性認識的同時，也有效地避免了對訓詁的本體論似的拔高，因而沒有沒入考據學的泥潭。曾國藩對訓詁的重視和探討是基於文章的學習和創作，訓詁始終是從屬於辭章的。易言之，就是辭章為本，訓詁為用。

調和漢宋，不主一偏

曾國藩對訓詁的論述也體現著他調和漢宋，兼容並蓄的通達學術觀。曾國藩學兼漢宋，不主一偏。「雖自謂『粗解文章，由姚先生啟之』。然平日持

〔註1〕曾國藩《曾國藩家書》，《曾國藩全集本》，長沙：嶽麓書社，1985年，第332、533、537、832、948頁。

論，並不拘拘桐城矩矱，而以姚氏與亭林、蕙田、王懷祖父子同列考據之門，尤為隻眼獨具。雖極推唐鏡海諸人，而能兼采當時漢學家、古文家之長處，以補理學枯槁狹隘之病。其氣象之闊大，包蘊之宏豐，更非鏡海諸人斷斷徒為傳道、翼道之辯者所及。則滌生之所成就，不僅戡平大難，足以震爍一時，即論學之平正通達，寬宏博實，有清二百餘年，固亦少見其匹亦。」〔註2〕曾國藩這種宏通的學術取向，李鴻章在《求闕齋文鈔序》也有精到的闡釋：

> 蓋公之學，其大要在淵源經術，兼綜漢宋，以實事求是、即物窮理
> 為主，以古聖人之仁禮為宗，以程、朱之義理為準，以唐杜氏、宋
> 馬氏及國朝諸老之考據為佐助，持論最為平允。〔註3〕

對於清代學術界長期存在的漢宋之爭，曾國藩不片面地偏袒任何一家。正如他在《致劉孟容》書箋中所說：

> 於漢宋二家構訟之端，皆不能左袒以附一闋。於諸儒崇道貶文之
> 說，尤不敢雷同而苟隨。

曾國藩無意介入漢宋兩派的爭論，他的學術取向迥異於漢宋兩家的互相詆毀，而是以客觀冷靜的態度分析各家優劣，肯定漢宋兩學派各有其成就，也批判地指出了他們各自存在的缺陷。

在清代漢學領域，高郵王氏父子和金壇段氏是曾國藩極度推崇的代表。在家書中反覆提及他們的考據、訓詁成就，並且把兩家的著作作為培養訓詁能力的必讀書。曾國藩以高郵王氏父子和金壇段氏為有清一代訓詁學的頂峰，在指導曾紀澤學習訓詁時，始終以此二家為典範。如咸豐六年十一月初五日諭紀澤：「欲通小學，須略看段氏《說文》、《經籍纂詁》二書。王懷祖先生有《讀書雜誌》，中於《漢書》之訓詁極為精博，為魏晉以來釋《漢書》者所不能及。」咸豐八年十二月三十日諭紀澤：「余於本朝大儒，自顧亭林之外，最好高郵王氏之學。王安國以鼎甲官至尚書，諡文肅，正色立朝，生懷祖先生。念孫經學精卓，生士引之，復以鼎甲官尚書，諡文簡，三代皆好學深思，有漢韋氏、唐顏氏之風。」咸豐十年閏三月初四日諭紀澤「及至我朝巨儒，始通小學，段茂堂、王懷祖兩家，遂精研乎古人文字聲音之本，乃知《文選》中古賦所用之字，無不典雅精當。」

〔註2〕 錢穆《中國近三百年學術史》，北京：商務印書館，1997年，第655頁。
〔註3〕 李鴻章《李鴻章全集》，長春：時代文藝出版社，1998年，第329頁。

　　但是曾國藩並沒有盲目地推尊漢學，也不希望自己的子弟作純粹的考據學家，訓詁祇是一種必備的能力，而不是最終的目的。同時他也致憾於漢學家不擅辭章的不足。如他在同治二年三月初四日諭紀澤信中云：

> 余嘗怪國朝大儒如戴東原、錢辛楣、段懋堂、王懷祖諸老，其小學訓詁實能超越近古，直逼漢唐，而文章不能追尋古人深處，達於本而闇於末，知其一而昧其二，頗所不解。

在《歐陽生文集序》一文也表達了類似觀點，認爲漢學家爲文繁複不得其要，稱：

> 當乾隆中葉，海內魁儒畸士，崇尚鴻博，繁稱旁證。考覈一字，累數千言不能休，別立幟志，名曰「漢學」，深擯有宋諸子義理之說，以爲不足復存。其爲文，尤蕪雜寡要。〔註4〕

在有清一代的古文家中，曾國藩最爲服膺姚鼐，《聖哲畫像記》云：

> 然姚先生持論宏通，國藩之初解文章，由姚先生啓之也。

姚鼐「義理、考證、文章」三者相結合的文論思想對曾國藩影響很大，他「以精確之訓詁，作古茂之文章」的主張，顯然有姚鼐這一文論思想的影子。曾國藩也常在文章中表達對他的稱許，如《歐陽生文集序》說：

> 姚先生獨排眾議，以爲義理、考據、辭章三者，不可偏廢。必義理爲質，而後文有所附，考據有所歸。一編之中，惟此尤兢兢。

但是，曾國藩對姚鼐的主張也不是不加分辨地完全接納，而是有了新的發展。如果說姚鼐將桐城文論抽象化的話〔註5〕，那麼曾國藩則是將是其平易化了，尤其在指導子弟爲文時，擱置空疏抽象的義理，而著重強調訓詁和辭章怎樣妙合，這是曾國藩從切用的角度所作的積極性地開拓。

推尊兩漢，師法昌黎

　　在訓詁和辭章具體結合的技術層面上，曾國藩也有實用性的闡釋，其中至關重要的一點就是列舉訓詁辭章兼善的前人佳篇，作爲學習和類比的典範，從對經典的模倣中體會其微妙之處。咸豐六年十一月初五日諭紀澤：

> 余生平好讀《史記》、《漢書》、《莊子》、《韓文》四書，爾能看《漢書》，是余所欣慰之一端也……欲明古文，須略看《文選》及姚姬傳

〔註4〕曾國藩《曾國藩詩文集》，上海：上海古籍出版社，2005 年，第 286、292 頁。
〔註5〕郭紹虞《中國文學批評史》，上海：上海古籍出版社，1979 年，第 649 頁。

之《古文辭類纂》二書。班孟堅最好文章，故於賈誼、董仲舒、司馬相如、東方朔、司馬遷、揚雄、劉向、匡衡、谷永諸傳皆全錄其著作；即不以文章名家者，如賈山、鄒陽等四人傳、嚴助、朱買臣等九人傳、趙充國屯田之奏、韋玄成議禮之疏以及貢禹之章、陳湯之奏獄，皆以好文之故，悉載短篇。如賈生之文，既著於本傳，復載於《陳涉傳》《食貨志》等篇；子雲之文，既著於本傳，復載於《匈奴傳》《王貢傳》等篇，極之充國《贊酒箴》，亦皆錄入各傳。蓋堅於典雅瑰偉之文，無一字不甄採。爾將十二帝紀閱畢後，且先讀列傳。凡文之昭明暨姚氏所選者，則細心讀之；即不為二家所選，則另行標識之。若小學、古文二端略得途徑，其於讀《漢書》之道，思過半矣。

對桐城家法最顯得有所變通的是，曾國藩突出了取資《漢書》的重要性，因為由此可以強化鍛煉融彙訓詁之學與辭章之學。在他看來，《漢書》乃至《文選》以及《古文辭類纂》中所錄的漢代辭賦奏議等文，其審美要義不可輕忽，咸豐十年閏三月初四日諭紀澤云：

爾所論看《文選》之法，不為無見。吾觀漢魏文人，有二端最不可及：一曰訓詁精確，二曰聲調鏗鏘……《文選》中古賦所用之字，無不典雅精當……唐宋文人誤用者，惟《六經》不誤，《文選》中漢賦亦不誤也。即以爾稟中所論《三都賦》言之，如「蔚若相如，矞若君平」，以一蔚字該括相如之文章，以一矞字該括君平之道德，此雖不盡關乎訓詁，亦足見其下字之不苟矣。至聲調之鏗鏘，如「開高軒以臨山，列綺窗而瞰江」，「碧出萇宏之血，鳥生杜宇之魄」，「洗兵海島，刷馬江洲」，「數軍實乎桂林之苑，饗戎旅乎落星之樓」等句，音響節奏，皆後世所不能及。

從這一審美思路中，我們可以看出，他對韓愈古文成就的解讀也是獨特的，同治元年五月十四日諭紀澤的家書中說：

余觀漢人詞章，未有不精於小學訓詁者，如相如、子雲、孟堅於小學皆專著一書，《文選》於此三人之文著錄最多。余於古文，志在效法此三人，並司馬遷、韓愈五家。以此五家之文，精於小學訓詁，不妄下一字也。

至韓昌黎出，乃由班、張、楊、馬而上躋《六經》，其訓詁亦精當。

而試觀《祭張署文》、《平淮西碑》諸篇，則知韓文實與《詩經》相
近。近世學韓文者，皆不知其與揚、馬、班、張一鼻孔出氣。爾能
參透此中消息，則幾矣。

以「訓詁精確」來看待韓文的好處，這是曾氏的特識。那麼，雖然韓愈在清
代頗受推崇，桐城派也標舉「文在韓歐之間」，但曾氏不滿於「近世學韓文
者，皆不知其與揚、馬、班、張一鼻孔出氣」，實際上在如何學韓上，他要建
立自己的古文宗尚。

出於桐城，拓宇桐城

曾國藩論文、行文之法出於桐城，非常推崇「桐城三祖」，特別是方苞和
姚鼐，他說：「望溪先生古文辭爲國家二百餘年之冠，學者久無異辭。即其經
術之湛深，八股文之雄厚，亦不愧爲一代大儒。雖乾嘉以來，漢學諸家百方
攻擊，曾無損於毫末。」他在《歐陽生文集序》也曾坦言姚鼐對他的啓蒙性
影響，即「國藩之初解文章，由姚先生啓之也。」並且與姚鼐四大弟子之梅
曾亮爲密友，可見曾國藩古文理論實出於桐城派。

與此同時，他對桐城諸老也不乏微詞，對於方苞的經世之文，「持論太
高」，姚鼐的《古文辭類纂》「小有疵誤」，也不諱言。至於桐城派對歸有光的
稱道，更是不以爲然，其《書歸震川文集後》云：「近時綴文之世，頗有稱述
熙甫，以爲可繼曾南豐、王半山之爲文；自我觀之，不可同日而語矣。」可
見，曾國藩是出於桐城，又拓宇桐城，並不爲桐城義法所拘禁，而是對桐城
派古文理論的弊端做了積極的修正。正如郭預衡先生所說：「世稱曾國藩爲桐
城古文的繼承者。現在看來，從理論到實踐，並非盡守桐城家法。」〔註6〕

方苞的古文義法理論在語言方面的主張是「雅潔」，要求用最爲洗練的言
語畫出文章的內涵，而儘量刪削與文章無關緊要的文字。他說：「但南宋元明
以來，古文義法久不講。吳越間遺老尤放恣，或雜小說家，或延翰林舊體，
無一雅潔者。古文中不可入語錄語，魏晉六朝人藻儷俳語，漢賦中板重字
法，詩歌中雋語，南北史佻巧語。」〔註7〕可見，漢賦厚重典奧的語言在方苞
看來是板重無用的，其無益於文等之於小說家和魏晉駢語，爲了雅潔起見，
這種板重字眼是在擯棄之列的。姚鼐在《復魯絜非書》云：「抑人之學文，其

〔註6〕 郭預衡《中國散文史》，上海：上海古籍出版社，1999年，第589頁。

〔註7〕 沈廷芳《隱拙齋集》卷四十一，清乾隆刻本。

功力所能至者，陳義理必明當，布置、取捨、繁簡、廉肉不失法，吐辭雅馴不蕪而已。」姚鼐這裡倡導的「雅馴」和方苞的「雅潔」在內在理路上是相通的，都是對文章的精緻凝練作出的禁忌和約束。這對於實現古文的雅化和潔精是十分有益的，並且確實也對桐城古文影響巨大，在這一理論的導引下產生了一批雅潔的典範之作，其中姚鼐的《登泰山記》就是其中的代表。然而，桐城末流過分地拘泥於「雅潔」的教條，也使得古文出現了許多弊病，古文的雅潔有餘而氣勢不足就爲當時人所詬病，桐城流裔「氣弱」是不爭的創作事實。

爲了糾正桐城派氣弱的不足，曾國藩引入了氣勢雄偉渾厚爲主要特色的漢大賦和《漢書》，同時也師法具有戛戛獨造之氣的韓愈之文。並且曾國藩對漢代文章和韓文的推崇不是一般意義上的學習，而是切實地將其作爲典範來師法，甚至曾國藩的許多文章就直接是對漢文和韓文的摹擬，汪辟疆在《曾湘鄉詩文》箚記中就指出：「竊意湘鄉爲文，亦尤昌黎陳言務去，戛戛獨造爲能事。稍長，遍讀《求闕齋詩文》，乃知其篇摹句擬亦復猶人……今約可指者，如《五箴》摹昌黎，《陳岱雲喪妻詩》摹韓文公《東野喪子詩》，皆可比擬。《戶部員外郎袁君墓表》中一段，則全摹《漢書・趙廣漢傳》。至其竊取古人已言之意，如《茗柯文篇序》。……清代治樸學末流之弊實有如曾氏所言，不知《漢書・藝文志》一段與曾氏言止復相類。」〔註8〕

曾國藩對訓詁的重視，以及對漢文和韓文的推重，最終凝結成了在《家書》中反覆倡言的「以精確之訓詁，作古茂之文章」的透闢理論。這是對前期桐城派理論的修正，也是對後期桐城派創作實踐中出現的萎靡之病的救治。在這個過程中，曾國藩用理論和創作實現了對桐城文派的革新，同時也劃分了與桐城古文之間的畛域。吳汝綸說：「桐城諸老，氣清體潔，海內所宗，獨雄奇瑰瑋之境尙少。……後儒但能平易，不能奇崛，則才氣薄弱，不能復振，此一失也。曾文正公出而矯之，以漢賦之氣運之，而文體一變，故卓然爲一代大家。」〔註9〕對於曾國藩開創的這一文派，學界號爲「湘鄉派」。

〔註8〕 金程宇《汪辟疆先生筆記二種輯補》，南京大學古典文獻研究所編《古典文獻研究》第 10 輯，2007 年，第 376 頁。

〔註9〕 吳志達、陳文新等編纂《中華大典明清文學分典》，南京：鳳凰出版社，2005年，第 419 頁。

　　可見，曾國藩特別拈出訓詁一條，並在家書中切實示範訓詁與古文辭氣章采的關係，這是是湘鄉派古文觀的核心元素之一，也是迴異於桐城家法的重要元素之一。

曾國藩壽序文成就謅論

問題的提起

壽序發端於宋元之際，俞德鄰、吳澄、虞集等作家的文集中都收錄有壽序，但作爲文章變體之壽序，在元代祇是初露端倪，還沒有形成蔚然大觀之景象。沿及明代，江南地區經濟富庶，且普遍存有爲父祖祝壽的喜筵風俗，而壽序作爲一種祝壽的頌禱之辭，在明代中後期日漸隆盛起來。尤其是經過歸有光、陶望齡、王世貞等古文大家的陶鑄，在文章學中處於庶從地位的壽序，正逐步躋身於文章正宗之行列，清初黃宗羲編輯《明文海》，薛熙編輯《明文在》，均單獨臚列壽序一目，這說明，壽序至遲在清代初期就已經獲得了與其他文體頡頏並駕的地位了。與明代相較，清代的壽序創作更是有盛無衰，以至於黃宗羲在《施恭人六十壽序》中感歎：「蓋今之號爲古文者，未有多於序者也；序之多，亦未有多於壽序者也。」〔註1〕

因壽序是一種應酬性的文體，揄揚過實與阿諛奉迎是此種文體所常有之弊病。壽序的世俗特性似乎與古文的載道傳統相悖，不過在高明的古文家那裡，卻也時常會有因難見巧的妙文出現，其體格也因了古文家的努力而得以不斷提升，所以，儘管壽序是應酬性文體，但是名篇佳構也是爲數不少。頗爲遺憾的是，與壽序創作的豐厚實績相比，壽序研究則明顯不足。據筆者目力所及，壽序方面的研究論文只有爲數不多的幾篇。

日本學者鷲野正明較早地關注到了歸有光的壽序，1982 年，他在《日本

〔註 1〕黃宗羲《黃宗羲全集》第 10 冊，第 689 頁。

中國學會報》第 34 期刊發了《歸有光の壽序——民間習俗に參加する古文》。該文以歸有光爲研究個案,探討了壽序起源的社會文化背景。並以統計數據表明,歸有光是當時創作壽序數量最多的古文家。鷺野正明在論文中也試圖證明,歸有光是壽序創作成就最高的作家。1984 年,鷺野正明《壽序における歸有光の詩解釋——引詩による稱譽と載道の兩立》刊於日本《國士館大學文學部人文學會報》第 16 期。該文所要解決的問題是,歸有光如何通過徵引《詩經》中語句,藉助這部儒家經典,來擡升壽序的體格,以之消解壽序頌揚之弊與古文載道傳統之間的矛盾張力。鷺野正明的這兩篇論文,是現今爲止,歸有光壽序研究的最傑出成果。此後,對於專家壽序的研究,還有筆者的《曾國藩壽序文芻議》〔註2〕。文中論述了「修辭立其誠」是曾國藩壽序文的行文準則,指出曾氏壽序富含理學性味,是繼歸有光、姚鼐文學化壽序之後,壽序文的又一新變,是典型的理學化壽序。除了專家壽序的研究之外,日本學者野村鮎子還將性別視角引入到壽序研究之中。《明清女性壽序考》〔註3〕就是從女性史的角度審視壽序,揭示出了稱頌婦德是女性壽序的主要特徵,古文家在創作女性壽序時,往往征引《詩經・柏舟》、《詩經・凱風》以及《列女傳》等經典中的詞句作爲行文的依據,但是經典徵引內容的狹窄與徵引的頻率過繁導致了女性壽序千篇一律,面目雷同。不過,明清兩代也不乏有優秀的女性壽序,野村鮎子還進一步指出,這些優美的抒情性女性壽序大部份出自歸有光和桐城派作家之手。

以上論文幾乎都是圍繞歸有光和桐城派展開的,這種選擇自然有其合理性,畢竟歸有光是明代古文家之翹楚,而桐城派則是清代最大的古文流派,選擇它們作爲研究對象,肯定有涵涉範圍和影響力度方面的考慮。但是明清古文呈現出眾流奔競之勢,除歸有光和桐城派之外,其他古文家和古文流派的壽序理論和創作也應引起研究者的重視。另外,現有的研究成果,對於壽序起源、壽序分類、壽序作法以及壽序的發展歷程等問題的研究還不透徹,對以上問題的系統分疏,也應納入到壽序研究的範圍之中。在現有研究成果的啓示下,針對壽序研究存在的問題,本文擬以曾國藩爲中心作進一步的探研。

〔註 2〕 趙永剛《曾國藩壽序文芻議》,《廈門教育學院學報》2010 年第 1 期。
〔註 3〕 野村鮎子《明清女性壽序考》,見張宏生編《明清文學與性別研究》,江蘇古籍出版社,2002 年版。

壽序之起源及其類別

一、壽序之起源

關於壽序的起源，代表性的觀點有以下三種：

第一，西周以前說。

劉毓崧（1818～1867）《李竹孫先生七十雙壽序》云：

> 《儀禮·鄉飲酒禮》歌笙詩六篇，而冠以《南陔》。據《詩序》之說，謂人子相戒以養。其詞今雖弗傳，然以古義考之，則《南陔》一詩，即後世壽詩之祖。《南陔》一序，即近時壽序之源。蓋四方之中，惟南方實司長養，著於《禮記·鄉飲酒》義。故凡言南山者，大都壽考之詞。由是推之，則《南陔》序所謂相戒以養者，其為稱觴獻壽之詩，已有明徵。觀於《文選》載束皙所補《南陔》，首引《毛詩》之序，而其詩歸重於「以介丕祉」，與《豳風》「以介眉壽」相同，是壽詩本不始自唐人，而壽序亦非創於明代，其體制固昉於周以前矣。〔註4〕

劉毓崧的這個觀點泥古太甚，不足為據。《南陔》本是一篇有目無詞的逸詩，儘管《文選》載有束皙的補亡之作。但是束皙所補之詩，與其說是補亡，毋寧說是新創，其所補之詩，不是輯佚而得，而是重新創作，所補之詩與《詩經》原文無甚大關聯，所以《南陔》原詩內容仍然不得而知，將內容不可考證的《南陔》定為壽詩之祖，未免武斷。另外，《詩序》的作者有子夏、衛宏、謝曼卿等諸多說法，即使假定《詩序》為子夏所作，子夏所處時代也已經是春秋時期了，何來「周以前」之說？再者，單憑《詩序》簡短之數字，即將散體長篇之壽序溯源至此，證據顯然不足。

第二，唐之中葉說。

惲敬（1757～1817）《與衛海峰同年書》云：

> 壽序非古也，其原出於唐之中葉。天子以所生日為節，賜大卜酺，而臣之諛者，臚功德而頌之。今世所傳賀生日表，皆諛者之詞也。浸假而用之，以諛權貴有力者，浸假而有位大君子亦諛之，浸假而大君子亦受此諛，以為固當。於是販夫販婦、牛童馬走，苟有年，必有諛者為之壽，苟為壽，必有諛者為之功德之言。此非黃帝、蒼

〔註4〕劉毓崧《通義堂文集》卷十五，民國求恕齋叢書本。

頡以來，書契之不幸也，天下之勢也？然自唐歷宋、元至有明之初，其文無一傳者，何也？違心之言，泄忍齟齬，必不能工，工矣而羞惡之心不泯，則逸之而已。正德、嘉靖以後，士大夫文集始有壽序之名，爲詞要無可取。〔註5〕

壽序與中國古代的壽宴習俗緊密相連，考查壽序起源，必然先考查壽筵習俗之興起時間。惲敬以爲壽宴習俗最早出現於唐代中期，是由宮廷率先開始，上行下效，逐漸蔓延至民間的。惲敬的這個界定有文獻可以佐證，《新唐書·禮樂志》云：「千秋節者，玄宗以八月五日生，因以其日名節，而君臣共爲荒樂，當時流俗多傳其事以爲盛。」〔註6〕據此可知，壽筵習俗始於唐玄宗開元十七年（729），八月五日爲玄宗生日，當時稱爲千秋節，是日大臣賦詩獻文祝壽者很多，從現有文獻來看，壽詩有張說《應制和千秋節》、《奉和賜王公千秋鏡應制》等，壽文有張說《請八月五日爲千秋節表》、張九齡《進千秋節金鏡錄表》等。從此以後，「壽詩和壽文作爲應酬文學的一種形式登場了。」〔註7〕另外，從文體歸類上來說，姚鼐《古文辭類纂》和王先謙《續古文辭類纂》都將壽序歸入贈序類，而贈序這一文體，確實是創始於初唐而隆盛於中唐的，尤其是韓愈純以散文筆法爲之，佳構迭出，宛如無韻之詩〔註8〕。惲敬將壽序溯源至中唐時期，也有一定的合理性。

因唐代中期出現了一些壽詩和壽表，可以說中唐是壽辭文學的源頭。但是唐代的壽詩數量還很少，不足以結集，自然就不會有爲壽詩集作序的壽詩序出現，而壽詩序卻是壽序的眞正源頭。邵懿辰（1810～1861）《龍樹寺壽燕詩序》：

惟明以來之爲壽序者，不詩而序。夫其生於世幾何年，則何序之有？溯元人所爲序，皆詩序也，亦猶唐之爲贈序者，始莫不有詩，後乃無詩而徒贈以序，是皆詭而失文章之體，不可無辨。〔註9〕

所以，唐代中期出現了壽詩和壽表，還沒有出現壽序，惲敬的這個界定也不

〔註5〕惲敬《大雲山房文稿補編》，《四部叢刊》本。
〔註6〕歐陽修、宋祁等《新唐書》卷二十二《禮樂志》，中華書局年，1975年版，第477頁。
〔註7〕野村鮎子《明清女性壽序考》，第20頁。
〔註8〕錢穆《雜論唐代古文運動》，《中國學術思想史論叢（四）》，生活·讀書·新知三聯書店2009年版，第52～53頁。
〔註9〕邵懿辰《半嚴廬遺文》，清光緒三十四年（1908）邵章刻本。

具有說服力。至於惲敬說正德、嘉靖以後士大夫文集中才有壽序之名，這個說法也是不準確的，壽序被收入文集的時間要比惲敬的估計早很多。

第三，元明之際說。

黃宗羲《施恭人六十壽序》云：

> 唐、宋以下，序集序書，加之送行宴集，稍稍煩矣，未有因壽年而作者也。至元程雪樓、虞伯生、歐陽元功、柳道傳、陳眾仲、俞希魯集中皆有壽序，亦文體之變也。〔註10〕

曾國藩《易問齋之母壽詩序》云：

> 古者以言相贈處，至六朝、唐人，朋知分隔，爲餞送詩，動累卷帙，於是別爲序以冠其端。昌黎韓氏爲此體尤繁，間或無詩而徒有序，於義爲已乖矣。元明以來，始有所謂壽序者。〔註11〕

壽序產生於元明之際，持這個觀點的學者最多，除黃宗羲、曾國藩之外，還有管同、方東樹、賀濤、汪師韓等。但是這個觀點並不準確，黃宗羲說程矩夫、虞集、歐陽玄、柳貫、陳大章、俞希魯等人文集中載有壽序，其實以上諸人文集中所載乃是壽詩序，如虞集《道園學古錄》卷六《題尹先生壽詩序》、《兩尹先生慶九十壽詩序》等。當然，壽詩序是壽序的眞正源頭，將壽序溯源至此也未嘗不可，但是壽詩序的出現卻要早於黃宗羲推斷的這個時段，其實壽詩序在宋元之際就已經出現了。

第四，宋元之際說。

據筆者調查，現存最早的壽詩序是宋元之際俞德鄰的《李侍郎母夫人慶壽詩序》〔註12〕。俞德鄰（1232～1293），字宗太，丹徒人。性孝友，樂施與，博學多識。咸淳癸酉（1273）登進士，以文章負世重望。元兵入劫，質軍中，不屈，卒全其身，能保晚節。著有《佩韋齋集》一十六卷〔註13〕。《李侍郎母夫人慶壽詩序》前半部份是壽序，後半部份是壽詩。壽序部份主要是頌贊李侍郎爲官清廉，雖然沒有「重茵列坐，列鼎而食」的豐厚物質條件，但是能夠誠敬其心，盡老母之歡，在俞德鄰看來，這才是眞正的孝道。壽序還讚美了李侍郎推己及人的美德，對李侍郎治理地方的政績也給予了表彰。這些寫

〔註10〕黃宗羲《黃宗羲全集》第 10 冊，第 689 頁。
〔註11〕曾國藩著，王澧華校點《曾國藩詩文集》，上海古籍出版社，2007 年版，第 161 頁。
〔註12〕俞德鄰《佩韋齋集》卷十二，天祿琳琅叢書影元本。
〔註13〕曹庭棟《宋百家詩存》卷三十八，《文淵閣四庫全書》本。

法，與成熟期的壽序極爲吻合，應該將其視作是最早的壽序。所以，壽序的起源也應該是在宋元之際。

二、壽序的類別

關於壽序的種類，張相《古今文綜評文》已有很好的歸納，現據之製表如下：

壽序種類	
類別	代表作品
1.親戚：淳于髡謂「親有嚴客，髡帣鞲鞠，侍酒於前，奉觴上壽」。故知此事緣起，當在家人長者之間，所謂敘天倫之樂事者也。錄親戚壽序共九首。	歸有光《六母舅後江周翁壽序》、唐時升《子實弟六十壽序》、汪琬《族母吳夫人六十壽序》、劉大櫆《謝氏妹六十壽序》、姚鼐《家鐵松中丞七十壽序》、姚鼐《旌表貞節大姊六十壽序》、吳定《從舅氏程端生先生六十壽序》、張泰青《族母羅太孺人八十壽序》、王先謙《叔母毛太宜人六十壽序》。
2.仕宦：「南山有臺，眉壽黃耇」，祝壽之文，此爲權輿。然首章曰：「樂只君子，邦家之基。樂只君子，萬壽無期。」蓋古者祝壽，施之君親，次亦惟卿士大夫備位國家，始與此禮，典綦巨矣。然治天下者，惟粮二千石，而大夫致仕，則以教於鄉，一命以上，亦皆負斯世斯民政教責也，庶足附於「樂只君子」之誼與。惟位與壽，歸之大德，錄仕宦壽序共七首。	李東陽《壽太子太保吏部尚書王公九十詩序》、林明倫《費廣文七十壽序》、洪亮吉《朱石君先生五十壽序》、金安瀾《代楊至堂河帥作傅中丞六十壽序》、劉開《韋英岡明府七十壽序》、張裕釗《湘鄉相國曾公五十有八壽序》、張之洞《李傅相七十壽序》。
3.武功：《采芑》之詩曰：「方叔元老，克壯其猷。方叔率止，執訊獲醜。」諒哉，握虎符，佩金印，自非老於戎行，烏能勝任而愉快乎？太公鷹揚，八十之年。蹇叔墓木拱矣，能知鄗陵之役。此李勣命將，所以訾相夫龐福艾之人也。凡關於武功者，錄壽序共五首。	梅曾亮《秦穉堂五十壽序》、劉開《代某君徐將軍壽序》、張裕釗《代某公黃昌岐軍門六十壽序》、張裕釗《王觀臣副戎五十壽序》、趙銘《代李少荃作潛琴軒中丞六十壽序》。
4.布衣：司馬子長作《史記》，以伯夷事迹無徵，爰即天道報施，寄其閎議，《伯夷列傳》，成別調焉。摛文之士，有所序列，每於事功、節操、學問、文章，諸犖犖大端，逞其極筆。而閭巷布衣，操行中庸，名位不足以自顯，老死溝壑，傳者自希。凡布衣之屬，錄壽序共三首。	歸有光《白菴程翁八十壽序》、歸有光《周弦齋八十壽序》、汪琬《劉敘寰六十壽序》。
5.學人：自古學人，必得其壽，蓋經史文章之懿，考據姓名之精，經過大典，不朽盛事在焉。老師宿儒，所以爲貴。凡學人之屬，錄其壽序共六首。	黃淳耀《嚴永思先生七十壽序》、潘耒《顧亭林先生六十壽序》、姚鼐《劉海峰先生八十壽序》、梅曾亮《張南山七十壽序》、彭兆蓀《錢可薼徵君六十壽序》、曾國藩《唐鏡海先生七十生日同人寄懷詩序》。

6.女壽：昔劉向《列女傳》之撰，厥後范蔚宗作《後漢書》，上補馬、班之闕，創立體例，搜次才行高秀者，桓、龐、趙、班之儔，彙爲列傳。後之史家，咸宗法之。曾滌生謂范氏之識，有見於古聖人正家之大原。其言允已。令妻壽母，詠其燕喜。爰本斯旨，錄女壽序文共七首。	歸有光《張母太安人壽序》、歸有光《王母顧孺人六十壽序》、姚鼐《伍母陳孺人六十壽序》、孔廣森《爲王尙書撰姚母方太恭人七十壽序》、張裕釗《代某公譚母謝太夫人六十壽序》、李慈銘《項城袁母郭太夫人百歲壽序》。
7.雙壽：孟子論君子之三樂，雖王天下不與，而父母俱存，巍然居首。人子希覯奉觴，爲朋友者，張大其詞，愛其親而施之人。「孝子不匱，永錫爾類」，左氏之所美考叔也。若夫達人長德，白首唱隨，於古有徵，亦君子偕老之所爲詠也。錄雙壽序文共七首。	孔廣森《代撰蓬萊縣知縣吳君人暨堂上雙壽序》、曾國藩《黃矩卿之父母壽序》、曾國藩《陳仲鸞同年之父母七十壽序》、吳敏樹《屠禹甸夫妻八十壽序》、金安瀾《蘇星門封翁暨淑配郭太夫人六十雙壽序》、張裕釗《吳育泉先生暨馬太宜人六十壽序》、張裕釗《代某公梅小巖方伯暨雷夫人五十壽序》。
8.方外：遊方之外，誼本莊子。莊子著書，《逍遙遊》、《齊物論》、《養生主》諸篇，巍然居首，可以保身，可以盡年，先天地生而不爲久，長於上古而不老，蓋惟逃於寬閒寂寞之濱者然也。浮屠之說，生老病死，是謂四諦，物論之齊歟，養生之主歟？序而志之，亦所謂因緣者歟？錄方外壽序一首。	黃宗羲《天岳禪師七十壽序》。
9.初度序：壽之爲誼，有虛有實，上壽中壽下壽，限以年歲，此實言也。史傳所稱「爲先生壽」、「爲長者壽」，不限年歲，此虛言也。然明季風氣，五十以還，始相爲壽，蓋五十服政，四十而仕，由此逆溯，更無俟論，名不正，言不順，大雅譏焉。折衷《離騷》，取名初度，亦亡於禮者之禮乎。錄初度序文一首。	彭兆蓀《孫古雲四十初度序》。
10.自序：惜者劉光伯自贊，謂通人司馬相如、揚子雲、馬季長、鄭康成等，皆自敘風徽，傳芳來葉，進而徵之。十五志學，七十從心，歷數生平，無殊年譜，孔子已爲之矣。斯亦行夫古之道也。錄自壽序文二首。	方象瑛《七十自序》、李慈銘《四十自序》。

　　張相的這個分類還存在一些問題，最突出的問題就是分類標準不統一。其中親戚和自序兩類，分類標準是壽星與作者的關係，而仕宦、武功則是著眼於壽星的身份和功勳，女壽又是以性別分，有多重分類標準。分類標準不統一就導致了一些壽序作品在歸類時出現混亂，如劉大櫆《謝氏妹六十壽序》和姚鼐《旌表貞節大姊六十壽序》既可以歸入親戚類，也可以放入女壽類。再者，儘管張相的分類已經相當全面，但是還有追壽序或冥壽序一類沒有被列入。追壽或冥壽，顧名思義，是爲死者慶壽的一種儀式，與之相配的序文就是追壽序或冥壽序，這種壽序專爲死者而設的，張相所列十種壽序都是爲生者而作，不包含此類，應該補足。明代賀復徵編《文章辨體彙選》就曾設

有追壽體，收錄有王世貞《爲孝廉顧道通君追壽父母序》。以追壽命名的壽序還有明代蔣臣的《追壽笪母序》〔註14〕，清代黎元寬的《追壽傅愛松先生百歲序》〔註15〕，吳肅公的《爲煢寰吳翁追壽七十序》〔註16〕等。冥壽序則有汪師韓《佟刺史百歲冥壽詩序》〔註17〕等。

壽序之作法及其流弊

一、壽序之作法

壽序的作法，張相歸納爲六種，詳見下表：

壽 序 作 法	
類　別	代　表　作　品
1.考論：辭氣之出，宜遠鄙倍，繁華流蕩，君子弗欽。孔子有言曰：「《爾雅》以觀於古，足以辨言矣。」壽序非古，宜若可爲。錄歸震川《默齋壽序》以下文凡五首。	歸有光《默齋先生六十壽序》、方苞《張母吳孺人七十壽序》、沈彤《徐畫堂先生七十壽序》、曾國藩《王翰城刺史五十壽序》、曾國藩《易問齋之母壽詩序》。
2.規勉：愛人之摯，憂其無成，於奉觴之餘，寓揚觶之誼。不則亦述家世，誦靈芬，無以空文，墮其實踐，豈不狠狠有古君子之風者哉？錄汪堯峰《孟遷詩序》以下文凡四首。	汪琬《趙孟遷七十壽序》、方苞《高素侯先生四十壽序》、曾國藩《江岷樵之父母壽序》、吳汝綸《菊農先生七十壽序》。
3.感歎：魏文帝《與季重書》云：「節同時異，物是人非，我勞如何。」王逸少序蘭亭修禊，謂「情隨事遷，感慨係之」。故知性眞之文，感乎頑豔，故人握手，頹然老矣，言歡方笑，涉哀已悲，一樽相屬，跌宕於形骸之外，此亦性眞之發越者摯也。錄歸震川《侗菴壽序》以下文凡七首。	歸有光《侗菴陸翁八十壽序》、歸有光《晉其大六十壽序》、歸有光《潯甫魏君五十壽序》、魏禧《彭躬菴七十壽序》、劉大櫆《庭粹六十壽序》、張裕釗《范月槎觀察六十壽序》、張裕釗《范鶴生六十壽序》。
4.慰藉：必得其壽，斯爲大德，浮雲富貴，無以思公，物論可齊，賓戲可答，所謂排終身之積慘，求數刻之暫歡者也。元眞相葆，猶是太平之人，莊子有言，寧爲溝中之斷。錄歸震川、吳摯甫文共兩首。	歸有光《楊浙齋壽序》、吳汝綸《鄭筠似八十壽序》。

〔註14〕蔣臣《無他技堂遺稿》卷四，清康熙四十九年（1710）刻本。
〔註15〕黎元寬《進賢堂稿》卷十，清康熙刻本。
〔註16〕吳肅公《街南續集》卷三，清康熙刻本。
〔註17〕汪師韓《上湖文編》卷七，清光緒十二年（1886）汪氏刻本。

5.發揮：至德懿行，文章政事，含章內美，斯實俊民也。發揮旁通，聲生勢長，此子爲不朽矣。視彼眉壽福祉，無故而爲麥邱張老之言者，披文相質，不迴殊乎？錄魏叔子《小劂壽序》以下文凡七首。	魏禧《蕭小劂五十壽序》、曾國藩《黎樾喬之兄六十壽序》、曾國藩《曹穎生侍御之繼母七十壽序》、曾國藩《金殿珊先生六十壽序》、曾國藩《何傅巖先生七十壽序》、吳汝綸《李起韓先生八十壽序》、吳汝綸《武強賀偉堂先生八十有三壽序》。
6.別體：或進說，或陳銘，或獻頌詞，或援緯候，工者爲之，遠祖連珠之體，重次《千字》之文。又其至者，拜乎師門，效孝標《三同》之論，編次年譜，序《會昌一品》之書，介壽陳詞，斯爲觀止。錄文共十一首。	劉鳳誥《阿雲岩館師八十壽集千字文》、李兆洛《紈扇銘爲趙原子觀察壽》、龔自珍《阮尚書年譜第一敘》、汪士鐸《不朽說壽湘鄉相國》、金安瀾《何亦民方伯七十壽序》、王廷鼎《唐藝農方伯五十五歲壽序》、王詒壽《陝甘總督相國左公七十壽頌》、譚獻《薛恩農師六十壽言》、袁昶《李傅相七十壽序》、吳汝綸《范蔭堂先生七十壽序》、王闓運《通政庶母壽頌》。

　　張相對壽序作法的歸納已經非常詳盡，不過也存在一些小問題，比如張相所言別體類，就不像是壽序的作法，而更像是壽序的分類。考論、規勉、感歎、慰藉、發揮五種作法都是針對壽序的內容而言的，別體類壽序的側重點卻是在形式上。比如，李兆洛《紈扇銘爲趙原子觀察壽》是一篇駢文，體式上不同於一般性的古文壽序；劉鳳誥《阿雲岩館師八十壽集千字文》將壽序用字鎖定在《千字文》內，也是一種別開生面的藝術形式。不過這些差異都衹是形式上的，壽序的內容沒有多少改變，其作法也不出前面所歸納的五種之外。所以，壽序的主要的作法，其實還是五種。

二、壽序之流弊

　　明清兩代的文學主潮是小說和戲曲，這股主潮描繪的對象是世俗人情〔註18〕。在古典散文中也有與此世俗人情緊密聯繫的文體，壽序就是重要的一種。可是壽序畢竟是古文之一體，載道又是古文的內在要求，壽序這一應酬性的文體，在明清時代市民文藝興盛的當口，必然出現載道傳統和書寫人情之間的矛盾。在這對矛盾的兩極中，書寫人情往往具有壓倒性的優勢，其突出表現就是壽序創作群體的擴大，很多下層文人，甚至是文化水平非常低的文人都參與到了壽序的創作之中，以至於出現了魚龍混雜、泥沙俱下的局

〔註18〕魯迅《中國小說史略》以《明清之人情小說》標目；李澤厚《美的歷程》十
　　　　《明清文藝思潮》開篇就說：「以小說戲曲爲代表的明清文藝所描繪的是世俗
　　　　人情。」

面。歸有光《陸思軒壽序》云：

> 東吳之俗，號爲淫侈，然於養生之禮，未能具也；獨隆於爲壽。人
> 自五十以上，每旬而加。必於其誕之辰，召其鄉里親戚爲盛會，又
> 有壽之文，多至數十首，張之壁間。而來會者飲酒而已，亦少睇其
> 壁間之文，故文不必其佳。凡橫目二足之徒，皆可爲也。〔註19〕

明清兩代，江南地區經濟富庶，市民文化發達，慶壽之風盛行，壽序的需求
量也是與日俱增，受此風氣裹挾，普通文士湧入壽序創作的群體之中，也是
情勢之所必然。壽序創作群體中下層文士的急劇增長，也從側面說明了上層
文士已經無暇應對堆積如山的壽序請託了。面對如此龐大的壽序需求，即使
是自律甚嚴的古文家，也因爲追求壽序創作的數量和速度，不得不犧牲壽序
的質量而採取討巧的作法。比如，原本有一篇爲甲而作的壽序，現在乙和丙
又都來征文，一時難以完稿，就把原來那篇爲甲而作的壽序拿來，稍作改易，
換上乙和丙的姓名，以此塞責。這種做法是自我抄襲，在壽序創作中還算是
較有檔次的，更有甚者，自我抄襲尙不足以應付，就只好向古人那裡抄襲，
錢謙益就時常用這種方法來抵還文債，歸莊《謝壽詩序》說：「錢宗伯爲余言：
苦應酬不能給，嘗置胡元瑞集於案頭，擇其稍近者移用之，以其活套者多耳。」
〔註20〕錢謙益這樣的文壇名宿尙且如此，其他古文家的壽序創作之低劣也就
不難想見了。

　　另外，一篇壽序寫成之後，還要請精於書法者繕寫在壽屏上，壽屏一般
都是紙質的，繕寫之後，再進行裝裱，壽宴當日，懸掛於中堂之上。孔尙任
《節序同風錄》記載到：「壽筵設中堂，老人居正位，親朋列陪，謂之拱壽。
中堂懸壽軸，張壽屏，其詩文字畫皆取壽意。」〔註21〕精美的書法和裝裱有
時也會分散人們對壽序內容的注意力，人們可能會過多地關注書法的妍疵、
壽屏的精粗，而忽視壽序本身。酷愛書法的曾國藩就時常如此，道光二十九
年（1839）四月初一日的日記云：

> 寫唐詡庭壽屏，福靑緞寫黃字，字學柳誠懸，參以王大令、董香光
> 筆意，結構甚緊，筆下颯爽雅健，甚自許也。汪德莊世兄亦於是日
> 至唐家。唐家又請敎姓人寫壽屏。是日余寫七幅，敎寫五幅。

〔註19〕歸有光著，周本淳校點《震川先生集》，上海古籍出版社，2007年版，第334
　　　　～335頁。
〔註20〕歸莊《歸莊集》，上海古籍出版社，1984年版，第493頁。
〔註21〕孔尙任《節序同風錄》，不分卷，清鈔本。

曾國藩幾乎完全沉醉在書法品鑒之中，至於壽序本身的優劣，卻是隻字未提。可見，在人潮湧動喧鬧的壽宴之日，壽屏的外在形式，特別是壽屏的書法，往往有著更強烈的吸引力，而壽序的內容本身卻常常遭受冷落，這種審美上的偏見，也會或多或少地削弱古文家創作的積極性。

壽序還有即時性的特點，壽宴過後，壽屏就會被束之高閣，多數壽序的生命其實很短暫，也就是在慶壽之日懸掛一下，事後幾乎都湮沒無聞了，即使是歸有光這樣自覺地保存壽序的古文家，收入文集中的壽序數量也遠遠少於被束之高閣者。這正如管同《與吳子序書》所說：

> 又前承命作太夫人壽序，同非簡傲而不為也。凡為文辭，亦宜略自矜重。壽序起前明，其可傳者，計惟歸熙甫，然而取讀者誰歟？近時序書屏幛，長輒千言數百言，取文於寒士而借銜於公卿，主人張堂而弗視，賓客縱酒而不觀，懸不數日而拉雜束高閣矣。故同意甚不欲為此，惟尊長有命，則服勞為之，而必不存稿。足下何取於是文哉？〔註22〕

壽序即時性的特點，與古文家藏諸深山、傳於後世的理想相悖。古文家在創作壽序時，其心態也會受此影響，簡易從事、敷衍為文就成了壽序創作的一種常態。

壽序一般都是受人託請而撰，壽序文中，「屬余為序」，「命余為序」，「不獲辭」等等，皆是習見的謙退辭令。花費鉅資請人撰序祝壽，無非是要借他人之文彰揚家族文教儒風，希望通過壽序將壽星的令名德行、文采風華傳播久遠。請託者一般都是壽星的兒孫，兒孫輩在通過壽序娛親致孝、以博堂上歡心的同時，自然也期望壽序能表彰他們謹守家風、有所成就等美德，故此，請託者上述的諸種閱讀期待不能不影響到作者的行文，敷衍揄揚之弊是撰文者很難避免的。另外，請託者有時也會參與到壽序的創作和修改中，他們有權決定是否採用受託者所撰之壽序，也會逕直提出一些更為冠冕的修改意見。曾國藩就曾遭遇到這種尷尬的事情，道光十九年（1839）三月二十九日，曾國藩「由家起身，走衡陽唐訒庭家。下半天，唐以予作壽文中間太直，請予改」〔註23〕。曾國藩的遭遇還算平和，歸莊就沒有曾國藩那麼幸運了。歸莊接受了朱家豐厚的潤筆，但是所作壽序沒有揄揚之詞，而是直筆而書，遭

〔註22〕管同《因寄軒文集》二集卷三，清道光十三年（1833）管氏刻本。
〔註23〕曾國藩《曾國藩全集·日記一》，嶽麓書社，1987年版，第13頁。

詞造語之間又缺少修飾蘊藉，所以此壽序剛剛掛出，就引起了朱家的不滿，以至於壽宴過後，仍然對歸莊謾罵不休，經過這次打擊之後，歸莊也謝絕了壽序託請。歸莊《與丘顯若書》載其事曰：

> 朱家壽文，承命作跋，弟素不能虛譽，不過道其實，但措詞略少蘊藉耳。何意致一遂積怨深怒至於此也！前聞其逢人輒慂，固已怪之，亦置之不足較。昨遇於季重家，弟整衣冠，將與之揖，彼乃不禮，而極口肆罵；弟見其勢猛氣強，非復可理論者，走避之，猶追罵不已。〔註24〕

在請託者如此蠻橫的期待視野下，收取了潤筆之費的古文家很難保持寫作的獨立姿態，順勢就俗的阿諛之詞也就無法禁止了。惲敬《與衛海峰同年書》一針見血地指出，阿諛逢迎是壽序文最大的弊端，他說：

> 震川先生有明文格之最正者，集中壽序八十餘首，皆庸近之言。稍善者，以規為諛而已。不諛者，未之見也。本朝魏叔子多結交淡泊奇瑋之士，為壽序抑揚抗墜，橫驅別騖，力脫前人之所為，然不諛其事，諛其志，要之亦諛而已。夫震川先生、魏叔子，近世所推作文之巨擘也，而尚如此，其他則又何責焉？〔註25〕

壽序不作阿諛之詞很難，但阿諛的程度也有高下輕重之分，高明而有操守的古文家也可以在此世俗文體中表達不俗的理念。不過這種古文家實在是鳳毛麟角，難得一見的，大多數的古文家或者下層文士對是非曲直一概不管，祇是一味遷就請託者的意願，阿諛逢迎，滿紙污穢。歸莊在《謝壽詩序》中就曾憤慨地道出了當時文壇上的這種怪現狀，他說：

> 凡富厚之家，苟男子不為盜，婦人不至淫，子孫不至不識一丁字者，至六七十歲，必有一徵詩之啟，遍求於遠近從不識而聞名之人。啟中往往誣稱妄譽，不盜者即李、杜齊名，不淫者即鍾、郝比德；略能執筆效鄉里小兒語者，即屈、宋方駕也。〔註26〕

直至曾國藩生活的道光、咸豐年間，壽序依然風行文壇，但是經過數百年的因襲，作為應酬揄揚之體的壽序，已是日漸浮濫，弊竇叢生。在曾國藩看來，當時的壽序文體，至少被四種弊病所困擾。道光二十二年（1842），曾國藩在

〔註24〕歸莊《歸莊集》，第330頁。
〔註25〕惲敬《大雲山房文稿補編》，《四部叢刊》本。
〔註26〕歸莊《歸莊集》，第493頁。

《田昆圃先生六十壽序》一文中指出，時下流行的壽序文體，有四種弊端，他說：

> 壽序者，猶昔之贈序云爾。贈言之義，粗者論事，精者明道，旌其所已能，而蘄其所未至。是故稱人之善，而識小以遺巨，不明也；溢而飾之，不信也；述先德而過其實，是不以君子之道事其親者也；爲人友而不相勖以君子者，不忠也。〔註27〕

壽序的流弊除了揄揚過實、阿諛逢迎等文體本身的弊端之外，壽序的載體——壽屏，也成了壽宴上爭勝誇耀的對象。壽屏最常見的材質是裝裱過的紙本掛軸，有些富厚之家爲了炫耀財富，對壽屏的材質也有了更多的講究，以至於滋生了一種奢侈之風。清代很多官員也借著同僚慶壽的時機，把壽屏做得奢華妍巧，這也是官員之間行賄的一種手段。史澄《(光緒)廣州府志》就記載了一架奢華的壽屏，他說：「華林寺藏平南王壽屏一座，雕梨嵌金，甚精麗，字亦工妙。蓋靖藩由閩驛致爲平南王八旬祝壽者也。」〔註28〕此種風氣影響極壞，故此清初朝廷對壽屏的材質有嚴格的限制，也反對官員之間互送壽屏。康熙皇帝就率先垂範，其五十歲壽誕之日，僅接受了群臣所製的冊頁，沒有接受壽屏〔註29〕。康熙朝理學名臣魏象樞也曾規勸同僚不要接受下級所送壽屏〔註30〕。但是送受壽屏之風屢禁不止，雍正時期，李桐、李琠就因收受壽屏被革職查辦〔註31〕。

歸有光、桐城派與壽序的文學化

壽序作爲應酬性的文體，在正統古文家看來，其體格甚卑，姚鼐甚至認爲其體之賤，還在八股文之下。因此許多古文家對壽序是不屑一顧的，清初大儒顧炎武就拒絕壽序寫作。古文家在刊刻個人文集時，對於壽序的位置安排也頗感躊躇，慣常的作法是把壽序置於外集，以之顯示雅俗之文不可混同。章學誠則不贊成這種鄙視壽序的作法，他在《文史通義·砭俗》中反駁說：

〔註27〕曾國藩著，王澧華點校《曾國藩詩文集》，第127頁。
〔註28〕史澄等纂修《(光緒)廣州府志》卷一百六十二，清光緒五年（1879）刊本。
〔註29〕《清文獻通考》卷一百二十六《王禮考》。
〔註30〕魏象樞《寒松堂全集》卷十，清康熙刻本。
〔註31〕《雍正上諭內閣》卷七十三、卷八十九，《文淵閣四庫全書》本。

> 文章之家，卑視壽挽，不知神明其法，弊固至乎此也。其甚焉者，
> 存祭挽而恥錄壽言；近世文人自定其集，不能割愛，而間存者，亦
> 必別爲卷軸，一似雅鄭之不可同日語也。則可謂知一十而昧二五
> 也。……夫文生於質，壽祝哀誄，因其人之質而施以文，則變化無
> 方，後人所闢，可以過於前人矣。夫因乎人者，人萬變而文亦萬變
> 也；因乎事者，事不變而文亦不變也。〔註32〕

在章學誠看來，壽序本身不存在尊體與賤體的區別，它之所以出現諸多流弊，其根源就在於壽序的作者不能「神明其法」，衹是因陋就簡地沿襲壽序陳舊的結構模式，套用一些奉承性的陳詞濫調，不能根據具體的人和事來調整寫作策略。而高明的古文家卻不是這樣，他們能夠從這種俗濫的文體中傲然挺立，在貌似揄揚的語言中，仍然可以植入人生感喟、眞情實感，甚至還可以談文說理、嘲古諷今，在他們的筆下，壽序的世俗性慢慢褪色，而學理性在不斷增強。從這個意義上說，壽序的發展史，其實就是古文家抵制世俗之風的衝擊，固守古文載道言情傳統的歷史。在這個反抗流俗的歷史中，壽序也經歷三次巨大的變革，引領這些變革的古文家就是歸有光、黃宗羲和曾國藩。歸有光是文學化壽序的開創者，黃宗羲的壽序富有學術特色，曾國藩則是理學化壽序的集大成者。

歸有光是創作壽序最多的古文家，也是第一位自覺地擺脫壽序世俗性惡習的古文家。他勘落了壽序中時常出現的浮詞套語，而代之以平常之語；打破了壽序稱功頌德的固有模式，轉而以瑣細之事傳情達意，把壽序從應酬性的泥淖中拯救出來，還壽序以典雅的文學特性。如《周弦齋壽序》林紓評曰：

> 顧亭林恒不爲人作壽序，即方望溪集中亦極少見。獨歸熙甫竟多至
> 卷餘，其中不無隨手酬應之作，惟此篇俯仰沉吟，於壽序中別開生
> 面。熙甫文長於述舊，以能舉瑣細之事爲長，似學《史記》、《漢書》
> 之《外戚傳》。故敘家庭瑣細之事，頗款款有情致。〔註33〕

歸有光壽序的文學價值也得到了後世文家的推崇，姚鼐編輯《古文辭類纂》，收錄壽序四篇，皆出自歸有光之手，足見其壽序在姚鼐心目中的地位。《古文

〔註32〕章學誠著，葉瑛校注《文史通義校注》，中華書局，2005 年版，第 452～453頁。
〔註33〕吳孟復、蔣立甫《古文辭類纂評注》，第 972～973 頁。

辭類纂》流佈海內，歸有光壽序的影響也被不斷地強化，清代古文家對歸有光壽序的擬傚之作更是層出不窮。較爲明顯的就有吳敏樹，爲了直觀地突顯出他們之間的淵源關係，現製表格如下：

歸有光《戴素菴七十壽序》	吳敏樹《屠禹甸夫妻八十壽序》
先生家在某所，渡婁江而北，有陂湖之勝，裕州太守龔西野之居在焉。裕州與先生爲內外昆弟，然友愛無異親昆弟；一日無先生，食不甘，寢不安也。……因念往時在鄉校中，先生與家君已追道前輩事，今又數年，不能復如先生之時矣。俗日益薄，其間有能如龔裕州之與先生乎？而後知先生潛深伏隩，怡然湖水之濱，年壽烏得而不永也〔註34〕？	余家巴陵，濱湖之鄉，人工作布，而以布賈者多吳之洞庭人家。自先大父時，頗以居布致生息，故多與吳客熟識，而鹿角市臨湖有屋一區，貫而賈者，爲吳洞庭人屠氏，屠氏業此蓋數世矣。……今翁自歸吳後，即不更來，與其配氏偕老於家，又健甚，俱享高年，其可嘉也已。吾聞洞庭之山，爲峰七十有二，登而瞰太湖，三萬六千頃，其光景氣象，視吾岳陽之丘，宜有勝焉者。山中多奇花異果，供採擷，四時而有也。晴和佳日，翁與嫗扶杖偕行，鄉之父老兒童，相迎問語笑山水間，亦可以樂，而彌永其年矣〔註35〕。

吳敏樹好友曾國藩評《屠禹甸夫妻八十壽序》曰：「此文置歸集中，幾不能辨。」〔註36〕誠如曾國藩所言，吳敏樹的這篇壽序顯然是模傚了歸有光的《戴素菴七十壽序》，兩篇壽序的結構相似，都以壽星居處的自然環境起首，並以自然環境煞尾，年壽之永得之江山之助是他們共同的命意所在。另外，恬淡心態和肥遯行爲也是歸有光和吳敏樹的重點敘說對象。吳敏樹盛讚歸有光古文，稱歸有光爲「明文之雄」〔註37〕，曾經編輯《歸震川文別鈔》，其古文受歸有光影響很大，歸有光《戴素菴七十壽序》就是吳敏樹《屠禹甸夫妻八十壽序》的範本。

通過歸有光的努力，壽序舊有的世俗性寫作模式被打破，其文學性逐漸增強，但是，歸有光對壽序的文學化改造還未徹底完成，他的一些壽序尚未完全擺脫應酬性的窠臼。比如《王母顧孺人六十壽序》就是一篇推辭不掉的不得已之作，當時歸有光「方有腹心之疾，辭不能爲，而諸友爲之請者數四」〔註38〕。既然無法推辭，只好勉強從事之。更讓歸有光感到爲難的是，王子

〔註34〕歸有光著，周本淳校點《震川先生集》，第325～326頁。
〔註35〕吳敏樹《柈湖文集》卷八，《續修四庫全書》本，第1534冊，第218頁。
〔註36〕王先謙《續古文辭類纂》卷十三，浙江古籍出版社，1998年版，第254頁。
〔註37〕吳敏樹《歸震川文別鈔序》曰：「蓋明朝始以四子書之文取士，而其文莫盛焉。三百年間，傳者數十家，而震川歸氏爲之雄。而明之言古文者，亦未有如歸氏者也。」《柈湖文集》卷四，第179頁。
〔註38〕歸有光著，周本淳校點《震川先生集》，第357頁。

敬的這位壽星母親非常普通，幾乎沒有多少值得表彰的事迹，面對這種局面，歸有光只好把王子敬前來求文時說的一番讚揚老母親的話，如實地照錄下來。與不顧事實的誇張妄譽相比，這種實錄的寫法雖然也不失爲一種進步，可是若要說到文章以情動人的情感力度，終究還是有所欠缺的。故此後人對這篇壽序的評價不是很高，胡韞玉評曰：「就乞人之所言以作序，是文章討巧法。純以子敬之言爲主，不加論斷，是應酬之作。」〔註 39〕歸有光《顧夫人八十壽序》的寫法亦無突破，這篇壽序也遭到了姚鼐的尖銳批評，他說：「太僕作夫人壽序，無非俗徑，足知君子不可以易其言。」〔註 40〕

歸有光的古文以書寫家族女性見長，《項脊軒志》、《寒花葬志》等均能以平常之事傳達動人之情，這是歸有光古文傲視群雄的獨特之處，不過這種寫法卻不能照搬到壽序中來。這是因爲歸有光古文的佳處在於情感之眞切，這種眞切的感情來源於早年喪母、中年喪妻、喪女的淒慘經歷，是不平則鳴的眞實流露，是渴望母愛、思念妻女的情感呼喊，這些才是歸有光古文的靈魂所在，至於對平常之事的舒緩鋪敘，只不過是一種技法上的選擇而已。歸有光在創作壽序時僅僅把這種寫作技法移植過來，卻沒有那種創痛至深的情感體驗，單靠技法爭勝，不僅難以奏效，甚至也因了情感的缺失，那種平常之事的鋪敘更顯得蒼白無力，令讀者覺得瑣碎而拖沓。當然，我們也不能苛求歸有光，畢竟的壽序的書寫對象不同於《項脊軒志》，那些所要稱頌的壽星對於歸有光來說是十分陌生，有些甚至是從未謀面的，所以歸有光與他所要書寫的對象之間幾乎沒有任何情感交流，倉促間率爾命筆，即使高明如歸有光者，也很少有妙文出現。這是寫作對象對寫作者的束縛，壽序名篇的出現，既依賴於古文家的丹青妙筆，也需要有適合古文家抒情的絕佳對象。這兩者的機緣契合，有時是可遇而不可求的。從這個意義上說，劉大櫆《謝氏妹六十壽序》眞是一次巧遇，後人評價該文「一片眞氣，從肺腑中流出，但見其高古深厚，不可幾及」〔註 41〕。其文曰：

> 吾父母生吾兄弟四人，又女弟三人，家以娶婦、嫁女而益貧。吾伯
> 兄鄉舉謁選，官於徐溝。時吾母尚在，乃以道遠不獲迎養，緘恨於
> 終身。二親既沒，伯兄始起官黔之普定。伯兄沒，而余始爲博士於

〔註39〕吳孟復、蔣立甫《古文辭類纂評注》，第 974～975 頁。
〔註40〕吳孟復、蔣立甫《古文辭類纂評注》，第 979 頁。
〔註41〕劉大櫆《海峰文集》卷三，《續修四庫全書》本，第 1427 冊，第 351 頁。

黔。傷哉！貧也。子欲養而親不待，終古有餘痛焉。女弟三人，長
適同里方氏，次殷氏，次謝氏，皆吾父母所寶貴而憐惜之者。三人
之壻皆早世。去年，殷氏妹亦亡。其在方氏者，雖未死，而敝衣糲
食，幾無以為生。唯謝氏妹衣食粗足，而遭家多難，未嘗得一日安
居。其壻師其旣殂，吾妹維持門戶，撫其孤才六歲，恐懼憂傷，備
嘗艱苦。今其孤已受室生孫，甥能自立，不至蕩廢其產業，入貲將
為官。而吾妹年已六十矣。回思三十年前，驚風怒濤，恍如夢寐。
甲申五月中旬，為吾妹設帨之辰，其在子姓姻親黨友來為頌禱者，
皆得置酒高會，獨吾伯兄、仲兄及殷氏妹九原不可復作，余又羈縻
數百里外，未得手舉一觴。〔註42〕

劉大櫆的這篇壽序眞氣充沛，感情眞摯，且有百折千回之沈鬱頓挫。壽序中
歡喜與悲傷並存，欣幸與悔恨交織，矛盾糾葛的情感張力營造出了高古深厚
的文章氣勢，離多聚少的貧家窘境催生了令人泣下的喟歎欷歔，這是壽序發
展史上難得一見的名篇佳構，也是壽序文學化歷程中承前啓後的典範之作。

壽序在歸有光和桐城派古文家手裏可謂是每轉益進，佳作層出不窮。歸
有光擺脫應酬，壽序呈現出文學化的雛形；劉大櫆以至情之筆，寫應酬之文，
情文合一，感人至深；姚鼐生當漢學興起之時，面對漢學的強勢衝擊，創立
文派，維繫宋學，乃是情勢之必然，而《劉海峰先生八十壽序》就成了桐城
古文開宗立派的宣言，其文曰：

囊者鼐在京師，歙程吏部、歷城周編修語曰：「為文章者，有所法而
後能，有所變而後大。維盛清治邁逾前古千百，獨士能為古文者未
廣。昔有方侍郎，今有劉先生，天下文章，其出於桐城乎？」……
鼐又聞諸長者曰：「康熙間，方侍郎名聞海外。劉先生一日以布衣走
京師，上其文侍郎。侍郎告人曰：『如方某何足算邪？邑子劉生，乃
國士爾！』聞者始駭不信，久乃漸知先生。」今侍郎沒而先生之文
果益貴。

王先謙盛讚該文「寄意深遠，落墨最高」〔註43〕。「寄意深遠」是言姚鼐開創
文派的良苦用心，「落墨最高」是說該文高超的文學水平。因此《劉海峰先生

〔註42〕劉大櫆著，吳孟復標點《劉大櫆集》，上海古籍出版社，2008 年版，第 149
頁。
〔註43〕王文濡編《明清八大家文鈔》，上海世紀出版集團，2008 年版，第 206 頁。

八十壽序》兼有文學和文學史的雙重價值，這篇壽序的出現，宣告了一個文派的誕生，也徹底改變了一種文體的命運。從此以後，伴隨著桐城文派的傳衍壯大，這篇具有綱領性意義的壽序，將徹底與應酬文絕緣，任何一位皈依桐城派的古文家都再也不會從應酬文的角度來審視該文。易言之，在桐城文派的發展歷程中，這篇壽序的影響力也是任何一篇古文都無法比擬的。更為重要的是，《劉海峰先生八十壽序》的問世，也表明自歸有光以來壽序文學化改造的最終完成。

曾國藩與壽序的理學化

基於揄揚過實的弊病，黃宗羲稱壽序為文體之變，曾國藩更進一步，在道光二十五年（1845）所作的《易問齋之母壽詩序》中，徑直將壽序譏諷為「文體之詭」，即壽序「率稱功頌德，累牘不休，無書而名曰序，無故而諛人以言，是皆文體之詭」〔註44〕。

在反省壽序文體弊病之時，曾國藩已經將批判的矛頭對準了歸有光，歸有光雖然不是壽序這一文體的始作俑者，但是他一生卻創作了 76 篇壽序。錢謙益、黃宗羲對這些壽序文不乏表彰之詞，姚鼐在編輯《古文辭類纂》時，壽序類也僅著錄歸有光之文四篇，可見歸有光的壽序文地位之高，流衍之廣。歸氏壽序中的優秀之處自然是嘉惠廣播，瑕疵之處也是流毒甚遠。曾國藩要廓清壽序之弊端，歸有光自然成為他首當其衝的批判對象。

曾國藩在道光二十四年（1844）所作的《書歸震川文集後》中，批評歸氏壽序之缺失主要有兩點，一是妄加毀譽於人，其實這也不是歸有光的首創，他只不過是沿襲了韓愈詩序的一些弊端，踵事增華，愈演愈烈而已。即「於是有為之序者，昌黎韓氏，為此體特繁，至或無詩而徒有序。駢拇枝指，於義已侈矣。」〔註45〕歸氏壽序讓曾國藩難以容忍的另一流弊是詞盛於義，他說：

> 熙甫則不必餞別而贈人以序，有所謂賀序者、謝序者、壽序者，此何說也？又彼所為抑揚吞吐、情韻不匱者，苟裁之以義，或皆可以不陳。浮芥舟以縱送於蹄涔之水，不復憶天下有曰海濤者也，神乎，

〔註44〕 曾國藩，《曾國藩詩文集》，第 161 頁。
〔註45〕 曾國藩，《曾國藩詩文集》，第 146 頁。

味乎？徒詞費耳。〔註46〕

歸有光壽序尤其是女性壽序，其佳處恰恰在於「抑揚吞吐，情韻不匱」，這是
許多文論家的共識，黃宗羲對此更是推崇有加，他在《張節母葉孺人墓誌銘》
一文中指出，「予讀歸震川文之爲婦女者，一往情深，每以一二細事見之，使
人欲涕。」〔註47〕曾國藩卻不太欣賞這種偏於陰柔和緩的文章，他追求的是
與此迥然相異的樸茂閎肆之風。並且，曾氏衡定壽序高下的標準是義，文以
載道是曾國藩的最高準則，曾氏壽序中不乏儒家價值觀念的身影。與之相反，
歸有光的壽序在對儒家道統的開掘與闡發方面實在是乏善可陳，其壽序難入
以道統自居的曾氏法眼之中也就不難理解了。

　　誠然，在剛大之氣、明遠之識方面，歸有光不能與曾國藩相媲美，但是
在柔緩細膩、情韻感人方面，曾國藩也遜歸有光一籌。總之，歸有光壽序以
情韻悠遠勝，而曾國藩則以識見氣勢勝，歸、曾異軌，但所詣均高，不能
因曾國藩不同的文學興味品評而否認歸文的佳境，更何況歸有光對上述壽序
弊端也曾有過比較清醒的認識呢？他在《陸思軒壽序》中對當時壽序文的
水平感到擔憂，他說：「又有壽序之文，多至數十首，張之壁間。而來會者飲
酒而已，亦少睇其壁間之文，故文不必佳，凡橫目二足之徒，皆可爲也。」
〔註48〕可見，當時壽序乃是一種在民間流傳的文體，幾乎是人盡可爲，文學
價值不高，流傳方式祇是懸掛牆壁之上作爲壽宴的一種點綴而已。壽序從民
間發展到廟堂，文學價值逐步提高，日漸成爲一種雅正有致的應用文體，歸
有光是起了非常關鍵性的作用的。從這個意義上說，曾國藩的批評是有些苛
刻的。

　　頗爲戲劇性的是，儘管曾國藩對壽序文有過如此多的批評，其本人卻是
難以免俗，數鄙之而數爲之，留存至今的壽序尚有 25 篇，爲數不少。儘管如
此，曾國藩畢竟不是隨波逐流之徒，他的壽序與當時普遍流行的俗濫之作相
比，其價值簡直是判若雲泥。這是因爲，曾國藩有比較明確的撰述宗旨，那
就是修辭立其誠。

　　李翰章《曾文正公全集序》論曾國藩文章曰：「樸茂閎肆，取途於漢、魏、

〔註46〕曾國藩，《曾國藩詩文集》，第 147 頁。
〔註47〕黃宗羲著，沈善洪主編《黃宗羲全集》，杭州：浙江古籍出版社，1985 年月第
　　　　一版，第 10 冊，第 669 頁。
〔註48〕曾國藩，《曾國藩詩文集》，第 334 頁。

唐、宋，上訴周、秦，衷之以六經，而修辭必以立誠爲本。」〔註49〕《求闕齋文鈔序》亦云：「文之精審繽密，又無一浮溢之詞，眞孔子所謂修辭立其誠者與？」〔註50〕「修辭立其誠」，語出《周易·乾卦》，原文曰：「修辭立其誠，所以居業也。」孔穎達注疏曰：「辭謂文教，誠謂誠實也。外則修理文教，內則立其誠實，內外相成，則有功業可居，故云居業也。」具體到古文理論，「修辭」可以視作文以載道、經世濟邦，是從古文的本體與功用方面作出的內在性規定；而「立誠」則重在古文的創作方法，它要求古文傢具備實事求是的態度，洞徹幾微的識見。合而言之，修辭立其誠就是古文家以誠實的態度、嫻熟的技巧，創作出教化民氓、移風易俗的古文佳作。

不過修辭立其誠的行文準則在當時的壽序創作中已經很難看到，曾國藩以爲，近時歸有光、方苞已經不能盡洗阿諛陋習，較遠的韓愈在詩序中也不乏言過其實之失，若要在古代文章中尋找可供師法的典範之作，非得上追三代、問途《六經》不可。他最終在《詩》、《禮》二經中找到了行文依據，道光二十七年（1847），他在《黃矩卿師之父母壽序》說：「惟因事而致其敬，相與爲辭以示不忘，則古多有之。若魯侯作閟宮，奚斯有頌；晉獻文子成室，張老有禱。施之少者，有冠禮三加之辭；施之老者，有祝鯁祝噎之辭。其爲辭也，貴約而韻，質而不蔓，君子尙焉。」〔註51〕曾國藩本《詩》、《禮》之成憲，在創作壽序時心存敬畏，謹守途則，摛辭運藻捨侈而貴斂，不作溢量之語，既抵制了時下阿諛頌禱的不良習氣，又留下了許多優秀的壽序之文。

如《田昆圃先生六十壽序》，田昆圃只不過是鄉間一老塾師，因其子田雨公中進士而顯貴，平生未有豐功偉績值得載記，這是壽序作者經常遇到且十分棘手的問題，慣常的做法是飾以美言、敷衍成篇，全然不顧事實，用歸莊的話說，即是「往往誣稱妄譽，不盜者即李、杜齊名，不淫者即鍾、郝比德，略能執執筆效鄉里小兒語者，即屈宋方駕也。」〔註52〕曾國藩卻迥異與此，他本著實事求是的態度，並沒有過多的頌揚之詞，祇是截取了田氏家居的兩句話語展開文章，先籍田氏之子田雨公之口點出此二語，即：

〔註49〕 曾國藩，《曾國藩詩文集》，第 451 頁。
〔註50〕 曾國藩，《曾國藩詩文集》，第 458 頁。
〔註51〕 曾國藩，《曾國藩詩文集》，第 200 頁。
〔註52〕 歸莊，《歸莊集》，第 492 頁。

> 敬堂曰：吾父固好質言。凡生平庸行，眾人所恒稱道者，不足爲君
> 述。吾父早歲以課徒爲業，迄今幾四十年，嘗曰塾師鹵莽塞責，誤
> 人子弟不淺，吾不敢也。戊戌，雨公幸成進士，選庶常，吾父書來，
> 戒以初登仕，慎勿輕干人。〔註53〕

不敢誤人子弟，不輕干人，兩者都不是豪言壯語，稍能謹守君子人格者都可以說出，曾國藩將壽序的中心植基與此，確實是修辭立其誠。但是修辭立誠畢竟不是呆板地轉述，曾國藩的高超之處就在於，他能從這不起眼的言語中提煉出不俗的思想，該壽序在點出是二語之後，筆鋒一轉，轉入議論闡發，從秦始皇焚書坑儒、教澤蕩然說起，順次表彰漢武帝獨尊儒術之功績，又讚揚明太祖八股取士能「明聖道於煨燼之餘，而炳若日星；表宋儒之精理，使僻陬下士皆得聞道。」〔註54〕但是利祿之途一開，干謁之風也隨之而起，甚囂塵上，即：

> 以詩書爲干澤之具，援飾經術，而蕩棄廉恥者，又未始非二君有以
> 啓之也。今世之士，自束髮受書，即以干祿爲鵠，惴惴焉恐不媚悦
> 於主司；得矣，又挾其術以釣譽而徼福祿，利無盡境，則干人無窮
> 期。下以此求，上以此應，學者以此學，教者以此教，所從來久
> 矣。〔註55〕

曾國藩藉此文對當時科舉場上的干謁之風大肆批評，仕壽序這種原本屬於揄揚之體的文章中，注入經世之志，展開對社會問題的批判，這在之前作家的壽序文中是很難看到的。並且，該文不僅揭示了干謁之風的惡俗淵源，更進一步闡發了干謁之風的惡劣影響，以至於干謁與否，乃成爲區別君子小人的鴻溝，即「振古君子多塗，未有不自不干人始者也；小人亦多塗，未有不自干人始者也。」〔註56〕文章大開大合，中間插入這一段長篇宏論，看似隔斷了前文的敘述脈絡，實際上卻是草蛇灰線，伏脈千里。將此干謁之風源流梳理清楚，弊害剖析分明，才能凸顯在舉世蠅營狗苟的干謁熾風之下，田氏教子「勿輕干謁」是多麼能難可貴，所以文章迂迴轉折，曲終奏雅，仍歸結在壽星田昆圃的君子人格上。他說：「今先生之誡子首在不輕干人，則平日之立

〔註53〕曾國藩，《曾國藩詩文集》，第128頁。
〔註54〕曾國藩，《曾國藩詩文集》，第128頁。
〔註55〕曾國藩，《曾國藩詩文集》，第128頁。
〔註56〕曾國藩，《曾國藩詩文集》，第128頁。

教，所謂不誤人子弟者，概可知矣。出處取與之間，士大夫或置焉不講，而鄉里老師耆儒，往往以教其家，繩其門徒。」〔註 57〕文章起首處援引田氏二語，習見的作法是立兩大柱分別論述，但曾國藩卻不是如此，而是相題而發，另闢蹊徑，以干謁爲主，將不敢誤人子弟納入其中，既節省了筆墨，又突出了中心，爲文技巧頗高。文末表彰田氏嘉言的同時，也在慨歎廟堂風氣之壞，禮失只能求諸於野了。識見高遠，迥超流輩，移風易俗的經世憂患意識也蘊蓄其中。再者，該文敘事與議論相得益彰，平緩的敘事之中，插入一段雄峻的議論，一洗懦緩之氣，拗折頓挫，氣韻多姿。

曾國藩忠於事實、識見高遠的壽序文還很多，如《江岷樵之父母壽序》引江氏父母之言——「吾不願女以美官博封誥，無使百姓唾罵吾夫婦足矣。」〔註 58〕論述了娛親而養志應以不墮父母令名爲首務的道理。《曹穎生侍御之繼母七十壽序》強烈批判「末世稱誦女史，好道其奇特者，或有刲臂徇身之事，駭人聽睹」〔註 59〕的旌表惡習，而力主表彰「貞持數十年，冰蘗百端，兢兢細務」的眞正苦節之婦。

可見，曾國藩在繼承桐城壽序義法謹嚴、清眞雅潔諸種優點的同時，力詆其揄揚惡習，本著修辭立其誠的爲文準則，創意造言，本於事實，不諛不贅；議論平正通達，不煩不苟。並將高遠之識、宏大之論、經世之旨融入壽序之中，提高了壽序文的思想境界。

最後，曾國藩平生尊奉宋學，修身持世皆以理學準則爲宗旨，且以陶鑄人才，轉移士風爲己任，故此，曾氏壽序富含一種理學興味。如果說，歸有光《周弦齋壽序》以能舉瑣細之事爲長，俯仰沉吟，款款有致，是文學化的壽序；姚鼐《劉海峰八十壽序》是桐城古文開宗立派的宣言，帶有文學史化的傾向；那麼，曾國藩的壽序卻是另立一途，將理學思想打併入壽序之中，是典型的理學化壽序了。

〔註 57〕 曾國藩，《曾國藩詩文集》，第 129 頁。
〔註 58〕 曾國藩，《曾國藩詩文集》，第 232 頁。
〔註 59〕 曾國藩，《曾國藩詩文集》，第 218 頁。

家譜研究的典範之作：《家譜中的名人身影——家譜叢考》讀後

【摘要】著名文史專家卞孝萱教授新著《家譜中的名人身影——家譜叢考》，是當下家譜研究的典範之作。該書擇取鄭燮、趙翼、姚鼐、陳寅恪等十一位名人家譜，從中旁收廣採珍貴的文獻資料，使得名人的身影在家譜這一古老而新鮮的文獻燭照之下更爲清晰全面。且所取名人在相關領域均有極高之造詣，借助家譜文獻的考論，一定程度上也豐富了文學史、學術史、文化史的內涵，促進了相關學科研究的深化。其中對於家譜中母教傳統的發掘與闡釋，爲家譜研究增添了濃厚而溫馨的親情興味。外篇針對家譜中冒認祖宗、篡改文獻等家譜撰寫惡習給予嚴厲批評，對於家譜中許多僞文獻施以精覈之考辯，去僞存眞，足以破惑。

【關鍵字】卞孝萱、家譜、考辯。

家譜是以表譜形式記載一姓世系和人物的資料集成，又名族譜或宗譜。家譜具有極高的文獻價值，包羅宏富的家譜文獻對於文學史、學術史的研究提供了重要參照，梁啓超曾將家譜研究推尊爲「不朽之盛業」，他說：「欲考族制組織法，欲考各時代各地方婚姻平均年齡，平均壽數，欲考父母兩系遺傳，欲考男女產生兩性比例，欲考出生率與死亡率比較……等等無數問題，恐除族譜家譜外，更無它途可以得到資料。」「我國鄉鄉家家皆有家譜，實可謂史界瑰寶，如將來有國立大圖書館能盡集天下之譜，學者分科研究，實不朽之盛業。」〔註 1〕顧頡剛則將家譜譽爲未曾開發之金礦，他說：「我國歷史

〔註 1〕 朱維錚校注《梁啓超論清學史二種》，上海：復旦大學出版社，1985 年。

資料浩如煙海，但尚有二個金礦未曾開發，一爲方志，一爲族譜。」〔註2〕

　　儘管家譜具有如此重要之價值，然而，迄今爲止，比較厚實新警的研究之作尙不多見。有價值的研究成果希見，也從側面昭示著家譜利用與研究的難度，這種難度主要表現在以下幾個方面，首先，在家譜文獻的收集與選取方面，家譜文獻分散而龐雜，據不完全統計，留存至今的家譜尚有四萬多種，分散全國各地，有些家譜藏於私人之手，利用查閱，多有不便。不僅如此，存世四萬多種家譜，絕大多數是普通家族的人物世系，這些家族在中國歷史的發展中幾乎沒有佔據有影響的位置，因此，這些家譜在史學、文學、思想史的研究上價值不是特別顯著，而深化家譜的研究必須選取一些世家大族，或是影響歷史進程的家族，這就要求研究者在研究對象的選擇上需要下一番別擇之功。其次，在家譜的利用方面，家譜著錄形式頗爲枯燥，它以譜表的形式排比人物，以極簡省的言語記載事迹，粗看去恰似流水帳冊，又似錄鬼之薄，非有學術慧眼，很難從中發現有意義的資料，而從學術史、文學史的角度，對材料加以巧妙運用，推闡考論，也實非易事。最後，在家譜文獻的考辯方面，傳統思想中的鄉愿惡習，光宗耀祖的虛榮心理，使得家譜中往往會出現冒認祖宗、竄改文獻、弄虛作假的現象。在利用家譜時，要十分警惕，所以去僞存眞的考辯是十分關鍵的。

　　不難看出，家譜研究的三個難端限制了研究成果的水準，故此，能否解決解決以上三個難端是深化家譜研究的關鍵，也是考慮一部家譜研究論著水準的重要參照。我們說卞孝萱教授的《家譜中的名人身影——家譜叢考》是少見的家譜研究的典範之作，這一結論也是基於以上三個難端的解決程度而得出的。

　　在家譜文獻的收集與選取方面，壽高而勤勉的卞老實在是學界的楷模，卞老說：「我已是八十五歲的老人了，離而不休，知難而進。多年來依靠學友的支持，有幸詳讀了十一個名人、名門的家譜，從而發現了許多情況，是其他書籍中沒有記載的，這就凸顯了家譜的可貴之處。」〔註3〕以八十五歲高齡爲學術研究而筆耕不輟者，遍觀海內外，實屬罕見。儘管有些學界老人仍有著作問世，但多是屬於隨筆結撰，闡發引申，以文獻爲立論依據的研究，在

〔註 2〕 朱士嘉《中國地方志綜錄序》，上海：商務印書館，1931 年。
〔註 3〕 卞孝萱《家譜中的名人身影——家譜叢考・前言》，瀋陽：遼海出版社，2009 年。

毛氂學儒中實不多見。相較之下，就不難看出這本《家譜叢考》的穩實謹嚴之處。而在這厚重的著述背後，著者卻是付出了極大的心血，尤其是在文獻的收集方面。以《從〈遷淮邊氏譜〉看邊壽民》爲例，卞老爲利用這一家譜，就曾輾轉奔走，多方尋覓，即「又曾託淮安人丁志安訪求邊壽民家譜。丁君寓居鎮江，轉託汪澄伯、何辛丞，二老人辛苦訪到邊氏家譜，是稿本。當時無靜電複印，只能摘錄若干重要內容給我，稿本歸還原主。」著者詳述這一尋訪過程，一則可以看出文獻查訪之不易，更是對仙逝老友的致謝，這種不攘他人之功爲己有的學術公心，也是對當下學風的一種無言的針砭。

與其他歷史文獻不同的是，以家族成員爲著錄對象的家譜，其收藏者往往是私人。經過歷次浩劫的一些家譜，經過私人藏家的精心呵護，得以存世流傳，固屬可嘉。但是也不乏以收藏家譜自重者，尤其是一些名人家譜，幾經周轉，孤本藏於某人，該藏家卻違背「學術乃天下之公器」的基本爲學準則，將其深藏箱底，秘不示人，極大地限制了學術研究的進展。甚且，研究者稍一借閱徵引，便呶呶不休，動言侵權，實屬可歎。

家譜的收集已是艱難，而家譜研究對象的選擇更需要敏銳的學術慧眼，該書所考論之對象包括：揚州八怪之鄭燮、邊壽民，乾嘉文豪之趙翼、姚鼐，晚清名門之卞氏家族、丁氏家族、厲氏家族，現代國學大師羅振玉、柳詒徵、陳寅恪、趙元任，都是耳熟能詳的文學大家、學術巨匠，選取這些名人、名門進行研究，其學術價值是不言而喻的。

在家譜的利用與研究方面，該書更是提供了一個可資學界借鑒的範式，其中探討的很多問題，所得出的許多重要結論，使得一些懸而未決的學術難題迎刃而解，如《黃侃日記》中多次提到「九姊」、「九姊夫」等，至於「九姊」如何「適揚子卞氏」，卞、黃兩大族聯姻詳情，「九姊夫」生平情況，學界尚未能給出確切解答。卞老通過自己家族的《江都卞氏族譜》考證出，九姊乃黃雲鵠之女黃德昭，嫁給揚州望族卞寶弟之子卞綏昌，「綏昌體素羸，劬於學，結縭未三月卒。」

又如錢塘丁氏八千卷樓，乃晚清四大藏書樓之一，在中國藏書史上佔據著舉足輕重的位置，但是丁氏藏書所需資金從何而來，八千卷樓藏書爲何又被家人賣入江南圖書館？該書利用《丁氏宗譜》揭示了丁氏這一藏書家族的興廢流變，考證出丁氏祖先以經商積聚資產，以藏書支持文化教育事業，但是後人經營不善，債臺高築，終至一代藏書名樓消散於家族的滄桑巨變

之中。

另外，大量運用家譜中的女性文獻，從而得出別具隻眼之新見，也是該書的主要特色。傳統的家譜文獻是以男性成員為主導的，但其中也不乏賢母節婦、名媛閨秀之類的記載，這些女性文獻也有著相當重要的價值，之前的家譜研究論著對此少有關注，《家譜中的名人身影》將較多的篇幅留給女性，在名人身影的背後，也可以看出家譜中女性的身影。

如姚鼐《惜抱軒文集》中屢見表彰女性節烈的文章，研究者對此現象往往從姚鼐尊信程朱理學的角度給予解釋，誠然，宋學宣揚「餓死事小，失節事大」，提倡婦女死守貞節，這當然是合理的解釋。卞老借助《桐城麻溪姚氏宗譜》的原始文獻，通過表格的形式展示出「自麻溪姚氏十一世至姚鼐孫輩，姚鼐的直系親屬中因節孝而載入《宗譜》的就有十二人。其中九人受到旌表，十一人載入《縣志》。姚鼐的母親陳氏，也受到朝廷的旌表。通過家譜文獻的梳理，卞老為我們展示了姚鼐家族乃是以節孝聞名鄉里，處在這樣的家族氛圍中，就無怪乎姚鼐對於女性節烈之事表彰不遺餘力了。

幼承賢母教誨的卞老，對於家譜中母教傳統的開掘更是引人入勝，溫情感人。關於「母之教往往過於父」的原因，出身於寒士之家的董士錫《齊物論齋文集》卷三《蕭氏寄廬燈影圖》一文曾有痛切的剖析，他說：「夫自唐以來，母之教往往過於父。非父之拙於教子也，富貴之家無論以，其貧賤者則常奔走衣食。夫士之不能家居者多矣！投其身於數千里之外，衣服飲食，一己所給，歲且屢具。居數年有成，而此數年以不復能內顧；即無成，更有不忍言者。嗚呼！此真士之不幸。獨賴室有賢婦而已。」〔註4〕

卞老對於家譜中的慈母賢婦，給予了由衷的表彰，讚美她們的淑德懿行，尤其關注母教對於名人的影響。如《從〈京江柳氏宗譜〉看柳詒徵》一文，卞老在論述柳詒徵主張「學行兼崇，不分漢宋」的家學淵源時，說「值得特書大書的，是柳詒徵母鮑氏兼父、師之職，對孤兒柳詒徵督責之劬勞。」可見卞老對於母教的重視。

《從〈西蓋趙氏宗譜〉看趙翼》一文，對於趙氏家族的母教傳統論述尤為詳實。根據該文，和卞老《西蓋趙氏宗譜〉所見趙翼文》中所輯錄的文獻

〔註 4〕 曹虹《陽湖文派研究》，北京：中華書局，1996 年。曹師在該書第四章《常州女學與陽湖文派》第三節《母教對陽湖文派形成的影響》，對於母教傳統的論述十分獨到。

可知，趙翼家族之所以形成綿延久長的文化大族，母教在其中具有舉足輕重的作用。

根據趙翼《〈禹九公等〉家傳》可知，至遲在趙翼的曾祖一輩時，趙翼家族的母教傳統業已奠定。趙翼的祖父趙斗魁是遺腹子，趙翼的曾祖母朱氏、曾伯祖母樊氏（無子，以趙斗魁爲嗣子）。「兩寡母撫一遺腹孤，日呼天而泣曰：天若不絕趙氏者，幸祐此兒也。稍長，即教之學。貧益甚，至以紡線作燈柱，光幽然如青磷，兩寡母紡車相對，而坐公於其中，就燈光讀書。公雖幼，已有識，知朱孺人粗通訓詁，爲之字櫛句疏，不數年，即能自涉經史。無何，兩寡母相繼歿，公年僅十六耳。生理益窘，去爲童子師，端重如老成人。」趙翼的兩位曾祖母在家境貧寒之時，尚能撫育趙斗魁讀書，爲趙氏家族文化的傳承作出了關鍵性的貢獻，其賢德懿範也是激勵趙氏後人的一筆寶貴文化遺產。

無獨有偶，趙翼的母親丁氏也是一爲賢母，《西蓋趙氏宗譜·藝文外編》所載程景伊《趙母丁太恭人墓誌銘》有詳細的記載，曰：「兒女多，子容君修羊所入，不能贍。太恭人晝夜織作，多月無棉衣，剪弊絮熨背。一瓦缶宿火，紡木棉率至夜分，十指裂出血，弗輟也。無何，子容君又歿，時雲崧僅十五歲，諸弟童稚，每晨起，不能俱炊，待機上布易薪米。太恭人柝腹織，竟日腸中轉轆轤，與機聲相應，率以爲常。」趙翼的祖父趙斗魁十六歲設館授徒，趙翼十五歲，幼小的年齡已經能擔負起家庭的重擔，並且在貧寒中讀書治學，在逆境中自強奮起，終於成爲一代文豪，沒有諸位賢母的精神激勵是不可能的，正如卞老所說：「這一段貧苦的生活經歷，鍛煉了趙翼的意志。」

這種寶貴的母教文化傳統在趙翼的妻子身上也得到了很好的繼承，由於家赤貧的緣故，趙翼的第一任妻子劉氏長趙翼六歲，但這位妻子卻是非常賢惠，《西蓋趙氏宗譜·藝文外編》載趙翼《亡室劉孺人傳》曰：「孺人年二十七，歸於余，余時爲諸生，家赤貧。來歸木愈月，盧具悉入質庫。孺人與吾母紡織以佐日用，時過午不舉火，機聲猶軋軋也。余客京師，一母兩弟，皆倚孺人事育。」趙翼的第二位妻子程氏，妾蔣氏，也都慈和賢淑，能清苦持家。所以趙翼《甌北集》卷四十六《季女出嫁》詩訓誡女兒「勉旃修婦德，循我舊家規。」趙翼所指的舊家規，自然包括歷代相沿的母教傳統，而且趙翼已經將家族的母教傳統視爲需要傳承的文化寶藏，希望兒孫輩能夠將其發

揚光大，不墜儒門清素之風。關於趙翼的第五個兒子趙廷偉妻謝氏，趙忠弼等《先妣謝太恭人行述》說「太恭人謝氏，婉娩愛敬，得先大父母歡（趙翼夫婦）。先大父有『家貧不免為齊贅，婦好原來是謝才』之句。」可見，趙翼對於能紹家風的兒媳謝氏是十分讚賞的。直到趙翼的孫子趙忠弼完婚時，他還賦詩云：「誰知乃祖完婚日，盛酒都無老瓦盆。」這既是寄望於孫輩能處泰不驕，更是以自己的妻子劉氏清苦持家的事迹勉勵後人。

以前的趙翼研究因為很少注意到家譜文獻，更沒有從趙翼家譜文獻中發掘出綿延流長的母教傳統，現在通過卞老的考論，我們瞭解到了在趙翼成才過程中母教這一潛流的無形影響，而在閱讀卞老所提供的原始文獻時，對趙翼家族中的賢母，不禁心生敬仰之情，這將有助於我們更深入地瞭解趙翼的生活歷程以及家族文化背景。

「外編的六篇文章，包括四方面內容，即：揭示冒認祖宗、弄虛作假、篡改文獻，說明第二手資料不可靠。」外篇主要是考證辨偽之作，體現了卞老作為史學家精深的文獻功底，以《〈鍾氏族譜〉鍾嶸序辨偽》一文為例，卞老從鍾嶸生平、家世、思想三個方面展開考證，指出該文乃是冒名之作。又據中國古代門第觀念的變化，斷定該文「最早也是宋以後的產物。」但又沒有因為它是偽作而否定其文獻價值，畢竟這篇偽文獻「所反映的是無身份地主的社會地位提高之後的思想意識，能夠看出中國社會地主階級內部結構變化——文化轉型的迹象。」其他五篇考證之作，亦是精覈確當，足以破除文獻之偽，啟發學界之處甚多。

總之，《家譜中的名人身影——家譜叢考》一書，內篇以十一位名人家譜為中心，運用新材料，從多維度審視名人，展示了我們未曾目睹的別樣名人身影。外篇以考證為主，痛砭家譜撰寫的諸種作偽惡習，考辯文獻之偽，澄清了許多文獻疑誤，並以實事求是的謹嚴治學之風論證了偽文獻的史料價值。基於以上論述，我們可以看出，該書是當之無愧的家譜研究的典範之作，其中所運用的方法，所取得的成果，必將提升我們的已有認識，也更有助於家譜研究的深化與繁榮。

《國學四十講》：嘉惠學林之巨著

【摘要】卞孝萱、胡阿祥主編的《國學四十講》，收錄國學門類四十種，由國內老中青學者分別撰述。該書推源溯流，正名國學；拓其堂廡，宏收博取；重在實用，指示門徑。是迄今為止最全面、最系統的國學著作，也是嘉惠學林、功在千秋的巨著。

【關鍵字】國學、四十講、實用。

20 世紀 90 年代以來，學界對國學的關注日漸升溫，90 年代中期曾一度掀起了「國學熱」的學術大討論，對國學的關注和討論至今不衰，且有強化之勢。當下，國學一詞頻頻見諸書刊，國學網站層見迭出，以中國人民大學為代表的高校開設了國學院，培養國學人才，國學概論類似的著作亦是紛至沓來。國學無疑成為當下學界討論的一個熱點問題，但在國學熱的眾聲喧嘩中，仍然有許多毋庸諱言的難題亟需冷靜地解決，如國學的定義如何釐清、國學的範疇如何界定、國學的研究方法如何示範等，凡此種種，都需要一部定義明確、涵蓋廣博、論析清通、指示門徑的國學專著。著名文史專家卞孝萱先生和他的弟子胡阿祥教授主編的力作——《國學四十講》問世，彌補了學界的這一空缺。正如中央文史館館長、北京大學國學研究院院長袁行霈先生所言——《國學四十講》付梓，嘉惠學林，功在千秋。

推源溯流，正名國學

研討國學，首先碰到的問題就是國學的定義。一個準確的國學定義，是國學研究的基礎和起點。定義國學、正名國學是國學研究者必然要關注的問

題，對此，卞孝萱先生有其獨到的識見。

卞先生推源溯流，回歸歷史，考證出了國學一詞的起源與流變。他說：「清末，張之洞提出『中學爲體，西學爲用』。一般人稱西洋學術爲『新學』，中華傳統學術爲『舊學』。又有《國粹學報》（鄧實主編）、《國故論衡》（章炳麟著）之出版。所謂『中學』、『舊學』、『國粹』、『國故』等詞，逐漸爲『國學』一詞所代替。上海成立『國學保存會』，章炳麟在日本主持『國學講習會』。民國後，北京大學、清華大學、東南大學曾設國學研究機構，江蘇省曾設國學圖書館，都出版刊物。」〔註1〕「中華爲文明古國，歷史悠久，文化昌盛，學術輝煌，文獻豐富，世所罕見。學術本無國界，爲何出現『國學』一詞呢？中華學術，自成體系，西洋學術東漸以後，爲了有別於西學，中國人對本國的傳統學術採用了這個前所未有的名稱。簡言之，『國學』是中華固有的全部學術的專名和總稱。」〔註2〕明確揭示出「國學」是在西方參照系下，國人反觀自身的產物，是中華傳統學術之總和。受西洋學術的衝擊，有識之士，積極著書立說，並通過設立國學教育與研究機構，開展國學研究與傳授，爲保存固有之國學付出了艱辛的努力，也造就了一批受人景仰的國學大師。

溯清了國學一詞的起源之後，卞先生又深刻地闡釋了當下弘揚國學，提倡國學教育的意義。卞先生引國學大師章士釗的觀點說：「1906年9月5日《民報》第七號《國學講習會序》中說：『夫國學者，國家所以成立之源泉也。』『國學之不知，未有可與言愛國者也。』『未聞國學不興，而國能自立者也。』『未聞國學先亡，而國仍立者』（署名『國學講習會發起人』，章士釗執筆）。語重心長，表達了國學爲立國之本、民族之魂的觀點。」〔註3〕二十世紀初，在列強欺凌的陰影下，中華民族時有亡國滅種的危險，章士釗將國學枯榮與國家盛衰相繫，體現了特定歷史背景下，知識份子對國家命運的憂慮，昭示著文史學者在國難當頭的危機時刻勇於擔承的文化責任感，通過埋頭國學研究以求保存傳統文化血脈於一線，是那個時代國學大師們共同的文化訴求。一個世紀以後，中華民族再度崛起，上個世紀初葉的硝煙早已散盡，列強橫行肆虐的魅影也已蕩然無存，前輩大師所面臨的國難壓力自然不

〔註1〕 卞孝萱，《國學四十講·序》，湖北人民出版社，2008年版。
〔註2〕 卞孝萱，《現代國學大師學記·前言》，中華書局，2006年版。
〔註3〕 《現代國學大師學記·前言》。

會出現在當下學者身上，但當下學者所面臨的挑戰卻不亞於前輩大師。這種挑戰不是以救亡圖存的面目呈現，而更多地是潛伏於國際化的學術競爭體系中。在全球化的文化大背景下，如何更深入地研究國學，如何將國學納入國際學術大家庭中，並在全球學術體系中佔據必要的份額，這是擺在當下中國學者面前的巨大挑戰。這個學術挑戰與上個世紀的學術救亡同樣艱巨，如果我們的國學研究滯後於國際的話，國學就難免有被西方強勢學術淹沒的危險。從這個意義上說，時隔一個世紀，卞先生重新接續章士釗國學與國家相繫的學術觀，其實也正體現著卞先生對當下國學研究現狀的深切關注與深沈憂慮。

作為一位沉潛於中華學術數十年而不倦的著名學者，受傳統文化長期浸染，對中華學術心生崇敬之情是自然而然的，很多從事傳統學術研究的學者也有這種崇敬之感。但卞先生的可貴之處在於，他在推揚國學的同時，也十分警覺地規避了對傳統的盲目吹噓，也清醒地意識到，如果學者過分強調國學與西學的差異，並進而將西學與國學置於世界學術對立的兩極，造成一種不可調和之勢，就勢必會形成固步自封的狹隘學術觀，而這種固陋的學術心態對國學研究無疑是一種巨大的戕害。有博大學術胸襟的學者對此是有先見的警惕的，故而卞先生又對國學的定義作了必要的補充，即「尊崇國學，絕不意為著自我封閉。有識之士，受西洋學術之滋潤與啟迪，突破清學藩籬，學術視野更為開闊，治學方法更為先進，融合東西優秀文化，與時俱進，成為現代中國學術之前驅，在學術史上留下了光輝的一頁。」〔註4〕尊崇國學，不是孤芳自賞的盲目吹噓，也不是一句華麗的文化口號，「而是使中國文化走向世界，並在研究國學的同時，吸取、融合東西方優秀文化，與時俱進，使國學精神與時代要求相適應。」〔註5〕

開放的學術心態，尤其表現在對外來文化的汲取方面，如佛教，本不是中華本土的文化，而是異域文化，為什麼要把他們收入國學研究的範疇之中呢，卞先生解釋說：「范文瀾先生強調文化交流的意義，他說：『各種文化必然要取長補短，相互交流。娶妻必娶異姓，男女同姓，其生不繁，文化交流也是一樣，所以文化交流愈廣泛，發展也愈益充分。文化輸出國不可自驕，文化輸入國不必自卑，某一國文明為別一國所吸收，這種輸入品即為吸收者

〔註4〕 《現代國學大師學記‧前言》。
〔註5〕 《國學四十講‧序》。

所擁有。譬如人吃豬肉，消化後變成人的血肉，誰能懷疑吃豬肉的人，他的血肉是豬的血肉而不是人的呢！」佛教本由古印度迦毗羅衛國（今尼泊爾境內）王子悉達多・喬達摩創立，傳入中國後，逐漸埶下了根，成爲中國的宗教之一，與儒、道鼎立。又如明清時期，西方數學傳入，中國傳統數學與之融會貫通，並運用於修訂曆法。我們遵照范先生的觀點，在本書收羅的八十餘門類中，包括了佛學、數學，並予以解釋。」〔註6〕從范文瀾先生問學多年的卞先生標舉賢師的論述，其實也正是卞先生學術胸襟的間接流露。

拓其堂廡，宏收博取

將國學定義爲中華固有傳統學術的總和，這與當下的一些國學概論式的著作相比，自然是宏博賅備的。但是國學又不是漫無邊際的，究竟哪些傳統學術應該被納入國學的範疇之中，哪些應該被芟夷出去，都是要精心思考的問題。這些棘手的問題，也曾使前輩學者感到困惑，如馬一浮在《泰和宜山會語》中就坦陳了這種茫然之感，他說：「今人以吾國固有的學術名爲國學，意思是別於外國學術之謂。此名爲依他起，嚴格說來，本不可用。今爲隨順時人語，故暫不改立名目。然即依固有學術爲解，所含之義亦覺太廣泛籠統，使人聞之，不知所指爲何種學術。」〔註7〕畢竟《國學四十講》不是國學百科全書，不可能涵蓋所有傳統學術，爲避免馬一浮所言的廣泛籠統，就必然要精審細擇。所以選擇哪些傳統學術進入闡釋序列，就成爲編選者學術視野與學術修爲的重要檢驗。

卞先生沉潛傳統學術數十年，學術涵養渾厚，學術視野開闊，精選國學門類中四十種作爲首編，卞先生在序言中說：「國學指中國固有的全部學術，門類繁多。我們編寫的《國學四十講》，不像目前市場上流行的那些國學概論、國學常識、國學要覽等書，只有少數幾門。而是彙集了四十門，其中有熱門，也有冷門，有顯學，也有絕學。」《國學四十講》包羅眾學，它們分別是：版本學、本草學、避諱學、辨偽學、博物學、讖緯學、敦煌學、方志學、風水學、佛學、紅學、輯佚學、校勘學、金石學、經學、老學、酈學、龍學、律學、名辨學、墨學、目錄學、農學、譜牒學、尚書學、詩詞曲格律學、書畫學、術數學、數學、通鑒學、文選學、文字學、物候學、姓氏學、

〔註6〕《國學四十講・序》。
〔註7〕馬一浮《馬一浮集》第1冊，浙江古籍出版社，1996年版，第9頁。

－218－

訓詁學、音韻學、輿地學、職官學、諸子學、傳注學。

　　《國學四十講》宏收博取，包羅眾學。有熱門顯學，也有冷門絕學。當今彰顯顯學固然重要，發掘絕學，使絕學血脈存於一線，就更為迫切。北宋大儒張載提出儒者有四大使命，「為前聖繼絕學」赫然其中，朱熹非常讚賞張載以道自任的文化擔承精神，他說：「此道自孟子後千有餘歲，若天不欲此道復明，則不使今人有知者。既使人有知者，則必有復明之理，此皆先生以道自任之意。」〔註8〕張載此處所言之絕學，是特指儒家道統，與時下所言絕學的含義差別很大，但是在紹承先賢文化的精神實質層面上是相同的。《國學四十講》將很多絕學如讖緯學、風水學、術數學等納入講解的範疇，祛除學界對這些學問的誤解與偏見，也是為絕學不絕作出的艱辛努力。正在籌劃出版的《國學四十講續編》中的道教內丹學等也是為前聖繼絕學的具體體現。

　　《國學四十講續編》包括：兵學、楚辭學、春秋學、詞學、道教內丹學、董學（董仲舒）、杜詩學、爾雅學、法令學、法醫學（宋學、宋慈）、賦學、工藝學、古文學、管子學、甲骨學、簡牘學、考工學、考據學、禮學、理學、曆法學、年代學、曲學、泉學（錢幣學）、三通學、申韓學、沈學（沈括）、史學、詩學、詩經學、詩品學、水利學、四史學、唐詩學、天文學、刑幕學、徐學（徐霞客）、玄學、易學、營造學、禹貢學、中醫學、莊學（莊周）。再加上《國學四十講》的四十門，總計八十門，基本上涵蓋了國學的各個門類，是迄今為止最為全面、最為寬博的國學著作。

　　卞先生又對該書諸多門類的設置原則、排列標準，作精要的闡釋：

　　首先，否認了中國古代無科學的武斷看法，收錄了自然科學，並將其作為國學的重要門類，這與其他國學著作相比，顯得尤為通達。《國學四十講序》曰：「不能認為國學中無自然科學。李約瑟撰寫了多卷本的《中國科學技術史》，證明中國古代的自然科學已經達到較高水準。本書（含第二批篇目，下同）既有人文科學，也有自然科學（如數學、天文學、農學、物候學等）。」

　　其次，《國學四十講》在覆蓋傳統學術門類的同時，也給新興學科以極大的關注，序言曰：「清末至今，陸續發現殷墟甲骨、敦煌文書以及古代竹木簡牘、帛書等，俱為中華之瑰寶，國學研究必不可缺之內容。本書既有傳統學科，也有新興學科（如甲骨學、敦煌學、簡牘學等）。」

〔註8〕〔宋〕李幼武《宋名臣言行錄外集》卷四，明刻修補本。

再次，《國學四十講》的類目中，有些是互相關聯，彼此糾結在一起的。如諸子學與老學、莊學等，是子母關係，目錄學、版本學、校勘學等是平行並列關係，這些學科彼此纏繞交織，在敘述時就要注意避讓和穿插，大門類和小門類之間也要繁簡得當、相互輝映。該書在處理此類問題時所用的策略有很好的借鑒意義，卞先生在序言中說：「本書有大門類，如諸子學，學者不止一人，著作不止一種，本書作綜合性的介紹。有小門類，如諸子學中之墨學、老學、莊學等，本書作專題性的介紹。書中有某些門類，內容互相關聯，如目錄學、版本學、校勘學等，本書之介紹，各有側重，不相重複。」

國學是中華傳統學術的總和，中華傳統學術門類繁多，如何對國學進行有效而合理的分類是一個棘手的問題。另外，國學著作不可能鉅細無遺的網羅所有國學碎片，而只能選擇那些在傳統社會中影響較大，已經形成專門學問，並已積累了豐富學科知識的門類。卞先生將四十門國學分為六類，即「研究一部書而形成一門學問者，如酈學」；「研究一類書而形成一門學問者，如方志學」；「研究一種文化現象而形成一門學問者，如避諱學」；「以一種治學方法而形成一門學問者，如校勘學」；「彙集多種研究對象而形成一門學問者，如金石學」；「迷信與科學夾雜為一門學問者，如風水學」。通過分類闡釋，考鏡源流，分析國學諸門類的形成原因，也為這些國學門類進入國學敘事範疇提供了依據。

重在實用，指示門徑

關於《國學四十講》的編選的宗旨，卞先生在序言中開宗明義地指出，「用意是普及國學知識，幫助讀者瞭解中華幾千年來學術之真相及其變遷之大勢，展現中華文化對於世界文化所作出的偉大貢獻，進行愛國主義教育，啟發年輕一代熱愛祖國的感情，也為有志於治國學者帶一段路，以便進一步地深造。」可見，此書的編選著眼點在實用方面，同時也是為進一步研治國學指示門徑。

現以徐雁平執筆的《目錄學》為例分析《國學四十講》重在實用，指示門徑的特色。

該書《目錄學》由四個部分組成，分別是：目錄與目錄學；目錄的結構、類型及四種有代表性的目錄；目錄的分類沿革；國學推薦書目。前三個部分

前人目錄學專著也都有涉及，粗看無甚大突破，不過該書特別突出《漢書·藝文志》、《隋書·經籍志》、《四庫全書總目》、《書目答問》四部最具有代表性的目錄，系統而又翔實地介紹了四部目錄書的體例、相關研究成果以及在學術史上的重要意義，尤其是揭示了四部目錄書對當今治學的重要導向作用。讀者在閱讀時能既得到目錄學方面的豐富知識，同時也可以借助作者所開示的四部目錄學書籍，將學術研究推向深入。

《目錄學》部分最大的創見，對讀者啓示最大的部分就是「國學推薦書目」這一小節的論述。作者在文中說：「目錄學的諸種功能中，似首當提及指示讀書門徑這一項，前述四種有代表性的目錄，亦有此種緣由。在此之外，欲入國學之門，且能登堂入室，名家開列的國學書目不可忽略。」〔註9〕

作者系統梳理了上個世紀的文史名家開列的國學推薦書目，包括魯迅、胡適、梁啓超、傅斯年、馬裕藻、章太炎、黃侃、汪辟疆、錢穆、顧頡剛、嚴耕望等，另外作者在個人讀書經驗的基礎上，又增加了《朱子語類》和《曾國藩家書》。讀者如果對照一下各位大家所開列的書目，去其異而存其同，那麼諸位大家均開列的書目無疑就是最值得細讀的書籍了，循此而進，必定會節省很多時間，在學術的道路上也會避免很多曲折。現將黃侃、汪辟疆、程千帆三家的推薦書目列舉如下：

黃侃、汪辟疆、程千帆推薦國學參考書目表

		黃 侃	汪辟疆	汪辟疆爲霍松林薦微型書目	程千帆
經部	阮元《十三經注疏》	✓			
	孔穎達《毛詩正義》		✓	✓	✓
	孔穎達《禮記正義》		✓		✓
	《大戴禮記》	✓			
	孔子《論語》				✓
	孟子《孟子》				✓
	左丘明《左傳》				✓
	許慎《說文解字》	✓	✓		
	陳彭年《廣韻》	✓			

<hr />

〔註9〕徐雁平《國學四十講·目錄學》，第433頁。

史部	司馬遷《史記》	✓		✓	
	班固《漢書》	✓	✓		
	司馬光《資治通鑒》	✓	✓	✓	
	杜佑《通典》	✓			✓
	酈道元《水經注》			✓	
	章學誠《文史通義》				✓
	紀昀《四庫全書總目》				✓
子部	荀子《荀子》	✓	✓		
	莊子《莊子》	✓	✓	✓	✓
集部	屈原《楚辭》		✓	✓	✓
	蕭統《文選》	✓	✓	✓	✓
	杜甫《杜詩》		✓	✓	✓
	劉勰《文心雕龍》	✓			✓

從上表可以看出，南京大學中文系的黃侃、汪辟疆、程千帆並沒有將視野鎖定在文學一隅，而是兼顧經史，旁及子學。易言之，是在專業知識的基礎上求通博，在文學研究的領域內採百家。這也正是卞先生的一貫主張，他在《淺談專與通》一文中，從揚州學派代表人物焦循談起，又依次細述了王國維、陳寅恪、錢穆、繆鉞等大家的治學方法，總結出他們治學的法門之一就是貴通博，卞先生語重心長地說：「我舉這些事例，絕非苛求研究古代文學的人要具備各種知識，而是說明各種知識對研究古代文學都有用。不『專』固然無用，光『專』也還不夠，『專』而能『通』才有大成就。」〔註10〕至於如何才能做到專與通，前輩大師開列的國學書目或許是一個重要的啓示。

《國學四十講》內容豐富，包羅巨集廣。由著名文史專家卞孝萱先生領銜，集合對國學有專深研究的學者分門撰述。是當今最爲全面、最系統的國學著作，也然會對學界起到積極的示範作用，是嘉惠學林、功在千秋的巨著。

〔註10〕卞孝萱《淺談專與通——在全國古代文學古典文獻學博士點新世紀學科展望及資訊交流座談會上的發言》，《河東學刊》1999年第1期。

國學大師學記的正名之作：
讀卞孝萱先生《現代國學大師學記》

【摘要】中國古代的學記基本上只有兩種，一種是諸子學記，一種是經師學記。但是，在西洋學術的衝擊下出現的國學，迴異於傳統的子學和經學，它有新的內涵。國學興盛期出現的國學大師，其學記自然也要求新的體例。卞孝萱先生力作《現代國學大師學記》一書涵蓋了章炳麟、章士釗、劉師培、黃侃等十二位國學大師。該書從正名國學，愼取大師；知人論世，表彰人格；博觀約取，新見紛呈；不畏前賢，指瑕糾謬四個方面展開了獨到而又精湛的論述。通過這四個方面的示範，卞先生實現了對國學大師學記的正名，該書也成爲國學大師學記的典範之作。

【關鍵字】諸子學記、經師學記、國學大師學記、卞孝萱。

一、以先秦子書爲代表的諸子學記

以學記命名的著作起源很晚，張舜徽先生認爲「發端於晚清戴望的《顏氏學記》。」﹝註 1﹞但是，在中國古代，總結一代學術，評述一代學人的學記體萌芽卻甚早，其發端時期最遲可以界定於戰國時期﹝註 2﹞，代表性的著作是《莊子‧天下篇》、《韓非子‧顯學》、《荀子‧非十二子》等。其中《莊子‧天下篇》一般認爲是現存最早的中國學術史，在批評先秦時代各家學術的著作中，以這一篇爲最古。《天下篇》對墨子、禽滑釐、尹文、田駢、愼到、關

﹝註 1﹞ 張舜徽《清儒學記》，齊魯書社，1991 年版，第 3 頁。
﹝註 2﹞ 高時良《學記研究》，人民教育出版社，2006 年版，第 5 頁。

尹、老子、莊周、惠施各家觀點，都一一評述。例如對於墨子，《天下篇》敘述了墨子的主要學術觀點，如提倡兼愛、非攻，反對貴族階級繁文縟節的禮、樂，以及薄葬的主張等。同時對這些觀點進行了評價，如讚賞墨子為救世能士，批評墨子的學說過於嚴苛，不符合人的天性，難以廣泛的施行。

　　戰國時代萌芽期的學記，明顯帶有簡略性、綜合性、重視學派的評述而較少學人介紹的特點。並且這一時期學記的載體多為子書，創作學記的作者基本上也都是比較著名的諸子學家，評述的對象也都是諸子之學。因此，這一時期的學記可以名之曰「諸子學記」。

二、以歷代正史為代表的經師學記

　　司馬遷創紀傳體史書體例，這種以人物為中心的史書體例，一直是漢代以下諸朝史書的典範。司馬遷重視學人傳錄的創作筆法，也為後世史家所繼承沿用。《史記》中有許多記載諸子學家的列傳，如《老、莊、申、韓列傳》是記載道家和法家的，《蘇秦》、《張儀》是縱橫家的，《仲尼弟子列傳》是傳儒家的。但是至漢武帝定儒家為一尊，「罷黜百家，獨尊儒術」，而後儒家學術成為官學，因此，司馬遷將《儒林傳》單獨列出，對當時儒家人物申生、轅固生、韓生、伏勝、董仲舒、胡毋生的生平和學說都作了詳細的記載。班固承司馬遷《史記》開創的體例，也單列《儒林傳》，傳錄儒家一代學說，標誌著史書中儒家學說，特別是經學地位的最終確立。

　　儒家成為主流意識形態，經學成為官學之後，諸子之學逐漸式微，儒家學術一支獨秀。雖然范曄《後漢書》為文學家闢出領域，《文苑傳》撰述文學家，但是在整個中國古代學術史中，文學家始終沒有贏得傳統意義上的學人的地位。所以，從某種意義上來講，從漢代至清代的學記主要是經學家的學記，其載體主要是史書，另外還有些《學案》，如黃宗羲的《宋元學案》、《明儒學案》；清代也有些專門的著作，如江藩的《漢學師承記》、《宋學淵源記》，唐鑒《國朝學案小識》等，也都是以經師為主要的論述對象。因此，這一漫長時期的學記可以定義為「經師學記」。

三、以《現代國學大師學記》為代表的國學大師學記

　　諸子學記和經師學記可以概括中國古代的學人學記，但是無法涵蓋十九世紀末、二十世紀初的國學大師，其學記寫作範式不能直接借用來書寫這些大師。因為，書寫的對象發生了重大變化，這些國學大師不同於先秦的諸子

學家，也迥異於傳統意義上的經學宿儒。這就要求一種既要汲取傳統學記的寫作成就，又要與國學這一新出的學問相結合的新學記，這種學記根據其評述的對象可以名之爲「國學大師學記」。這種國學大師學記是伴隨著國學的產生而產生的，如程千帆、唐文編的《量守廬學記——黃侃的生平和學術》，以及《勵耘書屋問學記——史學家陳垣的治學》等，對黃侃、陳垣的學術論述都非常詳細，另外單篇的國學大師學記也有很多。但是，這些著作往往侷限於某個特定的國學大師，在深層發掘上有很多成績，但是缺少一種囊括一時代的宏大學術視野，沒能夠揭示出國學大師作爲一種群體的特質。這就迫切需要彌補這一學術空缺，卞孝萱先生的《現代國學大師學記》收錄了章炳麟、章士釗等十二位國學大師，並以深厚的學養、宏大的視域，對這些國學大師展開了翔實而又精湛的論述，反映了這一時期國學發展的流程和特色，可以說是國學大師學記的正名之作。《現代國學大師學記》通過以下五個方面的努力，實現了對國學大師學記的正名：

（一）正名國學，慎取大師

爲國學大師作學記，首先需要澄清兩個最爲基礎的問題，即何爲國學？何爲國學大師？《現代國學大師學記》對此有精當的界定，對於國學採取一種宏通的定義，《前言》說：「學術本無國界，爲何出現『國學』一詞呢？中華學術，自成體系，西洋學術東漸以後，爲了有別於西學，中國人對本國的傳統學術採用了這個前所未有的名稱。」指出了「國學」是在西方參照糸下國人反觀自身的產物，那麼國學的範圍是什麼呢？「簡言之，『國學』是中華固有的全部學術的專名和總稱。」這個定義和時卞將國學侷限在文史之學，甚或是經學的做法相較，明顯是寬博宏通的。並舉《國學講習會序》中的「未聞國學不興，而國能自立者也。」彰顯了國學的價值所在，即「表達了國學爲立國之本、民族之魂的觀點。」並進而指出，「尊崇國學，絕不意味著自我封閉。有識之士，受西洋學術之滋潤與啓迪，突破清學藩籬，學術視野更爲開闊，治學方法更爲先進，融合東西方優秀文化，與時俱進，成爲現代中國學術之前驅，在學術史上留下了光輝的一頁。」〔註3〕

《學記》在國學的定義上是宏通寬博的，但是在國學大師的選取上卻是極爲嚴格的，這兩個寬嚴迥異的標準看似十分矛盾，其實這正反映了卞先生

〔註3〕卞孝萱《現代國學大師學記》，中華書局，2006年版，第1頁。

的苦心所在。因爲將國學的外延擴大，可以糾正學術研究的偏狹之弊，可以將許多傳統學術納入國學研究的範疇，使得國學的格局壯大，內涵充盈。同時，縮緊國學大師的選取資格，將許多僞大師、僞學者剔除出國學大師的行列，也有利於國學研究的深入。

不僅如此，卞先生爲了扭轉學界評述國學大師時出現的雷同局面，也就是人云亦云，千人一面的浮泛論述，因此選取的論述對象都是與之有過較深交往，並且都是對他們做過深入研究的。如《後記》云：「陳垣、呂思勉兩位先生題辭、賦詩，在我立志治史的初期。」「柳詒徵先生的手箚，在我廣泛收羅近現代碑傳時期。」「《三國志集解》著者盧弼先生，是我接觸較多的大師之一。」「我有意於溝通文史，文史互證，深受章士釗先生青睞，請我協助他校勘《柳文指要》。」〔註4〕《前言》也提到，「我親見章鈺校書磨穿之石硯，親聞盧弼述注書之甘苦，舜徽提倡通學，與我意合。」此十二位國學大師都是先生曾親炙，或受其影響甚深者，先生對其人格、學術都非常熟稔，所以論述「不蹈空言，不因成說」，而能夠深入透徹，鞭闢入裏。

另外，在這十二位國學大師之中，史學家佔據了絕大的比重，也反映了二十世紀國學諸門類中史學的地位，凸顯了國學的特質之一是經學向史學的傾斜。

（二）知人論世，表彰人格

《孟子·萬章下》云：「頌其詩，讀其書，不知其人可乎？是以論其世也。」知人論世的評述方式有著悠久的歷史傳統，它常常被用在文學批評之中，學記也會借用來介紹作者，歷來學記都不乏知人論世的經典之作。卞先生的《學記》在介紹學人時，一方面繼承前人的優秀傳統，另一方面也有意識地規避論述的表面化傾向。概括來說就是博觀約取，植根史實，摒除傳言和軼事，抓住國學大師的主要生平和性格的主要方面展開，展現真實的國學大師。因先生早年編纂了《辛亥人物碑傳集》、《民國人物碑傳集》，對近現代出現的國學大師生平瞭如指掌，且繼承了「不虛譽、不隱惡」的史傳傳統的。所以其論述真實無僞，不落窠臼，也糾正了對國學大師戲說似的歪曲。

如黃侃的生平，學界對黃侃的概括往往是性格乖戾，好譏諷人，又怕狗、怕兵、怕打雷，這可能確實是黃侃性格之一方面，但不是黃侃的主要性格，

〔註 4〕 卞孝萱《現代國學大師學記》，第 356～357 頁。

如果過分擴大這個次要性格，反而失卻了黃侃的眞實性。試想一個器量狹窄、膽略猥褻之人怎麼可能會成爲國學大師呢？卞先生從《黃侃日記》這個最眞實可信的史料入手，梳理出「律己、尊師、敬友、愛生」四個部分，通過這四個部分的闡釋，我們可以看到一個迥異於傳聞的黃侃，他嚴於律己、尊師重道、敬友樂群、愛生勵生，是人格高尚的學術大師，而不是斤斤計較的小人之儒。

　　卞先生還注意表彰大師們的愛國情操，供後世師法。《前言》說：「《學記》不僅揭示大師們的學術業績，並表彰其愛國情操。章炳麟於辛亥革命時期及抗戰前夕，兩次熱衷講學，意在呼喚民眾的民族大義……柳詒徵爲有益於社會國家而著《中國文化史》。呂思勉於抗日戰爭期間表彰陳武帝擊退北方少數民族南侵、保存華夏傳統文化的歷史功績。鄧之誠蟄居淪陷區北平，研讀明遺民詩，『欽其節操，憂患中賴以自壯焉。』」〔註5〕以孝母而聞名的卞先生表彰大師們的愛國不是偶然的，而是「心有戚戚焉」，是先生愛國熱情的間接抒發〔註6〕。

（三）博觀約取，新見紛呈

　　大師們在國學研究上有多方面的造詣，如何在有限的篇幅內展現他們最主要的學術業績，是學記的難點，也是考驗撰者水平的關鍵所在。如果平鋪開來，面面俱到，就難免浮泛空疏；若選擇一個分析，且選擇不當，那就會遺失大師們最可貴的學術貢獻。這就需要撰者既要有宏通的學術視野，也要有深厚的學術涵養，既能夠選取得當，又能夠深入分析。出身揚州，受清代揚州學派通核治學方法影響，並有深厚學養的卞孝萱先生無疑是優秀的撰者人選〔註7〕。

　　《學記》處理這個學術難題的方法是，「《學記》只選我稍有研究的十二人介紹，每人一篇，不蹈空言，不因成說，取其一事或一書（章士釗『三指要』，重點評《柳文指要》）；柳詒徵三部書，重點評《中國文化史》，詳加論述。用材料說話，從大量材料中，顯現十二位大師的學術風貌和學術價值。」〔註8〕

〔註5〕卞孝萱《現代國學大師學記》，第2～3頁。

〔註6〕徐有富《走進國學大師──讀卞孝萱現代國學大師學記》，《書品》2007年第2期。

〔註7〕趙益《天才爲什麼成群的來── 讀敬堂師現代國學大師學記有感》，《書品》2007年第2期。

〔註8〕卞孝萱《現代國學大師學記》，第2頁。

這種以材料爲基礎，以先進的研究方法爲指導，以縝密的考據爲依據的《學記》是傳統方法和現代思維的巧妙牽和，所以能見別人所未見，發前人所未發〔註9〕。如提到以詩證史的研究方法，我們首先會想到陳寅恪《元白詩箋證稿》，久而久之，這個學術方法的首創之功就被歸在陳寅恪身上。卞先生在《劉師培以唐詩證史》和《鄧之誠與〈清詩紀事初編〉》兩個小節中以大量事實證明了「以唐詩證史言，清末劉師培已發表《讀全唐詩發微》，遠在寅恪經營《元白詩箋證稿》之前；以明遺民詩證史言，抗日戰爭期間鄧之誠已經營《清詩紀事初編》，亦在寅恪撰寫《柳如是別傳》之前。」〔註10〕

（四）不畏前賢，指瑕糾謬

《學記》的職責是再現大師的高尚人格，揭示大師爲學之方，展現大師的學術業績，這就要求《學記》必須有準確的敘述。另外，學術又是發展的，大師們在取得驚世業績的同時，也有些錯誤或闕漏之處需要補正。所以，《學記》的敘述固然是重要的，評價和補正也同樣不可忽視。而後者更能顯現作者的學術造詣，因爲評價和補正不僅需要不畏前賢的學術勇氣，同時更需要足以糾謬大師錯誤的學術修爲，在指瑕糾謬時還要體現著撰者的學術風格和氣度。卞先生的《學記》在這方面也是一個典範〔註11〕。

如《章鈺與〈胡刻通鑑正文校宋記〉》一節，卞先生列了三個表格，指出了章鈺和胡克家各自存在的錯誤，並附之以備考，糾正了兩家的謬誤，而且在糾謬時所持的謙和的學術態度也是我們學習的榜樣。先生在表格之後說：「第一表是章鈺《校記》中之可取者，第二表是不可取者。指出這點，不是苛求前人，而是說明，我們在利用章鈺校勘成果的時候，要加以區別。」也指出「新標點本也注意到這個問題，但是缺乏論證，不能使讀者信服。」〔註12〕

先生積二十餘年心血而成的《現代國學大師學記》是師法前賢、澤被後世的巨著，是「善述文章根血性」的楷模。《學記》科學的體例，精湛的論述，縝密的考證一起構建了一個國學大師學記典範，也可以說是現代國學大師學記的正名之作。

〔註9〕邵文實《立德立言，薪火相傳》，《淮陰師範學院學報》2007年第2期。
〔註10〕卞孝萱《現代國學大師學記》，第3頁。
〔註11〕李丹《解讀國學大師的一把鑰匙》，《淮陰師範學院學報》2007年第2期。
〔註12〕卞孝萱《現代國學大師學記》，第277頁。

後 記

　　這本論稿是我追隨曹虹教授研治清代文學文獻學的一次論文結集，我忝列曹虹先生門下，內子傅星星則是張伯偉先生的學生。我們結婚之時，曾備薄酒感謝恩師，有人見兩位先生微笑而來，就問二位有何喜事，曹先生說今日我娶媳，張先生說今夜吾嫁女，問者疑惑不解，我們卻是倍受感動。我追隨先生五年，舉凡學習、生活之事，先生獎掖扶持，無微不至，先生於我，恩同再造。只可惜我天性鈍魯，先生牆高萬仞，我終未得其門而入，有負先生期許。此次將論文結集面世，不僅是對以往學術歷程的一次總結，更是對恩師培育之恩的一次書面感謝。

　　在南京大學讀書期間，我曾得卞孝萱先生垂青，常往冬青書屋受教。卞先生是博雅貫通的學者，但沒有學者習見的傲氣，見我來訪，總是拉著我的手，操著悠遠的揚州腔教導我一些治學方法和處世之道。先生曾賜我一幅書法，所寫內容即是「欲窮千里目，更上一層樓」，我謹遵先生教誨，讀書治學，可以層樓漸上，可悲的是，先生遽返道山，縱使我樓臺攀盡，秋水望穿，再也無法覓先生仙蹤。論稿收錄評述卞先生學術的書評三篇，以此表達對先生的深切懷念。

　　教我育我者恩師，生我養我者父母。姥爺、姥娘、父母扶犁而耕，供養我讀書治學，其間所付出的艱辛，是我一生都無法報償的恩情。內子傅星星是我生活和學術上的伴侶，內子溫良賢淑，數年以來，我們都是有錢買書，無錢買米。岳父母見我們生活拮据，屢屢施以援手，在此謹向他們致以最誠摯的感謝。

　　感謝花木蘭文化出版社總編輯杜潔祥先生，感謝該社負責人高小娟女

士、聯絡人楊嘉樂女士，沒有他們的鼎力幫助，這本由已發表論文結集而成的論稿就很難順利問世。

三十歲是人生的一大節點，而立之年的曾文正公獲授翰林院檢討時，在《日記》中特意記載了如下文字：「余今年已三十，資稟頑鈍，精神虧損，此後豈復能有所成？但求勤儉有恒，無縱逸欲，以喪先人元氣。困知勉行，期有寸得，以無失詞臣體面。日日自苦，不至佚而生淫。誠能日日用功有常，則可以保身體，可以自立，可以仰事俯蓄，可以惜福，不使祖宗積累自我一人享受而盡，可以無愧詞臣，尚能以文章報國。」余雖不敏，願事斯語。